U0918228

连接

顾客价值时代的营销战略

施炜 著

CONNECTING

Marketing Strategy Based on Customer Value in Internet Age

中国人民大学出版社
· 北京 ·

图书在版编目（CIP）数据

连接：顾客价值时代的营销战略/施炜著.—北京：中国人民大学出版社，2018.1
ISBN 978-7-300-25117-2

Ⅰ.①连… Ⅱ.①施… Ⅲ.①营销战略 Ⅳ.①F713.50

中国版本图书馆 CIP 数据核字（2017）第 268800 号

连接：顾客价值时代的营销战略
施炜 著
Lianjie：Guke Jiazhi Shidai de Yingxiao Zhanlüe

出版发行	中国人民大学出版社		
社　　址	北京中关村大街 31 号	**邮政编码**	100080
电　　话	010－62511242（总编室）		010－62511770（质管部）
	010－82501766（邮购部）		010－62514148（门市部）
	010－62515195（发行公司）		010－62515275（盗版举报）
网　　址	http://www.crup.com.cn		
经　　销	新华书店		
印　　刷	北京联兴盛业印刷股份有限公司		
规　　格	158mm×230mm　16 开本	**版　　次**	2018 年 1 月第 1 版
印　　张	20.5 插页 2	**印　　次**	2023 年 3 月第 5 次印刷
字　　数	240 000	**定　　价**	97.50 元

推荐序一

真正影响企业持续成功的是“顾客价值”

施炜老师把他的新书《连接：顾客价值时代的营销战略》拿给我，希望我能够写推荐序。仔细阅读这本新书，觉得和我一向的立场极为吻合，于是答应了下来。我决定对自己有关这个问题的观点做个梳理，也就是换个角度介绍施老师全书的核心观点，那就是：一定要真正地理解顾客，并站在顾客的立场，为顾客创造价值。

企业的一切从顾客价值开始

就顾客价值的本质而言，企业应当贴近顾客。作为企业就应该去满足顾客的需求，但是我们感受到，很多企业热衷于竞争游戏，而不是围绕顾客需求展开日常工作。很多企业在过去的 20 多年间都经历了巨大的变化：制造活动实施了全面质量管理，供应活动正努力朝即时管理方向过渡。信息技术的运用使得企业内部大量的文字工作被替代，管理人员的数量在减少，等等。但是，让我最为惊讶的是，在这一切努力的背后对于顾客所做的努力并没有太大的改变，具体地说就是企业经营没有什么改变。

为了应对当下的挑战，并在未来的时代扮演好应有的角色，今天的企业需要表现出一些新的特征：更好地理解顾客的需求，更好地提供真正的价值。那么，什么是顾客价值呢？顾客价值这个概念一直是争论的热点，人们希望能够得到关于这个概念的清晰解释，我自己也想搞清楚如何描述这个概念。但是后来的实践让我放弃了这种努力。我发现，顾客价值不是一个概念，而是一种战略思维，是一种准则，这个思维和准则用另外一个方式表述就是以顾客为中心。其思维方式涵盖这样的思考：

- 顾客的需求和偏好是什么？
- 何种方式可以满足这种需求和偏好？
- 最适合于这种方式的产品和服务是什么？
- 提供这些产品和服务的投入要素是什么？
- 使用这些投入要素的关键资产与核心能力是什么？

因此一个能够创造顾客价值的企业，应该基于现代价值链进行思考，由顾客的偏好决定企业对技术和服务所付出的努力，由技术和服务的价值引导资源的投入，最后获得公司的资产和核心能力，这样的企业才会被认为是拥有市场能力并能实现持续成长的企业。

企业只有一个立场

传统的经营思考始于这样的假设：价值是由企业创造的。通过选择产品和服务，企业自主地决定它所提供的价值。顾客代表着对企业所提供产品和服务的需求。在这样的经营假设下，需要一种与顾客之间的连接点（销售过程）使产品和服务从企业交付到顾客的手中。但是，这些假设体现的是工业时代的企业观点和实践，管理者关注的是企业自身的价值链，也就是企业自身各个作业环节的过程。这种价值链系统主要代表产品与服务成本的线性增加，有关制造什么、从供应商那里采购什么、在哪里组装产品或者提供服务的决策，都源于这样的假设。所以，我们发现，企业所做的价值创造是在自己封闭的体系内完成的，价值创造的过程与市场是分离的。企业也做市场调研，也强调对于市场和消费者的理解，但是在具体的过程中，企业只按照自己的意愿和标准努力，与消费者并没有真正的联系。

以往的企业思维方式是基于企业内部展开的，关注的是技术、计划的制定、产品的质量、成本的降低、效率等。企业关注这些要素并没有什么不对，但是这表明企业的思维方式是由内向外的，也就是企业依据自己的能力来做选择；而顾客关注的是自身与社会的关系，或者是由外而内的，即会依据自身在社会生活中所必须采取的行动来做出选择。这样看来，顾客和企业在思维方式上存在巨大的差异，如果没有关注到这个差异，就无法真正对顾客产生影响并具有价值。

其实静下心来好好思考一下就不难理解，企业所做的很多努力为什么不能提升顾客的购买愿望，反而让顾客离企业越来越远。根本的原因就是企业受自己思维方式的误导：过多地强调自身的价值追求，而忽略了顾客使用过程的价值。越来越多的企业行为给顾客带来更多的困惑和顾虑，如果企业的行为导致无法做出选择，那么顾客只能放弃。因此，企业真正需要改变的是自己的思维方式，从而保持和顾客思维方式的契合。企业只有一个立场，就是顾客的立场。

顾客价值是竞争能力的源泉

时至今日，越来越多的企业认识到顾客的重要性，并加深了对顾客在帮助企业构建新的竞争能力中所起作用的理解。问题的关键是如何让企业从顾客的角度设计和组织所有活动。例如苹果公司，当一个产品成为热销产品时，它会组建小组研究消费者下一个需求是什么，从而提前准备好替代这个热销产品的新产品。正是在与消费者不断的互动和竞争中，苹果公司占据了竞争的优势位置，从而保持领先。

随着互联网＋概念的引入，企业创新的价值点变得不同，给顾客的体验也不同。互联网技术让生活变得更为便利。互联网＋融合线上和线下改造传统行业，这是未来创造顾客价值的一个关键点。

阿里巴巴真正厉害的地方在于它建立了一个生态系统，而腾讯提供了一站式的在线生活服务。移动数据和云计算是一个技术概念，但是很可能影响顾客的生活方式。我是一个比较保守的人，觉得有墨香并能一页一页翻的才叫书。但是现在电子书我也能接受，因为我发现很多人不需要墨香，只需要便利的阅读，这就是顾客生活方式的改变。

互联网时代不在乎你懂什么，最重要的是要看到变化；如果不了解这个变化，就可能会被淘汰。但是，还有一些是不能变的。企业需要把顾客价值作为核心逻辑，消费者在变，环境在变，顾客价值则不变。所有商业模式的成败完全取决于这个组织能否建立一个顾客价值的核心逻辑，如果能，你就可以胜任这个时代，所有的机会都是你的。今天的企业需要从顾客资源中寻找竞争能力的源泉。

企业不能独立创造价值

今天的消费者可以从世界各地获取有关企业、产品、技术、绩效、价格和消费者行动与反应的信息。10 年前，人们可能还不清楚汽车的基本知识；10 年后，在网上可以找到 700 多种汽车车型的清单，任何地方的人都可以梦想拥有其中一款。通过获取前所未有的大量信息，有学识的消费者可以做出更精明的决策。通过网络连接在一起的消费者正在挑战产业的传统，从金融业到制造业，从娱乐业到教育业，无一幸免。

消费者变换角色的实际效果是什么？就是企业不能再独立自主地采取行动、设计产品、开发生产流程、精心制作市场营销信息和控制没有消费者干预的渠道。消费者正努力争取在经营体系中的每一部分发挥影响力。的确需要承认这样一个事实：消费者已经开始更全面地影响企业的各个决策。消费者的不断参与使得传统经营的假设——企业可以独立创造价值受到了极大的冲击。

在常规的价值创造过程中，企业与消费者扮演不同的生产与消费的角色，产品与服务中包含价值，在市场上进行交换。产品与服务从生产者手中转移到消费者手中，价值创造发生在市场之外。但是随着消费者角色的转换，企业和消费者不再具有明显的差异，消费者越来越多地参与到价值的界定和创造过程中，所以价值创造不再发生在市场之外，而是发生在市场之中，可以说企业与消费者共同在创造价值。

核心竞争力理论创始人之一普拉哈拉德曾经这样描述企业与消费者互动模式：这个模式立足于增加消费者与企业之间关系的复杂性，提高价值的独特性。从企业与消费者一对一的共同创造体验开始，到企业与消费者社区一对多的共同创造体验，再到多家企业与多个社区多对多的共同创造体验，普拉哈拉德把这个模式称为共同创造体验的连续光谱。他说："在当今的社会中，消费者与企业之间的上述互动模式将会重塑价值创造的过程，挑战现有的价值创造与经营方式。同时它们也为企业与消费者创造了大量的新机遇。"

在共同创造的世界里，应该把每一个与企业互动的个体视为消费者。以往企业从自己的角度出发看待问题，没有以单个消费者作为出发点，这是工业时代的基础。然而，今天的竞争却依赖于完全不同的、新的价值创造方法——以个体为中心，消费者与企业互动共同创造价值。我称之为“顾客价值时代开始”。

很显然，把来源于企业内部价值链的供给与消费者的需求高效地匹配起来，才是最具有价值的事情。也就是说，顾客价值体系是企业价值体系的参照，企业需要一个全新的经营假设：价值创造的过程是以顾客及其创造体验为中心的。

新的经营假设为经营管理带来全新的启示和要求，消费者与企业之间的互动成为企业创造价值的场所。对于企业而言，这样的假设需要全新的经营能力，管理者必须有能力与消费者互动，企业必须具有柔性的能力和柔性的网络，以便形成多种共同体验的机会和条件，让消费者在创造共同体验中表达自己的需求，改变企业与消费者之间猎手与猎物的对立关系，打破两者之间的边界，使企业与消费者最终融合在一起。

这样的经营假设并不是企业与顾客之间的责任分配，更不能理解为分工，因为它不是围绕企业的产品、服务而发生的顾客实践，而是围绕顾客这一中心的企业实践。

必须集中企业能量专注于顾客价值

任何企业都需要谨慎对待顾客，并保持运作模式与顾客需求相匹配。一些企业不断扩大自身的能力，一味地追求更多、更大，这些都是在浪费资源。如果企业不能够专注于自己的顾客，就不会具有真正的竞争优势。

因此，对于企业管理者来说，工作的场所需要从企业的办公室转移到顾客的身边，经理人需要关注的不是企业内部人员如何工作，而是顾客在做什么。

当经理人关注顾客并能够获得丰富数据的时候，整个组织便转变为顾客导向的组织。他们所需要做的就是使公司的流程、作业系统、分工以及激励政策等，都以顾客导向为基本前提，调动公司的所有资源围绕顾客需求展开。关心顾客不再只是业务、营销以及现场人员的责任，还成为企业所有员工的事业，从生产作业人员、研究开发人员到财务人员等都清楚：企业的成功来自顾客的认同，而他们必须为此负责。

经理人需要知道，要想建立属于自己的时代，就必须集中企业的能量专注于目标顾客。能量不集中或者市场范围过大，都会导致面临困境，这是经理人必须有的逻辑思维。新企业为什么能够取代强大的老企业？就是因为新企业能够专心一致地集中力量寻找突破口，而传统的处于领导地位的企业，反而因为拥有太多的信息、资源和机会经不住诱惑，设定了太多的目标，结果失败。

以上就是我对顾客价值的认识，而《连接：顾客价值时代的营销战略》正是这样一本可以帮你围绕顾客价值展开经营活动的书。因为施炜老师一直在一线工作，我们常常称他为操盘手，所以书中很多鲜活的案例是他的亲身经历，这也让本书有一种独特的真实感。期待你开卷之时获得属于自己的收获。

陈春花

北京大学国家发展研究院管理学讲席教授

BiMBA 商学院院长

推荐序二

连接就是价值

因与施炜有着大学同窗四年加咨询“铁搭档”二十余年的非常关系，我便获得了一份特殊的人生“福利”：每当施炜有大作问世，我自然是首批读者之一并应邀为其新书写序。这份“福利”既是一顿智慧大餐，又是一次思想和观念的洗礼，每次都让我很享受并脑洞大开！

近几年，施炜在企业的战略转型与变革方面不断有好文章和新作问世，引起了企业界的广泛关注。人们在盛赞他是一位战略管理专家的同时，似乎淡忘了他还是一位真正的营销管理专家。从20世纪90年代“六和万户养殖致富示范工程”的设计、“TCL以速度抗击规模”方案的实操、“美的营销第三条道路”的创新性研究，到21世纪“天普阳光用户联盟方案”的提出、“康普顿润滑油深度分销与社群模式融合”的探索、“顾家家居零售模式变革”的辅导，施炜一直走在中国营销实践与创新的前列，是一位深谙中国本土企业营销模式的大家。《连接：顾客价值时代的营销战略》一书的出版让我们可以一窥施炜的功力。

营销的本质是什么？是顾客需求的洞悉与满足。作者以辽阔的宏观视野，指出中国市场需求呈现出多层次、立体的魔方式细分形态；而市场结构朝需求弥散、市场变平的方向演进，是未来中国市场的魅力所在、机会所在。

营销的首要问题是什么？是目标市场的选择，是明确谁是我们的顾客。作者认为，面向广义市场，无须进行顾客（需求）细分的情况越来越少见，精准选择细分市场是当下激烈竞争环境中营销成败的关键。本书对如何找到细分市场、如何进行精准目标定位提供了极具操作性的逻辑方法与工具。

营销创新的核心是什么？是超越顾客需求。本书从营销实践出发提出了三种超越顾客需求的方式：从隐性到显性，从模糊到清晰，从抽象到具体。每一种方法作者都辅以具体的例证，形象而生动，既有高度又接地气，读来通俗易懂，十分到位。

企业存在的理由和营销的宗旨是什么？是为顾客创造价值。那么什么是顾客价值？顾客价值的来源和生成逻辑是什么？如何对顾客价值进行定位？如何创新顾客价值？本书对这些基本命题作出系统、深入、极具创造性的回答，构建了“施氏顾客价值理论”独特而完整的体系，使顾客价值这一营销的核心理念不再虚幻，而是变得内容充实和饱满；不再悬在空中，而是找到了落地的可行路径。

互联网的本质是什么？是一切皆可连接。互联网时代营销的本质是什么？是连接顾客。本书高度概括了互联网背景下连接顾客的要素：顾客交互链及其网络、社群、终端三个空间，并提出了新的营销法则：认知、交易、关系一体化。这为互联网时代营销实战提供了全新的方法论和可操作的策略框架。

作者基于其二十年深耕中国企业营销一线的丰富体验，基于深厚的理论功底和洞察力，在全书的最后对中国企业的营销经验进行了系统的总结、提炼、升华，提出了中国企业营销的九大经验。它们是对中国企业家、学者、营销人最优实践与智慧的概括。这些营销智慧是中国的，相信也会是世界的。为此向施炜表示一位老友发自内心的深深敬意。

身边始终有施炜这样一位同学和搭档，他智商比你高，还比你勤奋，这是让人感到既幸福又恐怖的事情。他不断鞭策你前行，想停都停不下来，只能在咨询一线奋斗不息、思考不止、笔耕不辍。再次向奋斗者施炜老友祝贺并致以崇高的“革命”敬礼！

是为序！

彭剑锋

中国人民大学教授　博士生导师　华夏基石管理咨询集团董事长

前言

求解营销新难题

中国品牌崛起的奥秘

目前，我国消费品市场上活跃着一批创立时间较久、处于领导地位的著名品牌，如海尔、美的、格力、联想、TCL、娃哈哈、农夫山泉、雅戈尔等。在国内需求急剧放大、消费结构快速升级、产业竞争尚处于初级阶段的时代背景下，它们一路攻城略地、高歌猛进。这些品牌成功的基本经验有：

第一，在深入理解中国消费者特性的基础上，创新产品和服务价值。一方面，提炼、概括目标消费者的独特需求模型，并使产品（服务）的价值定位与之对应（如TCL面向农村市场的超强接收电视机、美的节能空调）；另一方面，寻找隐性的细分市场，通过差异化的价值开辟出一个专门的产品类别（如联想首创家用电脑品类）。

第二，通过性价比竞争，实现对进口品牌的替代。改革开放初期，国内家电等领域的主导者是进口品牌，它们价格昂贵，潜在需求并未有效激发。一些国产品牌从模仿入手，利用成本优势，使产品的整体性价比超越国外品牌，从而将后者挤出主流市场——只能在狭窄的高端市场中生存；同时打破了国内消费的瓶颈。从动态竞争角度看，一些国产品牌频频发动价格战，通过价格—规模机制，使市场份额和产销规模循环互动。一方面凭借规模积累资源、建立防护屏障；另一方面将缺少规模及成本优势的竞争对手挤出市场。领先品牌的规模优势也成为“市场换技术”的战略基础（例如格力与日本大金的合作、美的与日本东芝的合作）。

第三，将国内复杂、混沌、动态的渠道环境作为构筑营销优势的契机，建设能够自主掌控的垂直、高效的渠道体系。众所周知，国内市场幅员辽阔、纵向层级较多，企业铺设既有广度、又有深度的渠道网络存在资源、管理等方面的诸多困难。同时，由于国内流通产业格局分散、流通企业素质参差不齐，制造商往往难以顺畅地与下游价值链对接。而外资品牌对此更难适应，也更缺破解之道。一些国内品牌则充分利用本土市场地缘优势、下游中小渠道客户沟通优势，以及销售团队管理优势，展开深度分销策略（以掌控零售终端为主要内容），将营销的重心放在渠道推动上，利用渠道影响、驱动消费者，同时对竞争者形成渠道壁垒。

第四，利用国内消费者较为感性的接受心理，以及媒体垄断的社会传播机制，采取整合性和压强性的传播方式，使品牌迅速增值，实现浓缩式成长。所谓整合性，一是内容的整合，传播一些消费者能够认知、理解并且感兴趣的概念和内容；二是传媒形式上的整合，采用多种媒体立体推广策略，从“空中”到“地面”进行全方位信息渗透、覆盖和笼罩。所谓压强性，是指在品牌成长过程中资源投入巨大，占据传播制高点（如央视黄金时段广告），传播信息密集，一举占领受众的心智空间。

第五，在市场运作过程中节奏快、变化多，战术灵活，既引领了市场潮流，也甩开了竞争对手。无论是新产品的推出、产品属性的切换，还是推广、促销活动，主动营销事件的操作以及价格战的发动，都以快速为基本要求，以灵动、弹性为主要特色。速度抗击规模策略由 TCL 彩电首创，后来成为许多后发品牌超越领先者的利器。

中国式营销的内在缺陷

一些具有本土特色的营销策略和做法，是国内企业在一段时间内在市场竞争中屡屡获胜的重要原因。但其中也蕴涵着可能导致失败的因素：

第一，由于起点较低，基础较弱，某些国内品牌的价值差异化，多属缺少技术保证和创意源泉的表层应用型或局部边缘型创新，有的甚至是花拳绣腿式的泡沫。在深层的、关键性的核心价值方面乏善可陈。因此，许多品牌的市场优势是悬浮性的，经不起长期考验和高强度的竞争冲击。

第二，依赖渠道推力的营销模式面临两方面的危机：一是随着消费者文化程度、理性程度的提高，渠道的影响力会逐渐下降，推力的意义有所衰减。二是随着渠道集中度上升，线下线上均出现了渠道（尤其是零售）寡头，其话语权越来越大。而厂家对下游渠道的影响力、制约力则越来越小，往往反过来受制于渠道。

第三，在产品无差异的情况下，以销售规模为市场运作指向，以价格战为主要竞争手段，导致部分企业出现经营极限。产品价格贴近成本底线，产品盈利空间极其狭窄，企业挣扎在生存线上。

第四，疾风暴雨式的压强传播、灌输型的愚民策略，以及花样繁多的各种激活终端的促销活动，短期内有利于销量增长和品牌增值，但边际成本会越来越高，销量增长难以为继。同时，由于传播的重心在于促销，因此，品牌属性、价值和个性在消费者的认知结构中积淀不深、不厚。许多信息尚未真正转化为接收者的长期记忆。

第五，重心下移、深度营销和人海战术是密切关联的，往往依赖庞大的销售团队。当人数多到一定程度，团队“年龄”超过一定时限时，企业内部的管理幅度和管理难度倍增，有时甚至超出了企业管理能力、资源条件以及组织文化所能适应和容纳的范围。

企业面临的营销挑战

近年来，我国企业遭遇了市场和产业环境的巨大变化。从营销角度看，企业面临一系列的挑战：

第一，国内部分消费品的需求生命周期已进入饱和渗透的成熟期或者衰退期，许多消费品不同程度地被新兴产品（服务）替代，因此有效需求低速增长、零增长乃至负增长。对于已取得市场领导地位的品牌而言，市场增长面临边界和极限；而对于处于挑战者和追随者位置的品牌而言，无法分享市场规模增量的红利，超越领导者的难度加大、可能性变小。

第二，我国社会形态和社会结构较以往更加复杂，消费者分层更为明显，细分市场增多，消费者分类标志似乎被挖掘殆尽。如何更加精准地进行目标市场定位，如何找到不为人所知的隐性顾客群，如何开垦梯田般分布的细碎市场绿洲，以及如何跨越细窄的市场领域拓展更大的空间，都是国内品牌急需解决的问题。

第三，一方面是需求的萎缩，另一方面新的需求不断涌现。而新需求往往超出了企业的认知。年轻的消费新生代（90后、00后）登上了市场前台，其需求特征和消费心理不同于他们的父辈和兄长：更具自主性，更重视情感价值、交互价值、娱乐价值，更在意瞬间感觉，更喜欢个性化、符号化的价值表达……许多传统行业企业对新生代消费者缺乏了解和应对的经验。

第四，传播媒体的结构更加复杂，从中心式转向分布式。传统媒体趋向式微，而新兴媒体则方兴未艾。网络空间内，既有少数汇聚巨大流量的寡头，也有众多的碎片化自媒体。同时，传播机制由单向广播式为主变成网络互动式为主；社交网络以及社群共同体成为沟通的主要载体；传播的速度、效率、效应指数级剧增。面对这样的局面，不少传统行业企业既陌生又茫然。

第五，和媒体结构相类似，销售渠道也出现了线上、线下立体化、复杂化趋势，也呈现出寡头化和碎片化并存的结构。话语权较大的线上、线下流通寡头不断挤逼上游供应商，切分其利益；而以微商为代表的微型供应链，以蚂蚁雄兵的方式蚕食制造商原有渠道网络的份额。对于许多厂家而言，不同渠道之间的冲突加剧（例如线上渠道对线下渠道的冲击），业态平衡更难把握。如何建设和管理高效率的渠道体系，成为困扰许多制造商的难题。

第六，从竞争角度来看，许多行业的整合已棋至中盘，马太效应更加明显；竞争强度增加，竞争格局更加动荡，市场风险增大。像手机这样的容量巨大的领域，竞争已然是国际巨头们的游戏，稍有不慎就会出现问题。同时，竞争的边界被打破了，竞争在更加宽阔的范围和更加立体的空间内展开，竞争关系变得模糊；潜在的颠覆者随时可能打破原有的行业规则和格局。面对竞争环境的不确定性，许多企业并不具有适应的能力。

第七，对于一些试图以“农村包围城市”战略抢占市场的企业而言，面向三四五级市场下沉式的市场操作模式遭遇障碍。困难的根源在于人和团队（重心下移、渠道深耕的市场运作方式以能够吃苦耐劳、具有艰苦奋斗作风的销售团队为依托和保证），主要表现在两个方面：一是人工成本持续增高；二是有意愿、有能力密集式巡察基层市场、拜访客户、管理末梢终端的年轻业务人员严重缺乏。

需求与供给的连接

面对诸多难题，怎么办？一位哲人说过，当我们面对复杂、模糊、动态、不确定的外部世界时，能够拯救我们的，不是见招拆招的短期对策和做法，而是意义恒久的基本原则。从营销角度看，最重要的原则无疑是顾客价值导向。近年来，不少企业家和管理学者都在大声疾呼回归顾客本位，很重要的原因在于：只有从顾客价值这一原点、初心和宗旨出发，才有可能找到通向未来的正确道路。

顾客价值——包括作为其前提的顾客需求，是企业营销战略思维和战略行为的逻辑起点；借用物理学的术语，也是企业所有市场能量的奇点。但是，光有顾客价值导向的原则是不够的，从起点和奇点到取得市场优势、实现基业长青之间，隔着重重屏障和迢迢长路。正因为如此，我们需要在顾客价值的基础上，衍生出整体性的营销战略；需将顾客导向原则转化为可操作的流程体系和组织能力。

在此为读者朋友提供一个新的简洁的营销战略框架：这一框架的内涵是顾客需求和企业提供的顾客价值的对接，是以分析顾客需求为起点、以满足顾客需求为归宿的闭环。基于这一战略框架，本书以连接供需为主题，主要分为需求、价值、连接、回顾几大部分。在前面两个部分，本书探讨了营销战略中最重要的问题：谁是我们的顾客？

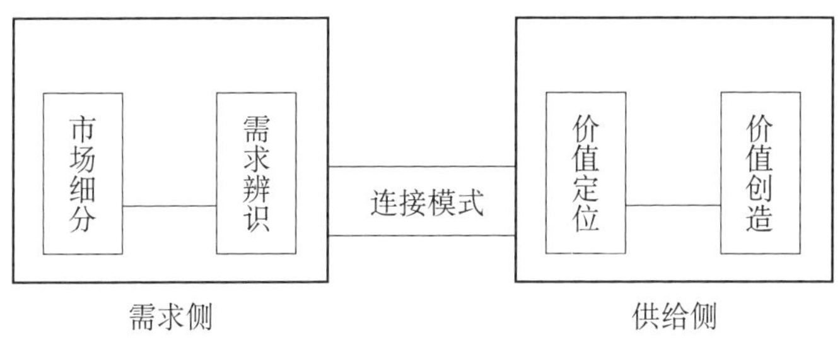

顾客需求有哪些特点？如何体认和辨识需求？如何超越顾客需求？顾客价值是什么？如何进行顾客价值的定位？顾客价值创新有哪些途径和方法？等等。令人疑惑的是，这些问题如此关键，但却鲜有基于中国市场实践的系统研究（可能的原因在于有机会将实践和理论打通的研究者太少了）。本书试图弥补这方面的不足。

在第三部分“连接”中，本书创新性地提出互联网背景下的新连接模式：原本分离的传播链和流通链融合为顾客交互链；这一链条同时具有顾客认知、产品（服务）交易和关系深化 3 个功能。而这 3 个功能（即顾客全过程体验）分别发生在网络、社群和现场 3 个空间内；这些空间对顾客而言，既是立体媒体，也是复合通路，同时是体验的全域场景。

新的连接模式吸收、整合了互联网时代林林总总的营销新概念，如“社群”“关系”“生态”“微营销”“全渠道”等，体现了“认知、交易、关系一体化”（认知即交易，交易即关系）的营销理念。

授之以鱼，不如授之以渔

本书虽然是研究营销战略的，但内容并不抽象和空洞，而是以企业面临的现实问题为导向，以中国企业最佳营销实践为源泉，注重实用性、可操作性以及实战感，某些地方甚至涉及营销运作的具体变量和环节。但本书的实用属性并不意味着为读者朋友提供了立马见效的灵丹妙药或一剑破门的制胜秘籍，而是在于提供解决基础性、关键性营销问题的思维方式和分析方法。本书的意图在于帮助读者朋友提升思考能力、开启经营智慧、改进实践方法、创造更好业绩。这样的目的能否实现，有待读过本书的读者朋友来评判。

就针对性而言，本书的内容主要适用于消费品领域的企业，尤其是拥有自主品牌和产研销完整产业链的企业。它们往往被称为传统企业，但却是实体经济的主体，是消费者价值和获得感的主要创造者。这些年来，我主要服务于这类企业，悲伤着其悲伤，幸福着其幸福。在和它们“共呼吸，共命运”的合作和共同探索中，积淀了些许思考，从而形成了本书，希望能对传统企业的营销创新和战略转型有所帮助。

前面我数次提到的读者朋友究竟是谁呢？在此，揭开本书的目标读者的定位：企业领导者、企业中高级营销管理者、MBA 和 EMBA 学员，以及对营销感兴趣的其他读者朋友。

目录

CONNECTING

第一篇　需求

第一章
未来的机会：新兴市场的需求变化

第二章
营销的首要问题：谁是我们的顾客?

第三章

顾客需求特征分析

第四章

超越顾客需求

第五章

主客互通：如何体认和把握顾客需求

第七章

如何进行价值定位

第八章

价值创新的途径和方法

第十四章

互联网空间内的心理连接

第十五章

品牌和概念的认知关联

第十六章

基于顾客社群的关系深化

第十七章
零售的革命

第十八章
深度营销和决胜终端

第四篇　回顾

第十九章
中国企业的营销经验

第二十章
本土企业的营销失误

第二十一章
影响我国企业营销实践的重要营销思想

第一篇 需求

第一章

CONNECTING

Marketing Strategy Based on Customer Value in Internet Age

未来的机会：新兴市场的需求变化

需求分析的两个角度

本书的主题是“连接”。谁和谁的“连接”？当然是需求侧（顾客）和供给侧（企业）的连接。我们的分析从顾客需求开始。

对需求的分析通常有两个角度。一个是微观角度，即分析某“个”顾客的需求状况和特征。这里的某“个”顾客，实际上是对某“类”具有相同需求特质和偏好的顾客的抽象化。分析得出的结论，在“类”的范围内具有普遍性。例如都市丽人的需求、小白领的需求、农民工的需求等。这种分析所借助的知识和分析工具主要来自心理学。（2005年，我所在的咨询公司举办营销论坛，请来菲利普·科特勒。在非正式场合聊天时他称，市场营销学将来或许不复存在，会转变为顾客心理学。）另一个是宏观角度，即从整个市场和社会的角度，分析需求（主要指消费品需求）的特点以及变化趋势。所需的知识和分析工具主要源于经济学和社会学。第一个角度的需求分析我们将在后面的章节中说明，本章的内容主要是第二个角度的探讨。

近年来，中国经济进入了结构转换的新常态，消费品需求总量的增速将趋缓。但是，与国外成熟经济体相比，中国市场仍然属于新兴市场。

新兴意味着活力，意味着未来存在极大的变化可能和变化空间，同时意味着与“后新兴”市场相比别具一格、富有特色，甚至有几分不成熟。从总量上看，中国市场如大海般宽阔、浩瀚；从结构上看，中国市场层次多样、细分丰富，且存在进一步演变、趋于繁复的动力；从内涵上看，需求升级过去是将来也必然是中国经济发展、社会进步乃至现代化进程中的应有之义和重要内容；同时，随着“新生代”消费者（80后、90后、00后）走向社会前台，顾客的主体性会逐步形成并强化。

本土企业所有的营销故事，无论是喜剧还是悲剧，无论是正剧还是滑稽戏，都是在新兴市场背景下上演和展开的。因此，欲揭示中国市场的营销规律，提炼、概括出适应性强、穿透力强的营销理念和主张，需要理解和把握中国新兴市场需求演变的方向和机理。

需求细分：魔方式的立体结构

人们常说，这是一个市场和需求细分的时代。但是，为什么会细分？细分是如何发生的？

（1）社会结构的分层化

近几十年来我国市场的变化，是在以市场化、工业化、城市化为主题的社会变迁背景下发生的。社会变迁的标志之一是社会结构的调整和变化。

首先，我国已明显形成高收入阶层和低收入阶层，且两者的收入差距较大。这是两极消费现象出现的重要背景。近年来，在家电、手机等许多消费领域，需求分布均出现了高端产品和低端产品需求增加（后者增速更快一些）而中端产品需求减少的现象，这除了与顾客两极化的诉求——要么追求高品质或讲面子，要么注重实惠讲究性价比——相关，更主要的原因是两端均出现了庞大的消费群。

其次，我国社会结构的复杂度正在提高：从经济角度看，与收入差距扩大相伴生的是收入层次和社会阶层的增多；从区域角度看，从国际大都市到边远小乡村纵向层次有所增加；从社会分工角度看，人们所从事的职业类型更加多样——现在，我们经常可以看到以往觉得匪夷所思的“职业”名称：网络直播、游戏代练等。

显然，社会结构的变化和全社会需求结构的变化是高度相关的，两者之间具有清晰的因果关系。

（2）生活方式和价值观的多元化

在社会变迁的大背景下，社会成员的生活方式、生活态度、消费心理等的差异化程度正在扩大，呈现出斑斓多元的格局。大爷大妈们听着熟悉的旋律在广场上尽情地跳舞时，他们的儿女们可能正戴着耳机听 Lady Gaga 的新歌；有的消费人群心仪各种奢侈品，有的消费人群则追求极简主义……这样的社会特征折射到需求构成上，则会呈现现代/传统、奢华/简朴、西式/中式等二元形态；与此同时，调和型、融合型、中间型的需求（如中西合璧式的需求、既现代又传统的需求等）也在增多。

（3）生活工作情境（场景）的多样化

随着社会的进步，人们生活、工作的情境（身处其中的情形、环境）——与场景含义相似——不断丰富。比如，与老一代相比，年轻人出行的机会多了，可以选择的交通工具多了，空间移动的情境也多了：坐飞机、乘高铁、骑车旅行、自己驾车……再如，以前上班一定要去办公室，互联网时代则可以在家里办公。就某种情境而言，内部的形态也有可能不断细化，例如飞机中的舱位从头等舱、经济舱两种形态衍生为头等舱、公务舱、经济舱，继而衍生为超级豪华头等舱、

头等舱、公务舱、高级经济舱、经济舱……

某些情境本身就是一种服务形态，如高铁、飞机、咖啡厅、酒吧……这些情境的增加，意味着消费者满足这种服务需求的选择增加，需求实现的途径、方式、形态增加，这既是服务需求个性化的产物，同时引发了服务需求的细分（见图1-1）。

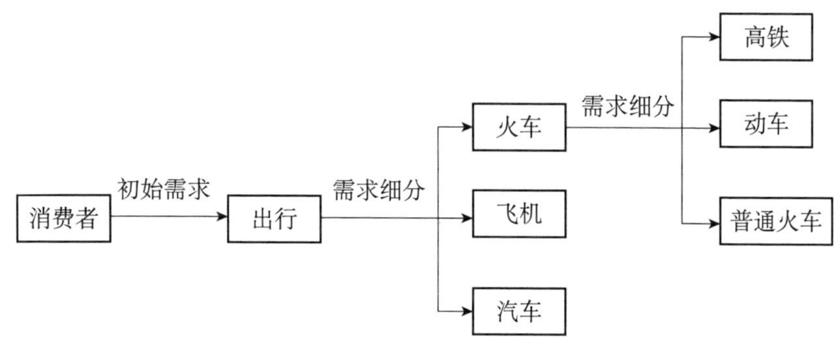

图1-1 服务情境增加与服务需求细分

人们生活、工作情境（场景）的多样化给需求带来的另一个效应是：在这些情境下发生的相关需求也细分和增多了。以往人们的生活形态比较简单，现在则丰富多了：跑步、登山、潜水……对很多产品及服务而言，跑步、登山、潜水就成了其需求发生的情境和场景。这类场景越多，发生于其中的产品（服务）需求也就越加细分。换句话说，对这些产品（服务）的需求可以按场景进行多层次分类。例如，对手表的需求可以细分为对跑步手表的需求、对登山手表的需求，对潜水手表的需求，进而可以将对潜水手表的需求分解为对浮潜手表的需求、对深潜手表的需求等。图1-2以汽车为例说明了情境（场景）增加和需求细分。

图1-2中，增加汽车的使用情境（上下班、长途旅游……）以及与之相对应的车型，意味着汽车需求细分了。进而言之，上下班用的轿车

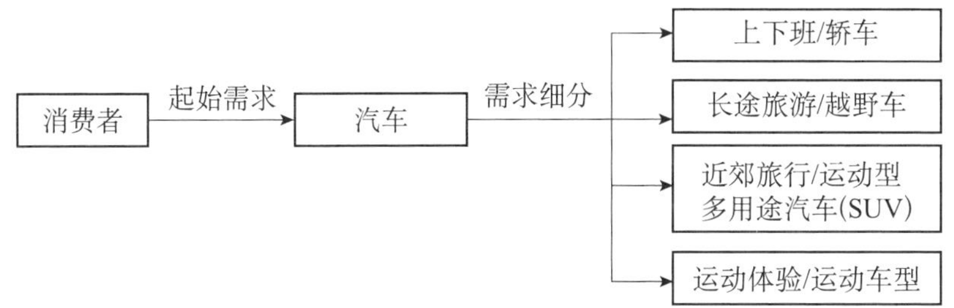

图 1-2　消费者对汽车的需求按情境细分

又可以分为拥堵路况下用的轿车和畅通路况下用的轿车——当然，这种细分现实中可能还没有实际意义。由此可见，需求细分是动态的。

如果把社会结构（社会成员收入结构、职业结构等）、生活方式与价值观、生活工作情境作为三个维度并将它们立体组合起来，就可得出我国市场需求魔方式的立体结构（见图 1-3）：

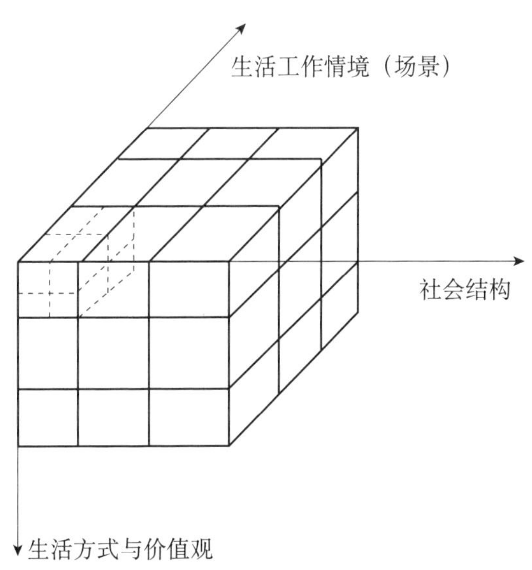

图 1-3　市场需求魔方式的立体结构

显然，我国消费品市场上细分需求集合（方块）增加的主要驱动因素如下：一是三个数轴的延长（社会结构更加复杂、生活方式与价值观更加多元、生活工作情境（场景）更加多样）使方块变得更多；二是三个数轴上的刻度间隔不断缩小（细分度提高）导致现有的方块内部分化。为便于读者理解，我们以服装为例进行说明。

近年来，一批收入高、讲情怀的企业高管热衷于攀登高山、穿行沙漠、挑战自我，自然就有了对户外服装的需求（这类服装需防风、防雨、防雪、保温、耐磨，并且具有适应恶劣环境的其他特殊功能）。这种基于特殊情境的需求在二十年前的国内市场是极为罕见的。因此，它是在需求魔方的生活工作情境（场景）轴上新“长”出来的方块。

再来看方块内部是如何变成多个小方块的。20 世纪 70 年代末我在北京读大学，整个冬天从 5℃到零下 15℃，大部分同学只有一件大衣或外套，没有其他冬衣可以选择。哪位同学要是有一件军大衣，就很令同学们羡慕。现在的年轻人可能有很多件冬衣：风衣、薄棉衣、厚棉衣、薄羽绒服、厚羽绒服等，分别适合于不同的温度区间以及室内外环境。我们可以将不同服装所对应的不同温区，理解为一个较大情境（冬天寒冷的环境）下更加细小的情境。选择多种冬衣，本质上是针对这些细小情境的服装需求细分。

细分需求集合增加——魔方中的方块变多，除了前面所讲的三个社会因素，与消费者的成长、成熟也有关。随着消费者收入水平、生活水平以及文化程度的提高，消费无疑会朝着精致化方向演变。消费者对需求的认知、辨析会更为清晰和准确；需求会变得更加精细，需求的个性化程度会不断提高。此外，市场竞争、技术进步以及部分企业和品牌商业模式及营销模式的创新，也在引发需求的细化。

面对需求细分化趋势，一些企业和品牌（包括国际品牌）仍然采用大众营销模式，未对产品和服务进行相应的细分，近年来在市场上节节败退，其市场份额不断被细分领域的创新和追赶者蚕食。对曾经领先市场的大品牌来说，从大规模制造、大规模分销转为回应个性化需求的柔性模式和长尾模式，是必须完成的艰巨的战略任务。细分蕴涵着机会，中小企业及品牌乃至创业型企业，只要找准细分市场（选择魔方中的某个方块，或者将现有方块分割得更细），深刻理解特定的需求主体并为之创造价值，就有可能在激烈的市场竞争中赢得一席之地。

新的需求出现

需求是有生命周期的。这里的需求指的是顾客对特定产品和服务的具体愿望和要求，而非抽象性、原则性的基本需要。从宏观和动态的角度看，随着时代的发展和进步，总有一些需求或慢或快地衰退直至消亡，而另外一些新的需求不断萌生和成长。

古代的青年男女谈恋爱，往往需要鱼雁传情；到了 20 世纪，主要的沟通方式则变成了电话（马季的著名相声《打电话》就是讽刺一个年轻人黏黏糊糊、没完没了打电话谈恋爱的）；现在的年轻人通过互联网就可以实现即时的情感交流。我国作为一个变化中的新兴市场，新需求产生的速度比以往明显加快，新需求的种类和形态正在增多。这是新兴市场最令人兴奋的机会所在。

新的需求为何会出现和成长？从本质上说，是因为一些决定需求的条件和变量发生了变化：

第一，消费者——无论哪个层面——在收入提高之后，都会产生出新的需求。总的来说，恩格尔系数降低后，人们会对文化、娱乐、教育、旅游等产品和服务产生新的愿望和要求。以旅游为例，现在少数高收入者时髦的旅游项目是登上南极，和企鹅合影。估计再有两三年，南极旅游将不再时髦，高收入者最向往的可能变成太空旅行。20 年前，人们会有这种想法吗？即使有，也被视为天方夜谭。

第二，随着社会结构的变化，出现了基于族群的新需求。以收入、职业、社会阶层、生活方式、价值观、情感方式、审美倾向等为划分标志，现代社会出现了多种具有共同需求偏好的人群（我国港台地区通常称作族群），如波波（BoBo）族、奔奔族、悠客族、SOHO 族等。它们的外延和内涵未必很清晰，有的带有娱乐成分，并不是严谨、准确的社会学概念，但具有一定的需求特质。新的人群会有一些属于自己的或打上鲜明族群印记的生活方式和消费方式，从而产生一些新的需求——它们较多地出现在具有情感、审美色彩的消费领域。拿中产阶层来说，正是由于他们普遍存在焦虑，才有了对心灵鸡汤通俗哲学的需求；由于他们对社会流动充满渴望，才会对各类新的子女教育项目趋之若鹜。城市中的文艺青年正是有了“刻奇”（kitsch，大体上与“矫情”同义）心理，才会追逐新的格调。而生活在都市边缘的杀马特（smart）则是网络上各种新奇体验的催生者和追捧者。没有他们，就不会有那么多的直播，也不会有那么多的网红。

第三，技术进步导致新的需求替代原有需求。技术的进步一直在推动现有产品功能的提升和改善，同时激发、创造新的需求。事实上，所谓新的需求，大多数都是对已有需求的替代和超越。例如，人们对汽车一直有节能、环保的要求，而当技术进步使新能源汽车（如电动汽车等）具有功能优越、品质可靠、电池安全、续航超长、成本可行等优点之后，人们对新能源汽车的需求就会替代对传统汽车的需求。在此，我们可以列出一些已发生的新的需求替代和超越原有需求的例子：飞机——马车、互联网——书信、液晶电视机——普通电视机、电子书——纸质书等（需要指出的是，这里所说的替代并非指完全取代，更常见的情形是一定程度的替代或一定情境下的替代）。展望未来，人工智能技术的发展将引发一系列新旧需求的交替；增强现实技术（AR）、虚拟现实技术（VR）、混合现实技术（MR）的应用，会使我们产生新的视听体验愿望。此外，从理论上说，技术进步既改变我们生存的环境、条件，也改变我们自身。因此，它或许会帮助我们实现有些想都没想过的新需求。

第四，信息环境和文化环境变化引发新的需求。作为新兴市场，首先，外部信息输入会导致新的模仿性需求产生。改革开放之前，国门未开，绝大多数年轻人不知摇滚乐为何物；而现在已有不少都市青年对国际乐坛上的摇滚音乐及音乐人等如数家珍。其次，作为对现代化、西方化的一种反拨，随着经济的发展和收入的提高，一些似乎消失已久的文化传统正慢慢恢复，一些蕴涵文化传统的新需求又开始出现，比如很多人热衷国学、迷恋茶道，追求中国式养生，喜欢有中国古代韵味的家居环境等。这既是千年古国民族自尊心和民族精神的体现，也是中国人在西方消费文化大潮下对本土文化根源的寻找和回归。当然，其中也混杂着愚昧、浮躁、虚妄以及一些民族劣根性的死灰复燃。总的来说，当今的需求态势亦中亦外、亦古亦今；在多元、斑杂、动态的文化及信息背景下，不少与之相关的新需求形态各异且此起彼伏。

以上四个因素引发新的需求，往往需要以营销为中介和杠杆。换言之，营销的作用之一就是把隐于水面之下的新的需求水流激发和疏导出来。企业做到“春江水暖鸭先知”，就能获得先机。

新的需求出现并替代原有需求，从动态角度看，则是基于基本需求的具体形态和内涵的变化和迭代。同样一种愿望和要求，在不同的时空下往往具有不同的特征和意思。在未来 10～20 年间，中国市场的新兴需求主要源于三大主体：新生代（城市 90 后、00 后）、中产阶层和银发族（老年人）（见表 1－1）。

表 1－1　不同需求主体的新需求

需求主体	新的需求	
	新的需求方向	形态和特征
新生代（90 后、00 后）	新的内容需求	基于社会分化的两极化倾向：更复杂、更精致、更私人，以及更简单、更直接、更集体无意识。一部分人偏爱前者，一部分人热衷后者。
	新的体验需求	喜好体验场景的主题化（有内容、情节和故事）、符号化（存在符号化的审美要素）和参与性（注重体验过程，寻找表达自我的契机），喜好虚拟世界和物理世界的一体化体验；愿意加入志趣相投的社交网络并且在其中展示个性，发挥影响力。
	新的价值追求	既关注实用价值，又关注情感价值；进行价值方案比较；注重以交互、许可方式参与价值创造。
中产阶层	新的自我教育需求	主要集中在管理、财经、投资、思维训练、哲学伦理等领域；偏爱体验式、社群型学习。
	新的健康需求	追求更安全、更有机的绿色食品，注重更优异、更可靠的医疗健康服务，喜好时尚性、个性化的健康运动。
	新的情感性需求	选择个人化的、非功利性的、含有社交属性的爱好，如阅读、写作、摄影、绘画、书法、旅游等。
	新的子女教育要求	追求子女的精英化和国际化教育；注重子女的特长教育。
银发族（老年人）	新的健康需求	希望得到与老年疾病相关的康复服务和陪护服务，包括临终关怀和服务。
	新的养老需求	强烈需要服务周到、医治方便、环境良好并且具有人文关怀的新型养老院。
	新的情感性需求	偏爱能够陶冶情操、有益身心并具有社交功能的各类文化、学习体验；希望得到继续参与社会活动的机会和平台。

需求弥散：市场变平了

在我国市场上，许多产品和服务的需求都是从无到有、从小到大的。需求量的增长，从常识上说可以分为两种情形：一是由于顾客更多地消费和使用，使得某种产品（服务）的需求量上升了。我国改革开放以来，随着人们收入水平的提高，食品、服装、汽车、住房、家电、家具等基本消费品的需求量快速放大。今后随着全社会总体（平均）恩格尔系数的下降，文化、知识、旅游、休闲、娱乐等非基本消费品的需求量也会持续较快增长。二是某些产品的顾客群扩大了，出现新的消费人群。这种情形在新兴市场上表现得最为明显。撇开人口增长以及人口结构变化因素不论，顾客群扩大往往意味着需求在不同人群之间弥散。原来受限于收入、知识、通路等多种因素，不具有消费能力的人群变得具有消费能力了。这是消费权利的普及，是社会进步的体现。

具体说，需求弥散表现为社会需求量分布的结构性变化：

● 从不同收入的顾客结构看，一些需求原来可能只是少数高收入者所具有的，随着供给量增加、产品价格降低，中低收入者也开始萌生需求。比如，高尔夫球原来属于所谓的贵族体育、休闲项目，现在开始平民化，爱好者逐步递增，一些工薪阶层人员也加入其中。

● 从不同文化、知识层次的顾客结构看，有些产品过去被认为是所谓精英、知识分子消费的，随着社会上许多职业、工作的内涵发生变化（更加信息化、智能化和知识化），以及使用知识的普及、使用门槛的降低，它们逐步得到更为广泛的社会群体的认可和接受，比如笔记本电脑和智能手机等。

● 从不同年龄的顾客结构看，有一些消费随着消费文化、社会心理及社会习俗的变化，从年轻人延伸到中老年人，比如网络娱乐和社群交往。

● 从不同区域、空间的顾客结构看，许多需求常常从一级市场（大城市）向次级市场（中小城市、城镇市场、农村市场）扩展，呈现出自上而下的特征和趋势，比如电热水器、家用轿车等产品的需求。

中国市场上长期存在、落差较大的二元乃至多元结构——城市/农村、高收入/低收入、较高的文化程度/较低的文化程度、开放的信息环境/闭塞的信息环境、现代通路体系/传统通路体系等，是需求弥散的前提条件，也是需求弥散的动因及驱动力。市场需求从立体的多层结构朝较平的方向演进，这是未来中国市场的魅力所在、机会所在。

需求主体性的形成

“主体性”是一个哲学名词，大体上是指与人之外的客体相对应的主体（人）所具有的属性和特征，即人的独立性、自主性、能动性，或者说人的自由意志和主动选择。20 世纪 80 年代的文学青年都知道，当时文学界有一个口号——“倡导文学的主体性”。也就是说，文学要回归人本身，回归人性，发现人的本质，要把人从蒙昧的精神束缚下解放出来。需求主体性，就是消费者对需求的自我发现、自我认知和自我选择。将这个概念引入需求分析，可能是我的独创。

先来看看种种非主体性现象。第一种是，需求以及需求所决定的消费行为带有模仿性和从众性。在社会的时尚及消费潮流面前，很多人迷失了自我，喜欢追逐已成为一种社会符号的商品和服务，成了个性泯然于群的“乌合之众”中的一员。对于自己究竟需要什么，缺少独立、清晰的认识。

第二种是，需求易受传播及信息环境的影响。需求既很容易塑造和诱导，也很容易转移和变形。在品牌（产品）强势传播的背景下，一些国内消费者对品牌（产品）的核心概念往往不假思索、不加质疑地接受——只要它比较鲜活、新颖和尖锐，触及消费者的某个（些）诉求。甚至连一些没有事实依据、逻辑上漏洞百出的概念，也有人深信不疑。这种平面化的认知（没有深入思考逻辑关系和因果关系）会转化为购买、消费的愿望和冲动。当概念的新鲜度下降、传播的边际效应递减时，需求就会衰减（需求强度降低，需求数量减少）。不过，江山代有品牌出，一阵喧嚣过去之后，新的喧嚣又会出现。需要说明的是，我国的广告信息污染可能是全世界最严重的——像雾霾一样的广告无处不在地笼罩、压迫着人们。这是消费者认知平面化的产物：受众思维链条越短、越简单，就越会无意识地接受周边的信息；同时，强化受众的认知平面化，使受众逐渐丧失自主思维能力。

第三种是，需求的理性程度较低，对于需求目标的投入产出比缺少客观、冷静的计算和判断。既可能出现超越收入条件的超前和过度需求，也可能出现毫无道理的过小需求（例如很多人一年也不买一本书）。同时，消费的阶层属性不强，经常有跨阶层消费的惊人之举。例如，收入低的人更喜欢用奢侈品；一些普通百姓办婚礼讲排场，一下子把多年的收入都投入进去。这里面有虚荣和攀比等动机。而一些所谓精英的需求并不精英，反而显现出粗鄙化的特点。中国传统文化总的来说不强调身份固化，“王侯将相，宁有种乎”“粪土当年万户侯”。

这对当今的消费文化仍有一定的潜移默化的影响。概言之，非理性需求有很多感性、情绪性的因素。

当然，对非主体性也不能简单地一概否定。比如，在农村市场上，人们的需求普遍具有爱面子的特征。在一些城市消费者看来，这是“死要面子，活受罪”，完全是非理性的。但在乡村的熟人社会中，面子庶几等同于尊严。这是强者成功的标志，也是弱者生存的心理依据（“人活一口气”）和心理补偿（“你有，我也有”）。这几乎是最高层次的价值追求。再如，都市年轻人对发达国家的舶来品往往会有模仿性需求，这可以视作主体性的丧失，但其实也是向外部学习、借鉴的一种契机和前提。有些激进的人认为这是文化殖民主义的产物，未免太褊狭和矫情了。

随着新生代（80 后、90 后及 00 后）成为我国市场最活跃的消费群体，需求主体性开始形成和确立。主要标志是：

● 新生代消费者能够更加清晰地认识自我：我是谁？我需要什么？我有何种消费愿景？我最需要得到的承诺是什么？这种自我认知意味着需求的独立性、自主性更强，个性化程度更高，不从众、不跟风、不盲从；同时意味着价值诉求变得更加准确和明确。站在供给方的角度看，为顾客提供价值的方案便有了一定的依据。近年来在市场上获得成功的品牌，大多市场定位和价值定位精准乃至精妙。

● 新生代消费者对产品（服务）的需求内部结构呈现组合化、多维化的特征。需求是一个结构，有着轻重、缓急、远近的排序，有着多重愿望、要求的折中和平衡。就像一个待嫁的姑娘，对未来的爱人既有形象、气质的期待，也有职业、收入的要求，更有才华、性格的偏好。理性的姑娘一方面需求维度丰富（不单一），一方面清晰、合理地进行多重需求的平衡和组合，对某些维度不畸重畸轻。理性的消费者亦如此。

● 对品牌（产品）的价值概念、价值逻辑、事实依据等，新生代消费者不轻易相信，不感性地认知，而是经过信息搜索、事实论证以及交流讨论之后，得出自己的结论。新的需求既是真实的，也是确定的。消费者的独立思考、科学思维倒逼供给者提供的功能性、实用性顾客价值是真实可靠的、经得起检验的。同时，品牌（产品）的推广必须摆事实、讲道理（这里的道理就是逻辑）；供需双方必须平等地互动和交流，在讨论中发现和逼近事物的真相。

● 新生代消费者对于一定收入约束下的需求定位较为理性，对需求实现的代价有清醒的认识。在互联网信息充分涌流的背景下，新生代消费者变得更加精明。但这并不意味着新生代消费者一味追求价格低廉——尽管他们喜欢参加类似于“双十一”这样的价格狂欢，但在一些特殊的领域如母婴产品、旅游体验产品、审美情感产品等，他们与父辈、兄长相比，有更高、更强的需求期望，也愿意为之付出更大的代价。总的来说，新生代消费者更加追求品质和细节，也更加追求时尚和美感；同时更加注重体验的过程，以及主客体（人与产品及服务）交互中的参与和快捷等。

新生代消费者是一个庞大的群体，其内部的分化和离散程度与 50 后、60 后、70 后消费人群相比可能更加严重。上面对新生代需求主体性的概括或许乐观了一些，读者朋友可以将其视作我的期待。

第二章

CONNECTING

Marketing Strategy Based on Customer Value in Internet Age

营销的首要问题：谁是我们的顾客？

从广义市场到细分市场

目标市场选择，无论从历史角度还是从逻辑角度，都是以广义市场为起点的。所谓广义市场或广义需求集合，是指产品（服务）未细分的全部顾客及需求集合。不同的需求集合，其内部往往存在不同程度的离散化需求偏好分布：有些市场内部，顾客需求无差异或差异较小，即需求的细分度较低；而有些市场内部，顾客需求差异较大，即需求的细分度较高。面对前一种市场，基本上无须进行市场细分，可以选择广义市场作为目标市场；而面对后一种市场，则需要进行细分，以特定的顾客群和需求集合作为目标市场。

在企业营销实践中，还有一个很特殊的现象，即某些产品和服务虽然所面对的市场内部差异化和细分度较高，但却超越了不同细分顾客群和需求集合之间的区隔，获得几乎所有顾客群（广义市场）的接受和认同，即契合了千差万别的顾客群的共同需求——虽然人以群分，习性殊异，但共同、共通的人性是存在的。例如邓丽君的歌声，在华人的广义市场上，无分男女老幼，无分社会层级高低，也无分区域东西南北中，均得到普遍的喜爱。若干年前，IBM 笔记本电脑用方方正正、黑色庄重的相同产品造型，面向不同职业、不同国别、不同性别的所有顾客。随着消费升级和竞争加剧，几乎所有的市场都出现了内部需求持续分化的现象（参见本书第一章中“需求细分：魔方式的立体结构”），因此，面向广义市场，无须进行顾客（需求）细分的情况越来越少见，与此相关联，大众营销将慢慢消失，针对细分市场的差异化营销、个性化营销是当下的主流。

根据目标市场选择范围的大小，可以分出三种不同的营销模式：

第一种，用一种营销策略组合（产品、价格、传播、通路等）应对未细分的广义市场，这在营销教科书上通常称作无差异市场覆盖。

第二种，对广义市场进行分类，划分出若干个细分市场，用不同的营销策略组合分别应对。这在教科书上通常称作差异化全覆盖。例如，丰田汽车面对乘用车市场内部的不同层级市场，分别用雷克萨斯、皇冠、凯美瑞、卡罗拉、威驰等品牌以及与之相关的不同产品形态、不同价格区间、不同零售终端等，去渗透和占据。需要说明的是，区隔不同的细分市场，未必需要使用多品牌策略，可以采取母—子品牌（或主—副品牌）策略。

第三种，对广义市场进行分类，但只选择其中的某个细分市场。在一定的资源、能力及其他条件的限制下，大部分企业和品牌出于集中力量、构筑竞争壁垒的考虑，通常都会进行较窄的市场定位。如果选择一个被大企业忽视的缝隙市场，则叫做利基市场（niche market）策略。

精准目标市场定位的意义

精准选择细分市场，是当下市场激烈竞争环境下营销成败的关键所在。近年来国内市场上较为成功的品牌，均找到了一个属于自己的、所欲（喜欢和满意）和所能（有能力面对）相平衡的特定需求集合。

最理想的状态是：它既不过于狭窄（如果过于狭窄，会影响经营规模的成长性），又有独特性和差异性；这些目标顾客的需求特征，可以较为准确地理解和把握；对一些目标顾客未能满足（或未能很好地满足）的需求痛点，能够找到可行的解决方案。

最近几年，服装产品的互联网电子商务兴起，大量的服装企业受到冲击，但据我观察，少数面向都市中高端、中青年（30 岁至 50 岁）女性顾客的品牌却持续增长。这样的细分市场定位，其意义是显而易见的：

第一，目标顾客群有较高的购买及消费能力，能支撑起品牌高端化的诉求。在中国社会经济快速发展、社会结构急剧转型的时代背景下，这一群体（属于中产阶层）的规模、影响力都在持续放大。第二，锁定的目标人群的需求特征相对而言比较清晰和稳定，易于了解和把握；中青年人群的价值理念、生活态度、情感方式、审美倾向等都较为成熟，这为形成和沉淀虽千变万化但不离其宗的品牌风格创造了条件。第三，目标消费群人到中年，人生经过历练，情感较为深沉，人际交往也更加成熟，这为企业进行关系营销、体验营销以及持续的社群营销创造了契机。第四，目标消费群与 90 后、00 后相比，需求的本土化特质更浓一些，这是本土女装品牌形成不同于外国品牌的独特性的重要基础和前提。

除了服装，在其他消费品和服务领域，我们也能找到精准目标市场的例证：

- 《读者》杂志：在纸质媒体普遍不景气的环境下，依然保持了较高的发行量。广大需要进行写作训练的中学生是其稳定的顾客群。

- vivo 和 OPPO 手机：主要面向三四级市场（地级城市、县城）中等收入的青年顾客，尤其是女性青年顾客。其产品在音乐、照相等方面的功能型卖点具有很强的针对性。

● 长城 SUV：在外资品牌占据主导地位的乘用车市场，聚焦于 SUV 品类，主要适用于三四级市场中等收入消费人群，经营业绩持续增长。

● 微星笔记本电脑：在笔记本电脑的市场空间不断被手机等移动终端蚕食的不利形势下，专注于年轻的电游一族，推出电游概念产品，受到目标人群的欢迎。

● 亚朵酒店：面向具有商旅需求的较年轻的中产阶层；产品和服务精巧，注重品质、质感和细节，有一定的文化含量。

如何找到细分市场

寻找细分市场通常有两种方法：经验方法和逻辑方法。经验方法是指依据经验和直觉，直接发现被众多品牌（企业）忽视的细分消费人群或者细分消费情境；或者在某种特定的环境和契机下，感受到未能得到圆满解决的需求难题，倒过来把具有相同感受和体验的消费人群找到。而发现需求难题，往往又是以市场上已经存在的产品或服务形态为比较基准和参照物的。漫咖啡（Maan Coffee）的创始人发现，中国消费者喜欢三五成群聚聚，但是星巴克等咖啡店座椅有限，不能满足消费者聚会的需求。而漫咖啡选择公园、社区等次级商圈（租金相对便宜），空间宽阔，光线明亮，解决了星巴克未能解决的问题。大部分创业者都是通过类似的途径发现市场绿洲的。

寻找细分市场的逻辑方法是指复合分类法，即通过对广义的顾客人群或需求集合多层次的分类——多个角度、层层递进，最终确定目标市场。好比切西瓜，左一刀，右一刀，横一刀，竖一刀，最后找到其中的一瓣或几瓣。还是以女性服装为例，首先可以对全球顾客按性别分类——选择女性市场；其次可以对女性顾客进行年龄划分——选择 30～50 岁，可以称之为中青年；再次可以将中青年女性顾客按职业和社会地位进行区隔——选择教育背景良好的社会中坚白领及金领；最后，在中青年女性白领及金领中，按价值观、生活方式和个性细分——选择偏好传统、知性和内敛的。

对广义顾客复合分类的关键在于找到合适的顾客分类角度和标志。在菲利普·科特勒的经典教科书《营销管理》（第 13 版）中，作者列出了众多消费者分类变量。实际上，自营销理论创立以来，消费者分类变量一直在不断丰富：从消费者的自然属性（年龄、性别、高矮、胖瘦等），到消费者的社会属性（职业、收入、家庭、教育背景、所处地域等），再到消费者的心理属性（生活态度、价值观、个性、情感方式、审美倾向等），乃至消费者需求发生的情境（场景）属性（工作、休闲、娱乐、学习等）。这既折射出社会变迁的历史过程，也反映出学者们对消费者认知的深化。

显然，对顾客复合分类的过程中，每增加一次分类，就意味着增加了一个顾客分类维度，也意味着顾客人群和需求集合倍增，需求结构变得更加复杂（见图 2－1）。

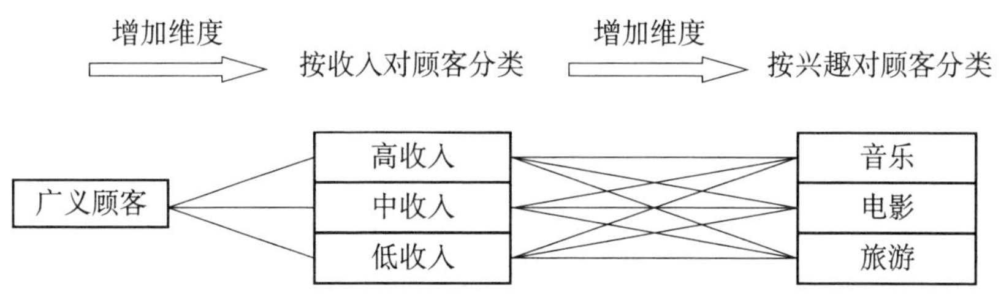

图 2－1　市场分类维度增加和细分市场增多

细分化，还是反细分化

在现有的顾客或需求分类基础上再向前细分一个层次，从而发现更加细分的目标市场，从动态角度看不断细化，因此可称之为细分化营销策略。比如，笔记本电脑在面世后相当长的时间内，是不分女性用电脑和男性用电脑的。IBM 的 Thinkpad 电脑（现为联想集团所有）长期用一种造型（方方正正）、一种颜色（黑色）面对所有消费者。西方的女权主义顾客大概也不愿意在社会生活中凸显男女差别。笔记本电脑在中国市场进入成长期之后，一些日韩品牌和我国台湾的品牌则将顾客人群细分为男性顾客群和女性顾客群，在产品造型、色彩等外观要素上凸显性别差异。饶有意味的是，苹果手机也没有刻意区别性别，但我国的 OPPO，vivo 手机在市场定位上明显偏向女性顾客。这究竟是男权社会的遗迹还是女性意识的觉醒？还真不好说。

细分化有两种类型：一是顾客群的细分化，二是需求情境的细分化（见图 2-2 和图 2-3）。

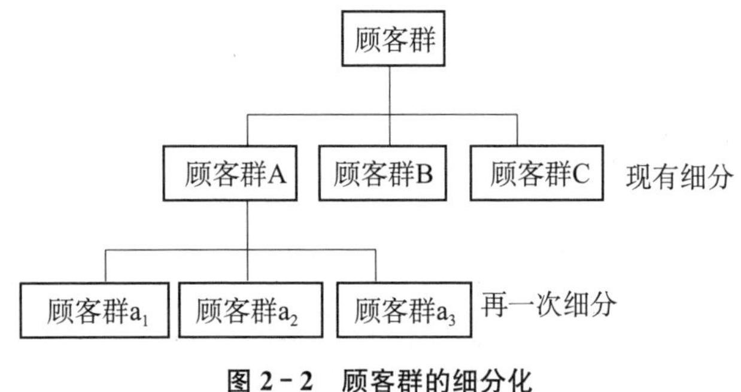

图 2-2 顾客群的细分化

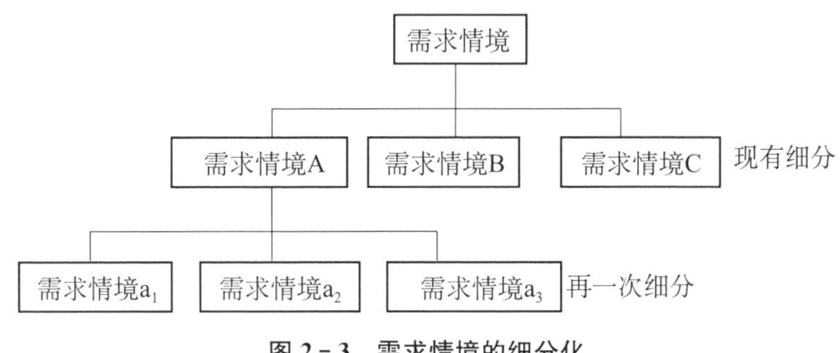

图 2－3　需求情境的细分化

下面我们用两个例子分别说明这两种细分化类型（见图 2－4 和图 2－5）。

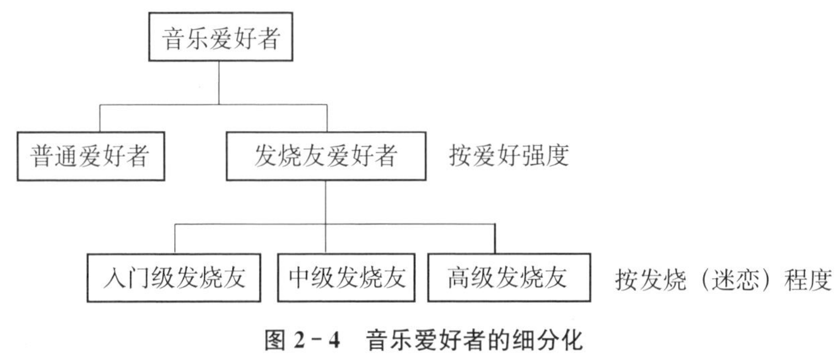

图 2－4　音乐爱好者的细分化

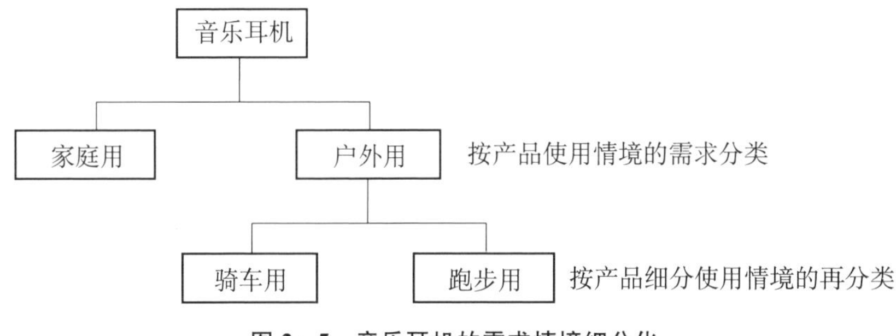

图 2－5　音乐耳机的需求情境细分化

不过，菲利普·科特勒认为：不断细分的纵向营销使需求空间变得过于狭小，最终没有前途。[①] 他主张应从纵向细分中跳出来。对产品（服务）价值进行延伸和改变，使产品获得新的、更加广泛的市场空间。针对已充分细分的市场，这一观点的启发意义是毋庸置疑的。但是，中国社会处于急剧变化之中，工业化/城市化/现代化的社会变迁大戏上演正酣，社会结构变得更加复杂；在此背景下，消费者的社会角色、身份比以往增加，不同人群的生活方式、价值观的差异更加明显，各类消费情境（场景）内部还在不断蘖变和分化。因此，中国市场上的细分可能才刚刚拉开帷幕。

新分类，新市场

对大多数品牌和企业来说，由于身处高度竞争的成熟产业领域，真正全新的目标市场几乎是不存在的。在相对成熟、看似没有机会的市场中，采用新的顾客或需求分类方法，发现新的顾客人群或需求集合，从而孵化出一个新的市场，是营销创新的重要途径。好比拨开水面发现水底的森林，需要企业家和营销人员的一双慧眼。

新的顾客或需求分类方式包括两个层次：

第一，在已有的顾客或需求分类框架下，增加顾客或需求分类的标志。例如，从社会因素角度对顾客分类，通常包括收入、职业、教育背景、居住地域（城/乡）等标志。随着社会分层以及社会结构网络化，社会资本——人们在社会结构中所处的位置给他们带来的资源（也可以理解为人们在社交网络中可以获得的帮助自己的资源），就成

① 菲利普·科特勒，费尔南多·德·巴斯．水平营销．北京：中信出版社，2005.

了新的顾客分类标志。将顾客分为拥有较多社会资本的和拥有较少社会资本的，对于某些产品（服务）领域而言，是一个有意义的顾客区隔，也是发现新顾客群的合适角度。读者朋友或许认为，拥有较多社会资本的肯定是所谓的上层人士，其实未必。我在帮助一些饲料企业制定市场策略时，就把农村中的养殖能人作为最主要的目标顾客。他们在养鸡、养猪的区域性（比如一个村、一个乡镇）社交网络内属于意见领袖，具有一定的影响力，即拥有较多的社会资本。类似于社会资本的社会因素类标志，还可以列举出族群、代际等。

再如，从生活方式和生活态度角度对顾客或需求分类，通常包括消费动机（实用/炫耀……）、消费文化倾向（时尚/传统……）、生活习性（节俭/豪放……）等标志。社会结构更加复杂，社会价值观、审美更加多元化之后，导入价值观标志、兴趣标志、审美标志等对顾客进行分类，就有了重要意义。

近年来，当我们用价值观区隔住宅、家居等多类产品（服务）以及文化产品的顾客时，发现文化保守主义顾客是一个庞大的群体且有扩大趋势。这些顾客认同乃至信奉传统文化，喜爱产品（服务）载体中的文化底蕴、哲理概念（禅）和民族情怀。从年龄上看，这类顾客以 50 后、60 后居多。

就兴趣标志而言，当运动健身已成为时尚潮流时，按运动兴趣对顾客分类，很容易发现日益膨胀的跑步人群。哪个运动品牌专门针对这个市场开发产品，就有可能获取市场成长的红利。这几年以“慢跑鞋之王”著称的 New Balance 品牌在中国市场异军突起，与跑步人群增加的社会背景是分不开的。

对年轻的、新生代消费人群来说，审美（发现美、体会美、欣赏美）需求在整个需求组合中的权重，比起父辈、兄辈要大得多，甚至成了前提性、一票否定式的首要需求。对一些产品以及具有物质载体的服务，首先是需要美——体现在造型、结构、色彩、氛围等多个方面；如果不美，其他一切价值均不予理会。正因为如此，按审美特征对顾客分类，成为许多消费产品及服务领域品牌和企业发现新的主流消费人群的重要手段。例如，人们发现，偏爱自然风格、追求简约主义的年轻消费者为数众多。基于此，家居、服装、酒店等行业均出现了简约、自然风格的产品及服务环境。一些在实用功能上几乎无法创新的成熟产品（如水杯、毛巾、文具等生活工作用品），在顾客审美要求的引领下重新焕发出生机。

总的来说，新的分类标志大多属于社会及社会心理范畴。此外，在情境维度下，一些新的情境和场景也会成为新的分类标志。比如按观看电影的情境对观影需求进行分类，可以发现酒店观影、停车场观影等新的需求集合。这方面的例子很多，不一一列举。

第二，在已有的顾客或需求分类标志下，增加选项（差异项），从而在不同选项的分布结构下，找到与新选项相对应的顾客群或需求集合。我们在按某一标志对顾客或需求进行分类时，通常会列出同一标志下所有可能的选项。这样才能得出细分顾客群或细分需求集合的分布结构。我们所列的所有选项，都是基于现有的经验和观察，基于已经发生的社会现象。比如，我们知道，运动爱好者的兴趣选项有跑步、足球、篮球、乒乓球、羽毛球、游泳、武术、高尔夫球等。但是我们很有可能未观察到一种新的运动已经开始或将要开始在部分人群中流行。谁先发现了，就是在众多运动选项中增添了一项或若干项，从而率先找到了聚集在这一选项下的细分市场。再如，希望减肥的人很多，而通常的减肥方式无非药物减肥、饮食减肥、运动减肥，而当下有一批事业成功的富人加入到了减肥群体中，但他们的减肥需求不同于其他阶层，往往隐含着文化的、心理的要求，希望把减肥和意志淬炼、人生修为、哲理体悟融为一体。同时，他们中的一部分人对传统文化中神秘的养生之道有着强烈的兴趣。针对这样一批富人，在减肥的分类选项中就需增加传统方式减肥这一项。目前，部分富人中流行的辟谷就是对这种需求的回应。

无论是新的分类标志，还是某一分类标志下的新选项，在当今社会及市场环境下，大多与消费者的价值观、生活态度、情感方式以及行为特点有关，也与人们日益丰富的生活工作情境和场景有关。

率先进入已经存在的细分市场

无论前面所说的第一层次还是第二层次的分类标志创新，都意味着对顾客及需求总体中结构性的变化以及局部的差异化迹象和趋势有敏锐、细致、前瞻的体认和观察。但是，有时也存在这样一种现象，不需要苦心思寻新的顾客分类方法，顾客分类是既定的、现成的，细分顾客群是为人们所熟知的。比如，谁不知道顾客分类有职业维度呢？谁不知道在职业维度下有农民这一群体呢？套用一句时髦的话：你来或者不来，山就在那里。恰恰对这样的顾客群人们往往熟视无睹，在选择细分市场时常常忽视。如果哪个企业或品牌率先进入这一目标市场——当然产品和服务需根据特定顾客群的需求特征作出调整和变化，它就可以开拓更大的市场空间，获取率先的时间（速度）收益。

近年来，将原本定位于高端市场、小众人群的产品（服务）进行简化创新后进入更加广阔的平民市场，成为一种创新潮流，此即克莱顿·克里斯坦森所说的在新市场上的破坏性创新，开发原本非消费者的顾客。[①]

以奔驰汽车为例，以往它的市场定位主要是高端顾客人群。近几年，它开始关注数量巨大的城市年轻人群，推出了中档价格、具有跑车特征的新车，受到了目标市场的欢迎。而中国的长城汽车将以往在某种程度上是轿车升级版的 SUV 推向广阔的城镇和农村市场，创造了国产汽车增速和效益的奇迹。几年前，小米手机异军突起，其主要原因在于将原来价格高企的智能手机变成广大中低收入年轻消费者买得起的平价产品。

与上面的例证相反，某些企业和品牌率先进入了高端市场。比如，人们普遍认为水饺是价廉物美的大众食品。但创立于青岛的船歌鱼水饺（商业形态是餐饮连锁）专注于海鲜水饺，并将其市场定位于中产阶层和较高收入人群，成长也很迅速。目前，农牧领域的有机、绿色产品（如大米、鸡蛋、肉制品以及水果蔬菜等），利用消费升级的契机向高端市场渗透，创造高附加值，已有一些成功的案例。

---

① 克莱顿·克里斯坦森．创新者的窘境．北京：中信出版社，2010.

第三章

CONNECTING
Marketing Strategy Based
on Customer Value in Internet Age

顾客需求特征分析

需求是个黑箱

需求是顾客的一种心理活动，包含顾客的愿望、期待、态度和追求。其背后所发生的机制和生成原因，涉及人的本能、认知、情感等重要心理范畴，涉及人所处的社会、经济、文化背景，涉及人与环境交互的生存模式——生产方式、组织形态以及制度结构。由于我们无法直接进入顾客的意识，无法打开顾客的心智，因此，顾客需求在我们面前就如一个黑箱——在系统论里黑箱指既不能打开、也不能从外部直接观察其内部结构和运行机制，只能通过信息的输入和输出来分析判断其特征的系统。

顾客需求之所以被视作黑箱，是因为它高度不确定：

第一，需求是模糊的。顾客自己有时也不知道究竟需要什么。顾客输出的需求信息是模糊不清的，我们体认时自然就只能雾里看花了。类似的情境可能每个人都经历过：下了班走到大街上，要吃饭，却一脸茫然，不知道想吃什么。为什么会有这种现象？可能是因为顾客对自身需求和外部供给两个方面都缺乏审视、分析和判断能力；也可能是由于信息环境的混沌、嘈杂或生疏，使之无法辨认哪些供给契合自己的需求。

第二，需求是偶然的。它潜伏在消费者的心底，没有一定的契机和外部条件的触动，这种需求不会显示出来，我们也就无从去把握。

特定的环境可能会唤醒顾客内心沉寂已久的东西。比如某个人本来不喜欢二胡，不喜欢悲凉、沧桑的曲调。但是如果他遭受了不幸，走在大街上，正好又接近黄昏，北风呼啸，这时远处飘来二胡声，有可能觉得这是天籁之音。

第三，需求是流动的。它在动态变化，永远不会固化下来。以服装行业为例，今年流行红色，明年流行黄色，在后面追永远也追不上。我国电影市场上近年来出现过多种风格类型（魔幻、恐怖、爱情、功夫等），但大多是匆匆过客，各领风骚几个月。偶尔出现一两匹票房黑马，常常在人们的意料之外。事后想想，似乎又在情理之中。需求分析最吊诡的是：从过去的事实中往往不能判断未来的趋势——即便运用大数据技术也是如此（参见本书第五章）。

第四，需求是不可言状的。有些时候，顾客有很多意向、愿望和要求，但是没有办法用清晰、准确的语言表达出来，一旦表达，要么信息滤失，要么词不达意。其实心中有原型，但是它很难描绘。这实际上是人类语言的困境，哲学对这种情形有专门的研究。举个例子，小伙子找对象，脑子里翻来覆去地想，各种想象一大堆。但是你问他到底要找什么样的人，他很可能千言万语涌到嘴边却说不出来。要么说一般就行，要么说合适就行。什么叫一般？什么叫合适？太抽象了。当然可以用一种外部的对应物来描绘，比如要找某明星那样的。这不一定很准确，因为外部的标志物和他的想象会有差距。

第五，需求是事后得到验证的。所谓事后，是指事情发生之后，我们大多数人无法对顾客需求先知先觉，只有当需求特征浮出水面、蔚然成风之后，大家才恍然大悟，觉得符合情理。少数企业或品牌的产品和服务抓住了市场的先机，有时并非依赖前瞻性的需求分析和体悟，而是无心插柳地出现在“风口”的面前。很多新的需求以及顾客不为人所知的“痛点”，只有置身于特定情境下才能体会和发现。这往往是少数幸运者才会面临的情形。

顾客需求虽然类似于一个黑箱，但并不是全然不可把握的。我们可以从黑箱的输出中，即从顾客可观察的行为和言谈中了解、体会背后的心理依据和特征，并将顾客的需求特征描绘和概括出来。在描绘和概括时，我们可以借助一定的方法，它们是基于长期观察和众多例证而形成的普适工具。

需求是个结构

顾客对某类（种）产品和服务的需求往往不是单一的，而是多种愿望、要求的组合。具体说，顾客的需求组合是指顾客针对产品和服务所希望获得的多种效用，是顾客需求显性化、结构化、逻辑化的描绘。我们可以将顾客所需的效用、利益（即价值），全部罗列出来，在此基础上将这些不同的需求种类或子项按照一定的逻辑排列起来。例如，可以将顾客对汽车的需求组合，概括为对安全的需求、对节能的需求、对动力的需求、对舒适的需求、对质量的需求、对操控的需求以及对服务的需求等。对供给侧的企业而言，顾客需求组合是其产品（服务）价值定位的前提和依据，是有效回应顾客需求的方向和指引。

顾客需求的内部构成以及相互关系主要有三种逻辑（即三种模型）：

第一，并列型。顾客所需的多种价值在其心目中的权重基本相同，没有明显的高下、轻重、缓急之分。就像一个要求较高的姑娘找对象，形象（颜值）、收入、文化程度缺一不可。当今的消费者尤其是年轻消费者，所需的价值通常包括目的价值（功能和利益）、认同价值（自我认同）、社交价值（社交网络内的交往）、学习价值（获取知识和技能）、情感价值（审美以及彰显个性）、体验价值（接触与参与），这几种价值往往是并列的。并列也意味着需求构成的均衡。

第二，排序型。在顾客所需的各种价值中，某种价值是顾客最为看重和关注的，某种价值是顾客放在次要位置的……由此排列下来，即形成了从核心价值到附属价值的同心圆结构。顾客需求组合的同心圆如图 3－1 所示。

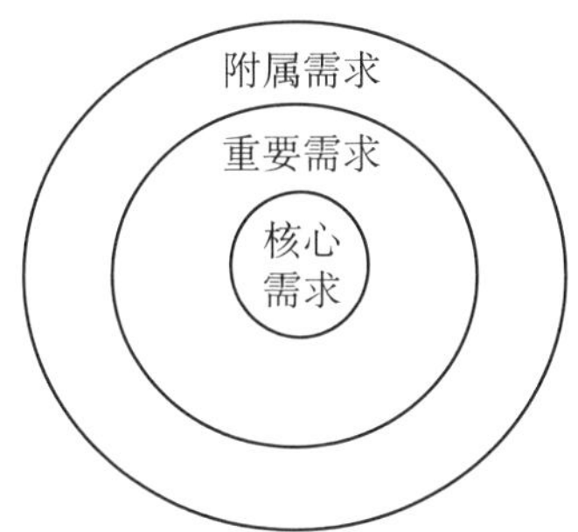

图 3－1　顾客需求组合的同心圆

顾客在对所需多类（种）价值进行排序时，往往会进行权衡和平衡。将某些价值放在前面，可能就会牺牲和减少其他价值。正如选择一辆家用汽车，注重省油效用，必然会减少动力价值。某个姑娘想嫁人，如果把财富需求放在首位，可能就要把颜值、年龄等往后面放一放。对顾客来说，将多种需求价值排序组合的最终目的在于总效用的最大化。实际上，前面所讲的并列型可以理解为一种特殊的排序，即各种需求种类的权重相同。

第三，递进型。对顾客而言，所谓递进是指：首先要满足某种价值，在此基础上才考虑第二个层次的价值；第二个层次的价值满足了，再去考虑第三个层次的价值……依此类推。人们熟知的马斯洛需求层次模型就属于递进型。在递进型的需求组合中，可以把顾客所需的价值区分为基本价值和期望价值等。顾客需求组合的塔形结构如图 3－2 所示。

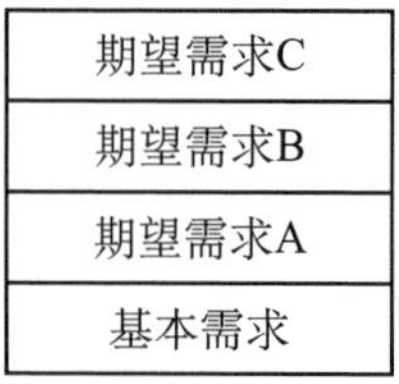

期望需求C
期望需求B
期望需求A
基本需求

图 3－2　顾客需求组合的塔形结构

以上三种模型分别适用于不同的产品和服务（包括同一种产品和服务的不同档次）。以婴幼儿产品（奶粉、洗涤品、纸尿裤、童车等）为例，城市年轻妈妈的需求组合明显属于递进型：将安全和可靠作为必要因素（这是部分国内消费者热衷于海外购买的主要动因）；这种需求得不到满足，其他层次的需求便不复存在。与此类似的例子还有：我们去酒店就餐，通常情况下都会将口感和卫生（安全）作为基本价值；假如既不卫生，又很难吃，其他所有价值诸如环境、氛围、服务等就没有什么意义了。而国内一些高收入中年男性顾客购车的需求则是排序型的：将气派和体面放在第一位，把安全、操纵（感觉）也放在重要位置，而把节能、方便等放在后面。

这三种模型也可以分别运用于同一产品和服务的不同细分顾客群。以购买房屋为例，望子成龙的家长的需求结构肯定是递进型的：最基本的价值关切在于房屋的地理位置——必须是学区房；在此前提下，才会考虑房屋的其他价值。而对意在改善生活、无孩子入学要求的中产阶层来说，位置、面积、户型、景观、环境、配套等多方面价值的需求权重较为接近，都不可或缺。这也意味着需求的构成比较均衡，属于并列型或比较接近并列型的排序型。

需要指出的是，随着产品（服务）质量提升，市场环境改善（诚信度更高、体验性更强、信息不对称减少），消费者收入水平和理性化程度提高，一方面需求构成中所关切的效用（价值）种类会增加，另一方面需求结构的均衡度会随之提高。这意味着消费者需求的延伸和综合。这对产品和服务的价值定位提出了新的要求。

下面，我们选择一个中国市场上规模庞大的群体——农民，概要地分析他们对于消费品的需求构成。

第一，特殊的功能性价值。所谓功能性价值，是顾客所需的切实用途；而农村顾客的特殊要求表现在产品对农村特定使用条件、环境的适应性、相容性，以及某种附加功能等方面。以家电产品为例，农村顾客很喜欢具有超强接收功能的彩电（适合转播信号不佳的使用环境）和面板上有彩色画面的室内柜式空调（产品具有农村顾客喜闻乐见的装饰功能和审美价值）。以手机为例，农村顾客很注重铃声响亮（适合在空旷及嘈杂的地点和环境中使用；同时，它会给单调的生活增添娱乐性；此外，它可能会让使用者感到有面子）。

第二，较大的剩余价值（顾客剩余等于顾客效用和代价之差）。部分农村顾客收入水平较低、购买力有限，希望用较少的代价获得合适的效用。近年来在农村市场畅销的大瓶包装果汁饮料（橙汁、椰汁等），就契合了这种需求特点。由于部分农民文化水平不高，对产品、服务价值的认知并不准确，因此，这种顾客剩余有时是虚幻的。一些农民投机心重，或者价格敏感度高，追求较大剩余，反而形成了受骗上当的心理基础，不仅未得到剩余，反而受到伤害。

第三，安全价值和服务价值。许多农村顾客在涉及产品及交易的知识、信息方面处于劣势，谈判能力较弱；其顾客权益保障机制不健全，维权的成本极高。在此境况下，他们非常关心、重视购买及消费的安全性：产品可靠、信誉好、自身利益不会受到损害等。农民喜欢去熟人处购物，除了情感因素，也有安全以及事后追索等方面的考虑。同时，农村顾客使用产品（主要指耐用消费品）的周期通常较长，在某种程度上他们更关注未来的承诺，因此需要在服务方面给予他们长久、确定的预期和保证。此外，农民购买及消费行为的从众性，也与其担心自己判断失误、规避信息不对称风险有关。

第四，学习和成长价值。早在几十年以前经济学家就已发现：农民是理性的自我人力资本投资者。在社会急剧变化的今天，许多农村顾客希望接触到新的信息，希望通过学习提升能力从而改变自己的命运，希望拥有能开阔其眼界、引导其成长的信息性、知识性和精神性价值。基于此，企业可以在产品中增添这种价值，也可以在顾客服务与沟通中体现这种价值。

第五，社交性价值。我国大部分农村地区村间邻里的交往频密，农村顾客比较注重在群体中的地位以及所获得的尊敬，因此消费时较城市顾客更加注重社交性价值——讲面子，讲究人有我有，甚至喜欢攀比。农村中占据不同资源、社会资本大小不等的农民，往往都在消费行为中体现社群中的独特地位：有的在炫耀，有的在示威，有的在憋一口气，有的在求心理平衡。尤其在办大事——如婚嫁喜事、父母寿庆、新居落成——的时候，这种对社交性价值的需求更为强烈和凸显。

需求可以一言以蔽之

本章前面所介绍的顾客需求组合（模型），从范围的角度将顾客所关注的方方面面价值进行了罗列和归类，并且按照一定的心理逻辑结构组合起来。这是一种简明、实用的需求分析方法。但它有一个不足：缺少穿透力。把顾客所需的各类价值解析清楚了，但有时仍然只是隔靴搔痒，缺乏一语中的、一剑破门、直击本质的犀利、精准和畅快。

因此，对顾客需求的认知、分析必须聚焦，思考必须更加深入，找出本质性的特征和属性，并用一两个词概括出来。“本质”是个哲学名词，指现象和表层背后的基础、根本、内核和依据。就哲学研究而言，哲学家或许已不究求事物的本质了。但对营销而言，情形则不一样。

2015 年 11 月，我和深圳的一批企业家到美国斯坦福大学短期进修学习。期间有一位设计学院的教授讲述了一个案例。教授及其团队接受美国一个知名口香糖品牌的委托，到中国市场进行实地研究，目的在于找到目标顾客——中国城市里的年轻人——消费口香糖的心理动机和精神需要。他们访问了中国几十个城市的数万个年轻人，最后在成都的地铁上从一位姑娘（十八九岁）口中得到了答案：“自信”——“口香糖，让我更自信”。这是 90 后、00 后的真正心声，如果准确地把握到了，难道不激动和愉悦吗？这是营销和创意人员的高峰体验。

对实用性、功能性产品（服务）而言，顾客的本质需求在于最核心的实用效果和利益，可以从顾客需求组合中选取排序最靠前或者最基础层面的需求作为本质需求（见图 3-3）。

需要指出的是，顾客的需求组合是动态变化的。当核心需求、基本需求普遍得到满足，或者由于消费理念、习惯的变化，原来的核心需求和基本需求可能不再是排在首位或最基础层面的需求，甚至不复存在时，本质需求的选择指向相应也要变化。也就是说，本质需求也

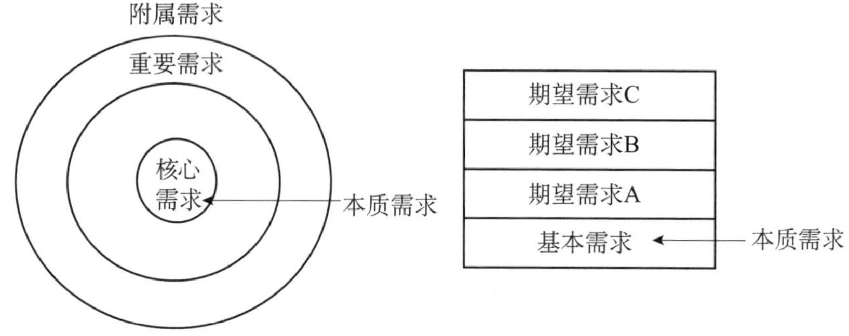

图 3－3　顾客需求组合中的本质需求

是因时而变的，很可能原先不起眼、不被人们关注的需求成了本质需求。以我们最常见的产品手机为例，现在几乎不会有人将通话作为顾客的本质需求，而是逐渐移至照相及各种应用层面。以家居产品沙发为例，舒适已经不是本质需求了，健康才是新的本质需求。因此，面对顾客多种功能性需求时，准确提炼本质需求有时并不是一件轻松的事，需要前瞻性地判断顾客功能性需求变化、转移的趋势。当年的王老吉用了数年的时间才把“怕上火”的本质需求找到。一些饮料品牌似乎多年仍然徘徊在本质需求的门外。

对情感性、审美性、心理性价值含量较高的产品（服务）而言，顾客的本质需求往往是内在的精神层面的要求。它建立在实用、功能性需求基础之上并超越了实用、功能性需求，或是一种生活态度（比如格调、极简主义），或是一种理念主张（比如尊重、自由），或是一种情感诉求（比如关爱、家国情怀），或是一种审美趣味（比如呆萌、魔幻），或是一种个性彰显（比如阳光、勇气）。这些精神要求既包括顾客用某种精神价值体现自我、证明自我和认同自我，也体现顾客所属社群或部落的文化特质和流向；同时，它又是社会文化背景的折射。当新生代消费者越来越关注非实用价值时，揭示精神层面的本质需求变得十分重要，甚至成了营销成败的关键。但这并不是一件容易的事，需要对社会的文化走向、目标顾客群的精神世界有洞幽烛微、细腻准确的观察和体认。

对顾客需求本质的概括，是产品价值定位和传播定位的前提。在传播定位方法中，常常有“一词定胜负”的说法，即用一个词说明产品及品牌的价值主张，比如“经常用脑，多喝六个核桃”“TATA 木门，我的安静生活”“高露洁，我们的目标是：没有蛀牙”等。这个词在很多情形下是对顾客本质需求的描述，或者是对它的回应。但需要指出的是，很多情形并不是全部情形；这意味着这个定胜负的词未必对应本质需求——可能因为针对本质需求的价值已被其他品牌定位了，可能因为自身的能力、产品（服务）特征无法与本质需求契合。它可能揭示一种具体的产品（服务）差异，但无论如何，这个词必须针对顾客的需求痛点。

互联网时代，人们在谈论打造极致产品时常常谈到需求痛点。所谓痛点，必定是顾客关注但又未能得到满足或未能得到很好满足的需求。它通常属于功能性、实用性、利益性需求。精神性需求、心理性需求未能满足，比如看了一部平庸的电影，我们可能会遗憾、不满甚至愤怒，我们可以给差评，可以发誓以后再也不看这位导演的作品，但这都谈不上什么痛。痛点需求是在一定的情境下，如果不能满足则后果严重、处境尴尬、强度可能最大化的需求。比如飞机到达后手机没电找不到接站的人——充电需求；下雨天赶赴一个重要的会议却打不到车——打的需求；中午客人不约而至而家里什么饭菜也没有——送餐需求等。

痛点需求可能是顾客功能性、实用性需求排序时的核心需求、基本需求，即本质需求；也可能是其他层面的需求，甚至是被人忽视的边缘性、辅助性需求。这为差异化竞争尤其是市场上的弱小品牌、后起品牌差异化制胜提供了可能。当大品牌关注那些公认的本质需求时，从一个看上去较小的顾客痛点角度进行价值定位，很可能出奇制胜。大家观察一下 vivo，OPPO 手机的案例，就不难得出结论了。

需求是矛盾的

2000 年，美国学者布鲁克斯（David Brooks）出版了一本著作《波波族的兴盛》。所谓波波族，是布尔乔亚人和波希米亚人（Bourgeoise-Bohemian）的合体，主要特征是：高学历、高收入、高精神追求；独立意识强，有独特的个性，不随波逐流，不媚俗，也不媚雅；低调，不张扬；理性，重视生活品质和感受。这是一批在中产阶层土壤上生长起来的精英阶层。饶有意味的是，布尔乔亚和波希米亚并不是一类人，前者是雅皮士，有强烈的进取愿望，且做事踏实认真，遵守社会主流价值观；后者却是嬉皮士，放浪不羁、特立独行、挑战传统。在后工业社会、后现代社会的时代背景下，这两类人居然融为一体。其实，这并不奇怪，转型社会中，主流顾客群大多存在内在心理张力，即相互矛盾的需求；准确地说，不同方向的需求并存，可以用“既需要……又需要……”的句式表达。我们经常看到这样的现象：一个平时在公司里循规蹈矩、默默做事的女员工，到了卡拉 OK 厅，最喜欢点唱的却是 Beyond 乐队的摇滚曲目。

近年来，国内一些著名女装品牌都将目标市场定位于中青年（35～50 岁）、有知识、有地位的职场女性。这个群体不仅规模较大，购买力较强，而且有鲜明的消费心理特征。我曾经和一位著名女装品牌的董事长进行过一次对话，根据他的介绍，我将这个群体的需求特征用三重紧张（矛盾）来概括：

第一重紧张：人到中年与留住青春。随着年龄的增长，一些女性的心理发生了微妙的变化：长时间地在事业和家庭两个领域辛勤耕耘，事业已有基础，孩子渐渐长大，自己的体型变了、相貌变了；青春如此易逝，再不享受生活就太委屈了。她们似乎比以往更在乎自己，更喜欢投资自己（如美容、健身等），同时更忌讳老气，更想留住青春，留住激情。

这种心理状况蕴涵这样的矛盾：一方面顾客已进入中青年，着装应比较大气、端庄、稳重、得体，另一方面顾客又有抓住青春尾巴的强烈愿望（极少数中年女性穿戴一些一二十岁少女的服饰，显得夸张和滑稽）。解决之道可以是：在服装面料、样式和格调大气、端庄、符合顾客年龄特征的基础上，让一些局部（如衣领、衣袖、纽扣等）具有青春气息，富有情调和情趣；同时颜色、花纹明快、典雅，甚至奔放、热烈。总的来说，内敛中透出激情，成熟中显现年轻。

第二重紧张：职业身份与个性追求。作为职业女性，无论是行为举止，还是衣着打扮，都有一些必须遵守的规范。这些规范换个角度看或许不合理，未来也有可能改变（规范本身也是不断演变的），但在当下却是一种文化性的强制。紧张和矛盾由此产生：中青年成功女性希望彰显个性，希望与众不同，希望标新立异，同时又要顾及职业限制以及社会心理（周围人群对自己的看法和影响）。一些女装品牌平衡的方法是：首先考虑职业环境和职业基调，使顾客能穿得出去，能和职业氛围、工作性质相融合，在此基础上凸显个性和个人风采。据我观察，市场上销量较大的女装品牌都不太追求另类，而是在主流审美观和价值观的前提下尽可能地有新意和创意。不过，随着社会的发展，所谓的职业规范越来越宽松，这为时装的创意留下了更大的空间。近年来，女装的风格越来越轻松和自由，款式比以往更为大胆和前卫。行文至此，顺便提一下，部分时装品牌尤其是设计师品牌过于追求另类和不同凡响，结果导致目标顾客群偏窄（真正另类的人是极少数，大部分人有存异之心，亦有求同之志），同时也导致对创意和设计的要求过高、过于苛刻，使创意和设计走入死胡同。这种状况有时与设计人员过于自我和艺术化有关。

第三重紧张：现代和传统。这是体现在现代女性身上的文化冲突。中青年成功女性生活在都市，其工作性质、生活氛围以及信息环境决定了这一阶层的现代气质和追求：自主、自立、自尊、自强，追求事业成功和人生价值的实现，强调自我选择。但同时她们生活在一个文化传统极为深厚的社会，自觉不自觉地受其影响，价值观、个性及生活方式中往往包含传统因素，例如不喜欢被称作女强人，重视家庭，认同某些文化传统对女性的要求，如温婉、贤良、含蓄等。面向她们的产品和服务，其基本气质当然是现代的，但在时装设计、专卖店氛围及顾客互动方式等方面，可以蕴涵某些传统的因素，在现代和传统之间搭建桥梁。例如，一些产品的款式、面料、颜色、花纹显现女性柔美的特征；专卖店呈现温馨的家居情境；顾客俱乐部活动体现温情和关怀等。

这里之所以如此详细地说明中青年成功女性对服装需求的矛盾结构以及应对之道，主要是为了借鉴其中蕴涵的逻辑和方法：首先，需求结构中的内在紧张是时代、社会变迁的产物，是中国现代化过程中多种文化并存的写照。因此，需对目标顾客所处的社会、时代背景，目标顾客和社会、时代的关系有宏观的视角和整体的观照、考量。其次，找出顾客几组（项/类）方向相反的需求。最后，分析、判断它们的矛盾程度，即内在冲突的强度。冲突强度小，进行价值定位时可以采用折中和平衡的方法消解矛盾；冲突强度大，则只能进行两极化价值定位。以时下畅销的轿跑汽车为例，一方面在品质、安全等传统价值维度上精益求精、至臻至善；另一方面在动力、操控以及外观等方面体现炫酷、勇气和不羁。

其实，内在需求矛盾和冲突的又岂止是中青年成功女性。部分新生代（90 后、00 后）顾客也存在纠结的需求心理：既要显示个性，又要获得群体认同；既想叛逆和挑战，又想安全和轻松；既想独立，又免不了啃老……而中产阶层则既怀旧，又前瞻（喜欢学习新知）；既求安稳，又想变革；既希求内心的平静，又渴望情感的激荡……理解了顾客内心的矛盾，就为我们进行精准营销提供了依据和指南。

目标顾客群素描

在选择目标顾客群，或是选择之后分析目标顾客群时，我们常常会对目标顾客群（可以是多个）的特征（主要是需求特征）从不同的侧面和角度进行描绘和勾勒（称作顾客画像或顾客素描）。顾客素描的角度如图 3－4 所示。

（1）自然属性

顾客自身的天然特征，如性别、相貌、身高、体重、健康状况等。

（2）社会属性

顾客作为社会成员，与社会相关、在社会化中形成或者由社会赋

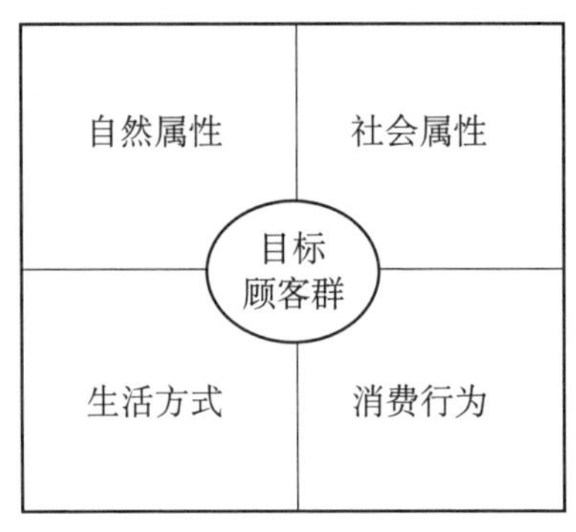

图 3-4 顾客特征勾勒的四个侧面

予的特征，如职业、收入、社会地位、社会资本、文化程度、宗教信仰、生活地域（城/乡）等。

（3）生活方式

顾客由自身心理因素决定的生活状态和行为特征，包括与消费相关的价值导向（消费伦理）、生活态度、情感方式以及审美偏好等多个相互关联、叠合的因素，比如是节俭还是奢华、是保守还是激进（时尚）、是古典还是现代、是中国化还是西方化、是简单的还是繁复的、是闲适的还是紧张的、是退隐的还是奋进的、是拘谨的还是豪放的等。

（4）消费行为

顾客在消费过程中体现出的行为特征，比如是简单决策（高效率决策）还是复杂决策（低效率决策）、是理性决策还是感性决策、是自主决策还是从众决策、是单一主体购买还是多个主体购买（典型情境是：是一个人选择和决策，还是一家老小七嘴八舌地选择和决策）等。

在顾客各方面的数据尤其是行为数据完备的情况下，可求助于人工智能，据说有关营销软件能从几百个维度（运用几百个变量）对顾客进行画像（参见本书第五章）。但是软件或机器人恐怕难以摹刻出顾客微妙、矛盾的心理特征，也难以揭示出现象背后的本质和真实意图。

我们勾勒特定顾客群的特征时，以上四个角度及其内部变量、因素不必面面俱到，可根据需要增减。下面，我们尝试对当前中国市场最大的三大消费者群体作一个简要的素描（近乎于速写）——这实际上也是我对这几类群体经过观察后的总结。

一是富人（土豪）。

自中国市场化变革以来，产生了一个占总人数比例不高但总体规模可观的富人群体。其中的构成相当复杂。早期富人的标签化形象为山西煤老板、房地产老板。近年来随着科技型创新企业的兴起，富人群体增添了一些知识、技术、创意、互联网的色彩。在几大商学院EMBA班级上，经常可以见到他们的身影；其代表人物经常出现在各大论坛和媒体上，使外部对他们的行为特征以及背后的心理特征有了一定的了解。

早期富人消费心理的显著特征是只买贵的，不买对的，追求奢侈，喜欢炫耀（在一些经济欠发达地区这种现象仍然可见）。新的富人群体普遍推崇低调的奢华，从炫耀性消费过渡为小圈子内的认同；讲究产品和服务品质，不会为一些虚幻价值付出过高代价；重视一些独特的、稀缺的、与精神享受有关的强度性体验，即那些挑战性大、信息密度大、空间跨度大以及参与度高、社交性强的体验，比如探险性旅游、国际游学、封闭式修炼学习等。

作为富人，常常会有一些个人爱好和区隔性消费。所谓区隔性，就是与众不同。哪怕再低调的富人，也愿意为此付费。区隔性消费的载体主要有茶叶、雪茄、艺术品、收藏品、音响设备、手表、汽车等。

二是中产阶层。

中国市场上的中产阶层是消费的中坚。中产阶层在全国很难有统一的标准。总的来说，他们的年龄在 30～50 岁之间，文化程度较高，在公司/机关/单位里是骨干和支柱，收入能保证衣食无忧。这群人上有老，下有小，负担重，责任大；价值观鲜明，有较高的精神追求。

中产阶层总体上具有平衡消费和理性消费的特征。所谓平衡，主要是指收入和支出之间的平衡，不激进、不超前，但也不过于节俭和保守，保持一定的生活质量。这也意味着在当下消费和未来安全之间的平衡。比如，一个中产阶层家庭，平时父亲、母亲工作努力，开支也很谨慎；但到了春节还是愿意花一笔钱带孩子到三亚去看看大海，一家人赤着脚在沙滩上感受海浪的温柔或激荡。所谓理性，主要是指独立思考，自主决策，不率性，不感性，不冲动；对消费的投入产出有清醒的分析和计算；对产品（服务）的性价比和价值（以及价值的来源）有比较客观、清晰的认知。中产阶层对产品（服务）所蕴涵的知识很感兴趣，购物决策时常常对购物理由进行充分、完备的论证。因此，他们不会只买贵的，也不会只买便宜的，而是会买最合适和自己认为最正确的。借用“政治正确”一词，中产阶层很在意消费/购物正确。

中产阶层不仅理性，也注重产品（服务）中的情感、审美因素，追求格调，讲究质感。实际上他们对功能价值和情感价值存在双重关注。由于收入比不上土豪，他们所追求的格调无法夸张和炫目，主要体现在一些细节和局部上。中产阶层总体上是崇尚规范、遵守规则的，但内心对自由、出格有一定程度的向往。

从经济角度看，我国的中产阶层是存在的；但从文化和社会心理角度看，中产阶层却不一定成立。他们中的一部分人模仿富人的消费模式，而另一部分人却仍然存在经济地位更低阶层的消费习惯。

三是小白领。

这一群体主要指在城市工作、进入职场不久、从事初级职位（所以叫小白领，而不是老白领或金领）、受过一定教育、收入不太高的年轻人（年龄在25～35岁之间）。这个群体在相对宽松的环境下成长，与父辈、兄辈相比较更加自主，更加自我，也更有个性，更渴望平等、尊重和参与。

小白领重视购物的过程，喜欢比价，注重信息对称，关心他人（尤其是自己所属或认同的群体）的评价，将购物变成挖金、淘宝的体验，希望获得超值产品（服务）以及意外之喜。有意思的是，这个群体奇妙地在从众和个性、自主之间达成了平衡。别人的话要听，但又不全听；决策自己做，但又不一意孤行。既要融入群体，找到归属，发现参与的契机，并且乐于分享；又要彰显个性，体现独特的品位和追求。

小白领更喜欢面向细分市场、回应个性化需求的品牌——这是近年来某些大众品牌市场份额下滑的重要原因。他们由于收入有限，价格敏感度较高，但对时尚却有较多的追求（国外几个著名的休闲服装品牌在国内的目标市场主要是他们），希望用较少的代价实现。此外，小白领对于产品（服务）的某些差异化功能——比如笔记本电脑的游戏功能、手机的自拍功能——的需求强度较大甚至具有刚性。

由于情感表达方式不同——不像其父辈、兄辈那般，情感结构没那么复杂，情感浓度没有那么深厚，因此小白领尤其是城市中家境较好的年轻人，喜欢浅浅的情绪表达：小清新、小烦恼、小愉悦；重视瞬间感觉，在消费情趣和审美上偏好娱乐化和符号化（最典型的符号是一些动漫形象）以及放低姿态，自我嘲讽甚至自我作践的呆、萌、丑。

第四章

超越顾客需求

三种创造顾客需求的方式

以顾客需求为导向，并不是简单临摹和被动跟随。顾客需求往往既隐蔽又动态，完全还原和即时反应是无法做到的。我们所说的需求导向，更多的是对顾客基本需求以及需求规律的认知、理解和把握。在此前提下，可以反过来牵引、激发乃至创造需求，即超越顾客需求。也就是说，企业提供的产品和服务，其价值定位、价值构成及特点出乎顾客的意料，超出顾客的想象。正如乔布斯所说："有些人说'消费者想要什么就给他们什么'，但那不是我的方式。我们的责任是提前搞清楚他们将来想要什么。我记得亨利·福特曾说，'如果我问消费者想要什么，他们会告诉我，要一匹更快的马'。""人们并不知道想要什么，直到你把它摆在他们面前。"①

在市场营销实践中，通常有三种超越需求的方式：

（1）从隐性到显性

在一定的社会文化环境和信息环境下，有时消费者的某种需求已经形成和积淀，但并不自知。也就是说，消费者对某种新的事物和新的价值已经产生了一定的愿望，但却是埋在心底的，不经过一定的触发、牵引甚至刺激，这种需求很可能无声无息、不见踪影，就如同水

---

① 沃尔特·艾萨克森．史蒂夫·乔布斯传．北京：中信出版社，2011.

面下的潜流。一旦外部具备了某种契机，水面下的潜流就会喷涌而出。在生活中经常会遇到这样的情形：去选购、消费某种商品时，起初并没有什么明确的要求，但面对具体的、可选择的物品和服务时，隐性需求一下子被触动、调动和激发起来，会产生一种出乎意料的惊喜、情理之中的认同和心有灵犀一点通的愉悦。生活中也常常有这样的情形：一个北方人来到云南大理，原本并无购房的愿望，但四季如春的气候、苍山洱海的风光（如果是一个年轻人，可能还偶遇了美丽善良的金花姑娘——背景情节请看电影《五朵金花》）、掠过湖面的水鸟、岸边摇曳的花朵，一下子激发起他在此地诗意栖居的需求。

牵引、创造需求有时意味着将消费者的人文、历史、情感、审美沉淀，以及已经存在但未曾言说的心理期待挖掘和呈现出来。遥想当年，崔健的《一无所有》宣泄了多少迷惘青年的郁结；邓丽君的爱情歌曲唤醒了多少年轻人压抑已久的男女情愫……到了今天，岳云鹏的《五环之歌》之所以迅速被人们熟知，除了风格轻松、谐趣，其内容契合都市年轻人对自身生活形态的反讽；赵雷快速走红的歌曲《成都》，打动新生代的是都市化的爱情：小伤感、小温馨、小感动……其他产品（服务）和艺术作品一样，之所以让顾客感到“众里寻他千百度，蓦然回首，那人却在，灯火阑珊处”，既新颖、新奇，又似曾相识，一个重要原因是在情感的静水深流处引发了共鸣。

（2）从模糊到清晰

和隐性不同，这里的模糊是指消费者的需求本身是不确定和动态的，没有形成稳定、明确的形态和特征。具体分析，模糊又分为几种情形：一是部分消费者的需求主体性较弱，对自身需求的内审、认知、提炼能力较弱，不清楚自己需要什么以及什么产品、服务最适合自己。

二是在跨文化背景下，许多消费者对外来文化缺乏充分、贴切的了解和理解，因而对蕴涵外来文化要素以及在其他文化背景下生成的产品（服务）缺少清晰的需求指向。例如，一些消费者崇尚意大利风情、欧陆经典，但究竟什么是意大利风情，什么是欧陆经典，他们并没有明确而具体的认知。三是在技术及时尚不断变化的时代，许多消费者难以把握未来的技术趋势以及时尚潮流，因此他们面向将来的前瞻性需求是飘浮和模糊的。

基于上述情形，企业和品牌可以牵引、塑造消费者的需求，并使其需求变得确定和清晰：

- 针对部分女性消费者自我意识及审美能力较弱，通过时装表演、店面展示、网络媒体宣传、自媒体以及社群传播等多种形式强化美的定义、凸显时尚特征，驱动女性消费者产生认同和偏好。
- 针对一些消费者对外来文化的好奇和青睐，为消费者建立理解外来文化所需的信息背景和体验途径，设计出体现外来文化的形式、载体和细节，一方面使消费者崇尚外来文化的某种情结得到释放，另一方面使消费者对外来文化的面貌、特征有更深、更清晰的体会和认识。
- 针对一些消费者对未来的探索欲望，展示产品今后演变的路线和图景，设计出未来概念产品，使顾客形成对未来产品的某种设想，从而影响和引领消费者的需求走向。我曾在日本名古屋市参观丰田汽车会所，里面展示了汽车节能和环保技术的发展趋势，以及未来概念汽车，不仅让人开阔了视野，同时让人对将来的汽车消费有了先入为主的认知和具象的图景。

（3）从抽象到具体

营销学者发现，需求是一种心理结构。第一个层面是与人的生存、生活相关的基本要求。第二个层面称为欲望，欲望是有对象物的，即对特定的对象物产生的一种愿望，比如喝水是一种基本的要求，但是选择矿泉水、茶还是碳酸饮料、果汁饮料，就代表一种对象化的欲望。第三个层面通常称为有效需求，指受收入限制的愿望。

借助这种需求的结构化分析，我们发现需求往往表现为一些公理，即第一个层面的基本要求是抽象性和概要性的。有些需求公理是功能性和实用性的：人渴了要喝水，饿了要吃饭，冷了要添衣，热了要祛暑等。有些需求公理是心理性、情感性或者价值观性的：人孤独了需要慰藉，在组织中需要得到尊重，有趋利避害之心，对善和美有所追求等。而有些需求公理则属于社会心理的范畴：一个民族或者一个群体在长期的生活环境和社会交往中，会形成一些社会或文化心理的积淀，比如中国人比较讲究面子，尤其在农村。

对于需求公理，企业或者品牌可以通过很多方式即多种多样的欲望对象物来满足。比如人到中年要怀旧，这属于情感性、心理性的需求公理。基于此，可以开一个怀旧型茶馆、出一盘经典老歌……满足这种怀旧需求的具体形态无比丰富，其中蕴涵着巨大的创新空间。

上面的分析有力地说明：需求导向和需求创造并不矛盾。上面“从……到……”的句式，反映了在需求导向的前提下需求创新的可能性以及方式、途径。需要指出的是，创造需求并不意味着完全无视顾客的现有认知基础和消费习惯。产品（服务）的创新不能偏离人性及市场的普遍法则和规律，也不能超越消费者需求的基本约束（收入约束、文化约束等）以及认知、接受的限度。

领先半步：迎接需求变化的风口

从时间角度讲，所谓领先，是指在需求发生显著变化之前做好准备，主动迎接变化的到来；换句话说，即比需求变化更早更快地作出反应。

从宏观角度看，需求变化表现为需求生命周期的推移。很显然，任何一种产品（服务）及其价值需求，都有一个动态的成长、变化过程，都表现为需求量从无到有、从小到大，最终从大到小、从有到无的演变轨迹。人们通常讲产品和产业有生命周期，实际上它们来源于需求的生命周期。需求之所以有生命周期，一方面是因为出现了价值替代——马车替代木车，汽车替代马车，新的产品比以往产品功能更好、速度更快；新价值替代旧价值，表现为与前者相关的新需求的发育成长和与后者相关的老需求的停滞衰落。另一方面，有些新需求不是替代性的，而是随着经济、社会文化及自然环境的变化从无到有。比如随着环境污染的加剧，人们会产生很多新的健康问题。与之相关的需求以前根本就不存在，它们会在新的条件下滋生和变化。

任何新需求都有导入期。在导入期，社会需求总量是非常小的：或者是极少部分人有这种需求，或者是需求倾向不强烈。经过一段时间的孕育，需求量会在某个时点发生显著变化，并且在这一时点之后的相当长时间内，它会持续、加速放大：从少数人消费向多数人消费延伸，从少量消费向大量消费延伸，从弱强度消费向高强度消费延伸。这种变化如果描绘成需求趋势曲线，则从这一时点开始呈现出一种非常陡的上升态势。它通常是需求导入期向成长期转变的分界点。与这一时点相对应的需求曲线上的点可以称为需求爆发的风口。

针对新的成长中的需求，较理想的境界是，企业在风口出现之前进入行业和市场。一般来说，产品或品牌有先入为主的规律。消费者接受一个新生事物、一种新产品、一种新价值时，通常比较容易接纳首创者和先行者。从企业自身角度看，在市场需求爆发前进入，可以积累很多经验，打下人力资源、产品、品牌、渠道网络等多方面的基础，一旦需求进入快速成长期，企业就可以享有最大的收益。

当然，在需求风口到来之前进入市场必须恰到好处。过早进入，企业付出的市场教育成本太大；过晚进入，则很难抓住市场机遇。不要过于超前，也不要落后，这其实是一个度的概念。如果能够把握这个度，则事半功倍。对于这个度，我们用一个词来形容就是“领先半步”。以目前市场上的凉茶饮料为例，过去相当长的时间内，它以广东为主要市场，不是一个主流饮料（我对凉茶的最初印象来自老电影《羊城暗哨》，一个场景中有临街的凉茶铺子）。随着生活节奏的加快与工作压力的加大，再加上全球气候变暖，以及辣味流行等因素，去火清凉的需求被迅速引爆。相关品牌在市场变化中把握住了机会，在饮料行业异军突起。近年来，植物饮料增长迅速，其中的核桃饮料经过较长时间的酝酿，在六个核桃等品牌的引爆下，已经成为饮料市场上的主流品类。再如，国产汽车长城近年来之所以发展较快，一个重要原因是抓住了国内市场 SUV 快速增长的机会。而其他一些国产汽车品牌起步要比长城汽车早得多，但发展状况不尽如人意，原因之一就在于未能准确判断市场风口会出现在哪里（车型）以及出现在何时。

如何分析和提前判断需求放大即风口出现的时点？这里介绍两种思维和分析方法。

第一，因素分析法。即根据影响需求变化的各个因素进行综合分析和预测，来判断需求转折点何时到来。虽然市场是动态和不确定的，但除非环境发生突发性巨变，大多数产品的需求变化是可以通过这种方法预测的。比如汽车行业，根据人均国内生产总值和人均收入、人口结构、道路建设及交通状况等因素，基本上能推演出需求量在什么时候开始陡然上升。再如，根据我国人口结构变化、居民收入变化、家庭形态变化等，就能判断出社会化养老需求上升的拐点出现的大约时间。

第二，对比分析法。这是一种借鉴法。参照其他市场的历史经验和现状，可以判断出本市场需求变化的趋势及转折点。当下的中国和日本、日本和美国、非洲和亚洲……很多同类需求处于不同的阶段，后来者可以看见将来的变化。前几年，对于中国企业要不要推出茶饮料，人们是有争议的。反对的人认为中国人喜欢泡茶，谁会喝冷的瓶装茶？但也有些企业坚持认为茶饮料在中国会有广阔的市场空间，它们是从日本等地的消费演变中得出这一结论的。在这些市场，经济发展到一定程度时，茶饮料的消费比例就会急剧上升。再如，时下日本很流行具有绿色健康概念的果蔬饮料，我们参照日本市场的发展规律，不难判断在不远的将来，它很可能成为我国市场的一种主流品类。事实上，在我国的一些中心城市，果蔬汁已经开始在白领女性中流行。

有的读者朋友可能会问：有哪些产品和服务，其需求虽然仍处于潜伏期、酝酿期和发育期，但离爆发的风口已经很近了（甚至已经爆发了）？根据我对市场的观察，试列举几类：

- 咖啡，以及与咖啡相关的产品和服务。
- 高品质纯果汁和蔬菜汁之类的产品和服务。
- 更健康、更美味、更便利的休闲、方便食品。

● 数码化、互联网（移动互联网）化的运动用品（运动服装、运动鞋以及其他运动装备）。

● 云模式下的个人健康监测产品和服务。

● 物联网形态的家电、家居产品。

● 更安全、更可靠、续航时间更长、充电更方便、使用成本更低的电动汽车。

● 借助互联网（移动互联网）的个人定制化产品和服务，包括服装、文具、玩具、生活用品以及其他承载情感的艺术品、礼品等。

● 面向儿童和青少年的、线上线下相融合的素质培训，包括艺术、运动、益智、科学、外语等主题和内容。

● 主题化（有特定内容）的自由式、体验式度假旅游，主题包括艺术、运动、人文教育、健康等多个方面。

● 康复式养老服务，以及与银发族群（老年人）相关的其他服务。

需要指出的是，虽然有分析工具和方法，但在实践中还是很难准确地把握需求发生转折的具体时点。由于环境、社会、文化、经济、技术等各种因素的变化，需求可能在人们所认知的时点之前引爆，也可能滞后，千呼万唤不出来。我们先来看看历史的教训。十几年前，在液晶（LED）电视机对传统电视机的替代上，国内部分彩电企业出现判断失误。它们一直认为传统电视机的需求和生命周期还会维持较长一段时间。但事实上液晶电视机需求的风口来得非常快，超出了某些国内彩电厂家的预料。原因何在？一方面我国居民消费能力提高很快，一方面日本、韩国的家电制造商开始将中国市场作为战略性市场，把中国家电企业认为是高端产品的液晶电视机迅速低价化，使之快速普及。此外，家电连锁大卖场出于引领消费、获取利润的考虑，也对液晶电视机推波助澜。再看看现在，彩电以及手机产品又一次面临产品升级，曲面屏幕（OLED）的产品需求将会爆发性增长。但在上游核心部件（曲面屏幕）的开发、制造上，韩国三星、LG 再次走在了中国企业的前面。

现在，我们对如何提前准备、迎接风口提出几条策略性建议：

第一，要有多代次的技术储备。这样就能做到进退有据：如果需求转折时点迟迟没有到来，可以耐心等待；如果需求转折时点提前到来，可以凭借技术优势迅速切入，分享市场快速成长的盛宴。同时，可以通过产品和技术的多次迭代，逐步逼近风口。

第二，随着需求的变化调整自己的节奏。在转折时点快要到来之际，做好准备工作；如果转折时点比预期滞后了，则做一些市场引导、教育工作，等待需求变化的契机；准备好了之后，一旦市场征兆出现，就以最快的速度抢占竞争制高点。

第三，提高企业家的战略思考能力。企业家的战略思考能力是智慧、意志加上长期的经验积累练就的（不能否认其中存在直觉乃至天赋等因素）。通过战略思考能力的提升，准确判断起于青蘋之末的市场异动，从而把握好进入、发力的时机。

本节谈的是如何提前应对需求的正向转折（即放大），其实，需求的负向转折（即缩小）也需有提前期。由于分析方法基本相同，这里不再讨论。

第五章

CONNECTING

Marketing Strategy Based
on Customer Value in Internet Age

主客互通：如何体认和把握顾客需求

“子非鱼，安知鱼之乐”

顾客需求导向是市场营销的基本原则，也是最大的难题。近年来，随着互联网（移动互联网）的发展、市场结构复杂度的提高、新生代消费主体的崛起，传统的大众营销模式、以渠道为中心的营销模式出现严重的危机。因此，许多专家、学者都大声疾呼：“回归营销根本”“最重要的事是理解顾客”“营销策略应以产品为中心”。但是，这些呼吁大多停留在企业应该做什么的层面，对于企业如何做缺少深入、细致的分析。

的确，体认和把握顾客的需求殊为不易。“子非鱼，安知鱼之乐?”主客之间的天然鸿沟是这一难题的主要原因。正如本书第三章所揭示的，顾客的需求是一种隐性的心理结构，有时顾客本人也难以用清晰、显性的形式表示和传递；顾客的需求常常包含极为丰富的内容，但一用言语表达，大量的鲜活信息就被过滤掉了，只剩下抽象、笼统的概念。还有一种特殊的情形：顾客本人都不知道（或不是很确切地知道）自己究竟需要什么。一旦产品（服务）的功能、特征、形态、内涵与其潜在的、莫名的需求相契合，他们就会产生不期而遇、豁然开朗的感觉。

产品（服务）的价值定位与顾客需求之间的衔接，是企业营销过程中具有战略意义的“惊险一跃”。如何实现主客互通？用什么方式来理解、体认、临摹及追随顾客需求？本章将列举一些具有操作性的方法，它们相互补充，可以同时运用。这些方法，有些属于事先（抽样测试法、感悟法、分析演绎法）的预测，有些属于事中及事后的研究（大数据法、实验法、领导者观察法）——但目的也在于对未来的判断。它们不可能绝对准确，但对我们体察和把握顾客需求有一定的帮助和意义。

方法之一：抽样测试法

这是一种最常见、最流行的做法：从目标顾客群体中抽选一部分作为样本，通过问卷、访谈、座谈、讨论、观察、写实等形式和手段了解被调查对象（样本顾客）的需求特征，如购买动机、功能偏好、情感特征、审美倾向以及行为习惯等，根据样本数据总结、归纳出一些具有普遍性和规律性的结论；或者由样本顾客对企业预先设计的产品卖点、概念进行评价，以测试产品（服务）的价值定位能否满足顾客的需求以及满足的程度。目前，大量的中外企业在产品的定义及规划阶段均运用这一方法，并且已经规范化和流程化了。营销教科书中的顾客需求测试内容，主要介绍的也是这种方法。

庞大（数以万计甚至十万计）的样本规模，海量的数据，复合的模型，多维的框架，复杂的公式，具有浓郁的理性、科学特色。但是，令人啼笑皆非的是，事先的调查、统计及测试结果往往与事后市场上的现实情况大相径庭，有时甚至南辕北辙——最典型的案例是可口可乐公司新配方的测试。一些企业营销主管经常感到困惑：面对调查统计数据，信还是不信？

调查统计及测试法基本属于抽样研究，存在以下不足或不易解决的难题：

第一，样本规模问题。样本规模太小，没有什么代表性；样本规模太大，投入高、效率低，往往超出了企业的组织实施能力——试问有几个企业能像可口可乐、宝洁那样操作？

第二，样本结构问题。即样本顾客内部的分布状况与整个顾客群体内部的分布状况有可能不一致（完全吻合几乎做不到）。举一个最简单的例子：整体消费群中男性比例为60%，女性比例为40%；如果样本消费群中的比例倒过来了，调查、测试结果显然就不可信了（因为样本分布有偏）。当然，设计和选择样本时，对年龄分布、性别分布、空间分布、收入分布、文化程度分布等可以进行控制，但是对一些多角度及隐性的顾客分类标志（尤其是顾客动机、行为特征方面的标志）则很难顾及。例如，整体消费群中有10%的人属于节俭型（假设这种分布对研究问题是必要的），事先选取样本时要做到与此吻合。这里存在一个关键的悖论：可能并不清楚总体顾客的这一分布比例——它是选取样本的前提，而要得出这一结论，只能采取抽样调查方法。这就是“鸡生蛋，蛋生鸡”的困境。

第三，一定信息环境下的样本顾客意见真实性问题。无论是访谈还是问卷，对被调查人来说，都是一种信息环境，都属于信息输入。它们无疑会引导、影响被调查人的意见（包括相反的形式）。当你询问一位顾客是否喜欢创新时，即使再保守的人往往也会选择积极的答案。无论什么样的调查、测试方法，都是先有框框、先入为主的。面对问题，被调查人有时会调动理性因素进行分析、判断——常常还隐含着利害分析，表达出的意见未必是其真实的意愿和真切的心声。

第四，不同约束条件下的样本顾客意见真实性问题。面对调查时，被调查者是轻松的，甚至有点心不在焉，因为并不需要真正做出购买决策。这种情形借用经济学的术语可以称作软约束。而到了真要掏钱——可以称作硬约束——的关键时刻，他们的想法可能又变了。

第五，调查、测试的时滞问题。无论多么周密的调查、测试，所了解的信息都是当下的、既往的。即使顾客声称将来会如何如何，这也是他此时此刻对未来的展望。众所周知，顾客的需求像春天的天气、少女的心思一样经常会变，现在的状况和特征并不代表或并不完全代表将来。

需要说明的是，我并不否定调查、统计以及抽样测试法的价值和用途，抽样调查的结果是有一定参考价值的。营销专家和心理学者也在探索能发现顾客真实意愿的访谈及调查方法。这里只是提醒企业家及市场营销人员：不能迷信技术性的模型和科学的方法。

方法之二：感悟法

人们在反思一些企业投入巨大资源进行需求调查、测试但效果不佳的案例时，希望能有一种投入较少、简便易行而准确度较高的顾客需求认知方法。感悟法符合这种要求，作为对科学、理性方法的反拨和补充，日益呈现出独特的价值。这种方法以简单、激进著称，即由少数天才式营销人员，通过换位思考和与顾客的深入接触，体验、领悟顾客的需求特征，实现与顾客的心理融通以及准确的价值定位。用中国式的语言来形容，就是通过将心比心，达到心有灵犀一点通的境界。

感悟法的基础是共通的人性。这是推己及人的前提。成功的关键有四个：

第一，感悟者自身感性和知性的丰富、细腻及敏锐程度——好比拍照片，底片越好，相片质量越高。前面之所以提到天才，是因为感悟是一种不可言状的思维过程，依赖于非常独特、不可模仿的主体能力（这也是企业核心竞争力的组成部分）。

第二，感悟者与感悟对象在文化上的同源性。这里的文化，指顾客的价值观、理念、情感诉求、思维方式以及行为习惯等。它具有历史属性，通常经过较长时间的积淀；同时具有区域特征，不同地区的风俗人情凝聚在其中。所谓同源，并不是指文化上的趋同，而是意味着感悟者与顾客有着生成文化的共同背景，如相同的生存环境、相似的人生经历等。它是营销人员感悟对方的内在依据和心理桥梁，可以使感悟者对于顾客的需求特征及其背后的原因有合乎情理的解释。目前，一些定位于 90 后顾客的企业，启用一些和顾客年龄差不多的年轻人承担需求分析和产品定位职能，就是从文化同源角度考虑的。当然，也不能把同源绝对化。有时，一些与目标顾客有着迥异生活环境和经历的营销人员，反而能从局外人的角度洞悉对方的需求特征。

第三，感悟者多次试错后的经验积累。感悟顾客需求，光有天才还不够。往往需要经过长期实践尤其是多次失误、失败，才能形成这种独特的思维能力。从表面上看，感悟有时得来全不费工夫，实际上这种灵感思维或直觉思维是长期经验积累的结晶，是思维能量积蓄后的迸发。无论是策划图书出版选题，还是设计时装款式，可能在千百次的比较和筛选后，才有一本图书或一种时装款式对得上顾客的品位。

第四，感悟者与顾客密切的联系。这是成功关键中的关键。不扎根于顾客中间，不和顾客有着水乳交融的关系，感悟的依据就不充分，感悟的思维材料就不丰富。因此，感悟者需与感悟对象（顾客代表）

构建结构化的关系，即稳定、规范、长期、相互融合的关系。感悟者需要介入顾客的消费过程，真实还原顾客消费的场景和状态，观察和了解顾客需求发生和需求满足的过程。

在市场营销实践中，感悟法存在两大难题：一是天才可遇不可求，使得这种方法失去了意义；二是容易滑向误区——不是基于对顾客的深入理解、有着理性积淀和基础的感悟，而是浮光掠影、先入为主、浅尝辄止。有时候，感悟和感觉很难辨别，一味强调感悟，可能导致粗放、随意、盲目的营销决策。

方法之三：分析演绎法

相对于感悟法的神秘和弹性，分析演绎法具有强大的逻辑力量。它从某些前提（亦可称作假设）出发，合乎逻辑地推演出有关结论。而结论正确与否，关键在于前提是否站得住脚。

那么，究竟有哪些前提呢？概括起来说，主要有三类。

第一类前提：关于顾客需求影响因素的前提。

影响顾客需求的因素很多。概要地说，有些属于顾客所处的客观环境，包括社会、政治、经济、文化、科技等各个方面；有些可归于顾客自身的特征和属性。对它们目前特征以及未来趋势的判断，是把握顾客需求的依据和基础。从“水资源遭受污染”的前提，不难推断出“居民饮用纯净水的需求将持续增加”；依据“互联网将进一步宽带化”，可以推断出“在线互动式、多媒体娱乐需求方兴未艾”；如果“全社会能源供应将长期紧张”，那么，空调、冰箱等家电产品的顾客的需求倾向必然会以变频节能为焦点。

再如，顾客平均收入提高，直接导致的后果就是需求形态升级以及产品升级换代；随着都市里年轻中产阶层群体的扩大，休闲性、娱乐性、互动性的需求将会蹿升；顾客文化程度和理性化程度高，就会更加注重产品的科技含量和内在功能等。

第二类前提：关于顾客普遍性的行为定律的前提。

心理学等学科的专家发现，人作为一种高级智能动物，在与环境的互动中，形成了一些相对确定和稳定的行为定律，例如“自我价值实现是人的最高层次需求”，“人总是趋利避害的”，“少年不知愁滋味”，以及“人到中年总是要怀旧的”等。它们大多是基于人性的经验总结，是我们理解顾客的一把钥匙。以它们为前提，可以把握顾客的具体需求特点和形态。就拿中年人怀旧来说，使中年人缅怀、追忆、回味、伤感以及反思的情感价值和文化价值具有极大的吸引力——这就是刘欢、蔡琴、李宗盛、姜育恒、费玉清等中年歌手纷纷举办演唱会的市场背景。有些行为定律是民族心理的沉淀，有着鲜明的地域特色。这便于我们深入理解不同区域顾客的差异化需求。例如，乡村顾客通常讲究和注重人情、面子，因此用于礼尚往来的商品（如保健品等）存在一定的市场。

第三类前提：关于顾客具有鲜明时代特色的总体需求特征的判断。

任何时代都有特色鲜明的需求和消费潮流。以此为依据，可以推演出顾客微观的需求特征。例如，市场经济时代，我国城市新生代消费者具有个性化、时尚化、国际化的需求倾向。在这一前提下，他们可能更加关注产品接触界面（人机关系）的亲和性、互动性和体验性，更加关注产品外观造型的前卫感和科技感，更加关注功能的丰富性以及产品所具有的娱乐属性。

实际上，前提和结论之间并不是一一对应的关系。可能是一个前提，多个结论；也可能是多个前提，一个结论，或者是其他对应关系。此外，从前提到结论，可能需要经过若干中间推理过程和桥梁。因此，分析演绎法是一种复杂的需求认知模式。

用逻辑的方法把握顾客需求，优点是可靠、确定，不足之处在于不易挖掘顾客隐性、深层次的需求特点。此外，有时对前提是否正确，难以把握和判断。

方法之四：大数据法

前面所说的抽样调查法，是用样本特征推断总体特征。而大数据法以总体为测度对象。也就是说，在大数据方法下，样本等于总体。

为什么大数据法能够摆脱抽样法的样本制约呢？主要的原因在于全社会互联网平台上流动着海量的公开数据，范围无边，内容浩瀚，目标顾客的总体数据蕴涵于其中，而大数据技术可以将它们分类挖掘出来并按照需要进行分析。

所谓大数据，不能光看其大。图书馆里分类排列的图书哪怕几百万册、上千万册，严格说来都算不上大数据。大数据除了大，还有三个重要特点：第一，形态多样，包括文字、数字、影像、声音等。第二，非结构化，即信息内容未经过整理、未作分类、未作分组，是没有逻辑的宝藏（换一个角度看则是垃圾）。第三，动态发生，即大数据是即时产生的，一直处于流动的状态，因此其数量、形态、内容等都具有不确定性。

运用大数据技术（软件）处理非结构化的动态数据，其原理有点类似于垃圾分拣：先作分类，然后从中挖金。据说印度有一个职业叫做大数据民工，工作内容是从一幅幅影像画面中找出所需的内容，可见人工智能以及数据抓取软件目前还不是万能的。大数据技术与传统统计技术相比，一个重要的优势在于它能处理不知真假、亦真亦假的数据，能从中得出可信、可靠的结论。而传统统计技术只能处理真实数据，需要以真实的数据为前提，这就大大限制了统计技术的应用。因为，问题的关键往往在于不知道数据的真伪。由于大数据技术面对的是海量、无序的信息，因此，它常常能显示不同事物、不同现象之间不明就里的相关关系。所谓不明就里，是指因果关系复杂，难以清晰地说明和描绘。很多相关性可能凭我们已有的知识、经验基础和认知框架，觉得是匪夷所思、不可思议的，但在统计上它们都是成立的。

大数据方法应用到顾客需求分析，基本有三种类型和途径：

一是从企业外部的互联网（移动互联网）信息中心发现目标顾客群的行为特征和需求特征。信息的来源包括微信、微博、博客、贴吧、论坛等。比如某个品牌的辣酱，可以从互联网上的各种议论、评价中，发现顾客关注的焦点问题：是口味？是食材？是包装？还是新的食用方式？再如，某个城市连锁便利店，可以从互联网上大家所晒的各种食物图片以及各种针对食物的观点中，辨识未来会流行什么食品，或者哪类食品将受到欢迎。

二是从企业所掌握的信息中，细致、精准地分析顾客的行为以及背后的心理因素。由于企业自己所掌握的信息非常充分（例如商超企业长期对店面状况进行录像，很多企业有较完备的顾客数据库），因此这种分析具有两个特点：首先，对分析的对象（顾客）可以细分至个体，即每一个人。例如，信用卡服务企业（银行等）可以从用户的刷卡记录——如总额、频次、用途、平均金额、最大（最小）金额、地点、时间、商业形态、还款状况——当中，分析出每一个用户的需求特点和行为偏好。其次，可以选取不同性质、不同形态、不同意义的多个变量，也可以选取变量的多个选项和数值，用于多角度、多层次顾客细分和顾客画像。由于某些变量具有连续性质，因此理论上说，顾客分类和画像的角度、维度可以是无限多的。换句话，分析顾客的颗粒度可以无穷小。未来几乎所有企业都会以社群方式连接顾客，在社群的平台上深化与顾客的关系。由于社群的信息流比较容易获取和汇集，因此运用大数据方法分析顾客需求变得更加可行——或许这正是社群营销模式的意义所在（参见本书第十六章）。

三是从企业内部、外部信息中发现现象之间的相关性；即使在因果关系不清晰的情况下，也可以判断顾客需求的影响因素，发现顾客内在愿望的表现方式，即需求表象。请读者朋友不要轻视表象，做需求分析时，往往最缺的就是鲜活、真实的表象，它们是生成结论的依据。美国的在线影片（视频）运营服务商网飞（Netflix）在决定拍摄电视剧《纸牌屋》之前，曾运用大数据技术分析目标顾客——中年、男性、中产阶层——的需求特点，发现有一个相关性：喜欢凯文·史派西（Kevin Spacy，美国演员）的人，同时喜欢大卫·芬奇（David Fincher，美国导演）。那好，就请大卫·芬奇导演、凯文·史派西主演吧，收视会有一定的保证。当然这种相关性背后的理由基本上还是清楚的（这两个人的艺术风格或许具有一致性），未来我们也许会发现更多风马牛不相及的相关性。在电子商务及线下商超领域，它们是交叉推荐销售的基础和依据。

由于数据是实实在在发生的，以此为基础的顾客需求分析，其意义不言而喻。数据库法的局限性显而易见：第一，大部分行业和企业缺乏完整的顾客数据（收集的难度很大），因此，它的适用面较窄。第二，所有已发生的数据主要说明过去，不能完全代表将来。第三，大数据体现的是顾客在既定选择对象和选择条件下的需求特征；一旦改变了前提，后者往往会随之变化。网飞公司至今也没有拍出第二部《纸牌屋》来。

顺便说一下，基于大数据技术的销售推荐以及精准营销，目前才刚刚起步；随着人工智能的发展，未来将会有长足的进步。但无论如何，智能程度最高的机器人也不能替代人的直觉、人的情感、人的智慧。

方法之五：实验法

目前，研究顾客需求最精细、最复杂、最科学的方法是实验法，即在特定的实验条件下，观察和了解实验对象（顾客代表）的行为及需求特征。实验法的特点是可重复性和可控制性。前者是指实验过程可以复制，后者是指实验的条件可以调控和改变。只有通过实验过程的重复，才能使实验结果真正具有确定性和可信性；只有实验条件可控制，才能清晰地辨认条件（影响顾客需求的因素、原因）与结果（需求特点）之间的关系。

例如，一个快餐店在菜式、价格、环境、服务不变的情况下，于一段时期（如三个月）内的同一时刻（如中午时分）重复观察、记录同一消费群（可以是快餐店周边的公司白领，也可以是附近中学的学生）的消费行为特点：他们爱吃什么菜，通常花多少钱；是商量着决策，还是个体分别决策等，从中可以发现需求规律和趋势。若将某个或某几个变量改变——推出新的菜式、撤下原来的菜式、变动价格、调整环境，则可考察实验对象的需求特征有没有变化以及变化的程度。

再复杂一些，可以将就餐的顾客分为若干类，分别进行实验。

实验法不仅是顾客需求分析，而且是行为经济学以及金融行为学的重要方法。美国杜克大学行为经济学教授丹·艾瑞里（Dan Ariely）的名著《谁说人是理性的》（中译本《怪诞行为学：可预测的非理性》），揭示了通过实验发现的消费者种种“非理性”的行为，洞察了这些怪诞行为背后的心理动因，为我们理解消费者提供了一种独特的视野。行为学家通过实验证明人是非理性的，对古典经济学的理性人假说提出了挑战。但在我们看来，非理性行为大多是丰富人性的体现，是消费者在特定的认知环境以及信息不对称情形下的正常反应。当然，站在消费者的角度，我们的确需要对自身的特点和弱点、心智及认知模式的限制、情感及情绪的影响等，有清醒、反思性的认识和警惕。

实验法的难题在于：影响顾客需求的因素太多，而且它们又属于开放及动态系统，体验时难以一一顾及且安排、控制。有时为了在体验中突出某些变量的作用和影响，会将其他变量省略掉或者将它们作为常量，但这样会影响实验的真实性和可信度。同时，实验的对象是人不是物，面对的是能动的主体，存在一定的不确定性。参与实验的人数总是有限的，存在样本过小的缺陷。此外，操作难度较大，未必适合所有的行业及企业。尽管如此，这种源于属于实验心理学的方法，仍是一种精细把握顾客需求的有效途径。

方法之六：领导者观察法

顾客群体中总有这样一些人：他们富有激情，对新事物充满兴趣；他们追逐时尚，总是站在消费潮流的前沿；他们个性独特，喜欢标新立异，显示自己卓尔不群。春江水暖鸭先知，这些人的需求特征有着未来的意义；目前尚属前卫，将来很可能蔚然成风，成为主流。理解了他们，也就理解了需求的方向。他们是顾客中的领导者。

领导者观察法由此产生。市场营销人员可以选择一些符合领导者要求的顾客代表，对其进行较长时期的近距离观察，记录他们的言行，考量他们的心理，与其深入沟通和互动；有了新的创意和产品概念，可以请他们事先评估，有了新产品，可以请他们预先试用。这样，创新就有了依据和方向。在统计学中，这种方法称作典型调查法。

领导者观察法和实验法有几分类似，但它不像实验法那样有严格的实验条件规定，更加易于操作。关键在于选准观察的对象。如果选出的人不具有领导者的素质和气质，很可能观察的结论滞后于市场的需求潮流；如果选出的人太过前卫和激进——这属于伪领导者，结论很可能偏离市场主流很远。由于该方法着眼于未来，有时对于解决眼前的矛盾和问题作用不大（比如，如何改进、调整现有的产品价值定位）。这种方法所需周期较长，需连续进行；同时对于观察研究者有较高的素质能力要求。它比较适合汽车（轿车）、时装、数码产品等领域。在互联网时代，许多领域的意见领袖在互联网平台上自然生成了，对选择领导者提供了极大的便利；同时，互联网的开放机制也使企业与网络意见领袖的互动、交流变得方便、快捷和深入，为顾客参与价值创造提供了条件。

第二篇

价值

第六章

CONNECTING

Marketing Strategy Based on Customer Value in Internet Age

什么是顾客价值

顾客价值定义

为顾客创造价值，是企业存在的理由，也是市场营销的宗旨。

顾客价值以产品和服务为载体，是被顾客认同、接受并可以获得的利益和效用。利益和效用既包括顾客所需的产品（服务）的实用性功能和作用，也包括顾客非实用性的心理、精神层面的收获。实用价值和心理价值（详见本书第九章）是产品（服务）价值的两大支柱。不同的产品和服务，这两种价值的组合比例不同：有的以实用价值为主，有的以心理价值为主，有的两种价值兼而有之。产品（服务）的价值构成中，只有实用或心理一种价值而无另一种价值的极端情形比较少见。总的来说，随着时代的发展，几乎所有产品（服务）的心理价值含量和比重都在增加。

顾客价值只有经过了顾客的认知过程，为顾客所了解、理解和接受，才能真正成为顾客价值。因此，顾客价值既是客观的——它与产品（服务）本身所具有的客观属性（包括功能、作用、结构、材质、技术含量、劳动含量等）有关；也是主观的——它与客户的主观评价有关。实用性的产品和服务，其价值主要取决于客观属性，它是可以衡量和测定的，存在客观的评价标准，不同评价主体得出的结论差异较小。而非实用性的产品和服务，其价值主要取决于顾客的认知；这种认知更加个性化，评价主体之间的结论也会差异更大甚至截然相反。

比如，对某个流行歌星，有些人极度迷恋和追捧，而另外一些人完全不感兴趣。即仁者见仁，智者见智。

就大部分产品（服务）而言，客观属性是顾客价值的必要条件，主观评价是顾客价值的充分条件。只有两者统一了，顾客价值才得以确定。但需要指出的是，这句话并不适用于那些几乎没有客观属性的产品（服务），比如艺术类产品。对于一幅国画或油画作品，很难用消耗多少绘画材料、花费多少绘画时间等客观标准来确定它的价值。

既然顾客价值与顾客的认知、评价有关，那么不难得出以下衍生性结论：

第一，顾客价值与顾客期望（在一定的信息环境下，顾客对某种事物形成的期待和隐含的标准）存在反向关系。通常情况下，针对同种属性、特征以及档次的产品，顾客期望越低，顾客评价和顾客价值越高；反过来，顾客期望越高，顾客评价和顾客价值越低。因此，对产品（服务）进行价值定位时，需准确把握目标顾客的期望。在市场竞争的环境下，顾客期望总的来说会越来越高，因此产品（服务）的价值需要持续改进、提升和变化。

第二，企业和品牌可以通过传播、沟通、互动影响、塑造甚至改变顾客认知和评价。从这样的角度可以说营销就是沟通。营销的重要任务之一是营造价值感；通俗地说，要通过多种方式（比如产品设计、工艺细节、品质质感、广告形象、体验安排、卖场氛围等），使顾客感受到产品（服务）价值的存在。当然，这种营造必须以产品（服务）的内在品质、内涵为依据，否则就是在制造泡沫。此外，通过传播锚定顾客的认知——让顾客产生先入为主的现象，以及在其心智空间中占据一席之地，是基于认知产生价值的有效营销方法。

第三，除了高度同质化产品（服务），大部分进行差异化竞争的产品（服务），其价格（顾客愿意付出代价的主要组成部分）在很大程度上取决于顾客对价值的认知和评价。在同类产品可比较的框架内，顾客对不同品牌产品（服务）认知和评价上的差异，决定了它们价格的差异。例如，同是高端智能手机（可比较的款式及规格型号），目前在国内市场上苹果的定价为 6 000 元左右；三星为 5 000 元左右，华为已达到 4 000 元左右。华为和其他两个品牌的价格差距正不断缩小，反映了其认知价值的提高。

顾客价值和顾客代价

进一步分析，顾客价值概念包含顾客代价的前提，不考虑顾客代价的价值是没有意义的。因此，顾客价值也可以表示为顾客效用与顾客代价之比。根据这样的表达式可以得出结论：顾客价值与顾客效用成正比，和顾客代价成反比。基于此，提高顾客价值，优化与顾客的价值关系，在顾客价值方面超越竞争对手，主要有两种途径：一是增加顾客效用（差异化），二是降低顾客代价（成本领先）。

顾客代价包括两部分：一是购买产品（服务）的直接支出；换个角度看，即产品（服务）的价格。二是获得产品（服务）的交易成本。什么是交易成本？经济学家从不同角度做了多种定义。有一个定义我认为最为简洁：交易成本是产品（服务）价格之外的所有成本。其中包括信息搜寻成本，流通成本（渠道成本和物流配送成本），等待成本，信息不对称导致的不安、焦虑、不信任等心理成本等。互联网的出现和发展带来的一个重要社会及市场效应是降低了顾客的交易成本，它使供需双方的连接更高效、更顺畅，使相关信息更加透明，使交易双方有了对话、互动的机制和平台（参见本书第十三章）。而降低顾客交易成本也成了商业模式创新的目的和途径之一。

顾客价值还可以表达为顾客效用与顾客代价之差。这里蕴涵的理念是：顾客价值是其所得超过付出的净值。这和西方经济学中消费者剩余的概念相对应。菲利普·科特勒在其著名的《营销管理》中将这种顾客价值表达定义为顾客认知价值（customer perceived value，CPV）。

无论将顾客价值表达为顾客效用与顾客代价之比，还是表达为两者之差，都意味着顾客追求价值最大化。而站在供给方（企业）的角度，从这两种表达中可得出整体性价比竞争策略。所谓整体，是指不是仅考虑顾客效用或顾客成本某一个变量，而是将两者结合起来考虑和安排。这种策略将差异化竞争和成本竞争结合起来，既要控制成本，又要实现差异。

产品（服务）的性价比优势策略，实际上帮助顾客进行效用与代价之间的权衡，提供了顾客应该采纳的最佳决策方案。观察美国的时装等消费品市场，我发现一个很有意思的现象：在各档次的市场上均有性价比优势品牌，比如奢侈品市场上的蔻驰（COACH）、中档男装市场上的布鲁克斯兄弟（Brooks Brothers）、休闲服装市场上的盖璞（GAP）等。可以用一句话概括它们的性价比特点："好东西，不太贵"或者"东西不错，价格便宜"。而我国消费品市场上则存在两极化现象：要么价格很高，顾客效用并不坚实，这属于泡沫型、欺骗型性价比策略；要么价格很低，但顾客效用得不到保证（比如品质低劣），这属于短期型、自杀型性价比策略。这两者都是不可持续的，背后的原因，除了能力限制，主要在于投机主义营销理念。

多维度价值组合

本书前面已经分析过，顾客需求是组合化和结构化的（参见本书第三章）。与此相对应，任何一种产品（服务）提供给顾客的价值都不是单一的，而是包括多个价值点在内的谱系，是一种价值组合。对于众多价值点的分类和概括形成了价值维度，它们代表价值的类型。

以人们熟知的手机产品为例，大的维度为功能型价值和心理型价值，前者包括基本通信、音响、照相（摄像）、网络（如微信、视频、导航、邮箱、电游、支付等）、人机关系（如输入、触感、蓝牙功能）、使用代价（如快速充电、超长待机）等维度；后者则包括造型和结构、材质、色彩等维度。当然，我们还可以将价值维度扩展至售后服务。相对于第一层次的维度，子维度就是价值点；换句话说，价值维度是价值点的集合，价值维度的创新就是通过价值点的创新（全部或部分）来实现的。子维度还可以继续细分为子子维度（子维度所属的价值点）。依此类推，可以不断具体化和细节化。不同种类的产品（服务），由于形态、功能和意义的复杂程度不同，因此价值维度数目存在差异，价值维度上的价值点同样有多有少。

对价值解析和细分的描绘，可以借助鱼骨图作为分析工具，它将局部与整体、具体与概括、主要与次要统一在一个框图内（见图6-1）。

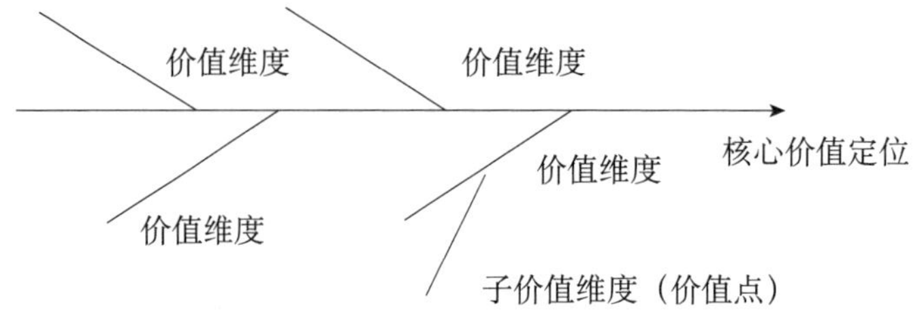

图 6-1　产品（服务）价值组合鱼骨图

我们可以将上图转换为表 6-1：

表 6-1　　产品（服务）价值组合表

价值维度	A	B	C	D	…
价值点	a_1	b_1	c_1	d_1	…
	a_2	b_2	c_2	d_2	…
	⋮	⋮	⋮	⋮	⋮
	a_n	b_n	c_n	d_n	…

核心价值定位可以是对产品（服务）最重要的差异化价值特征所作的界定。一般情况下，核心价值定位与我们前面分析的顾客本质需求是相对应的。但有时从竞争角度考虑，如果在回应顾客本质需求方面缺少优势，核心价值定位只能针对顾客本质需求以外的其他需求。

核心价值定位通常用核心概念来表达。例如，很长时间内，沃尔沃汽车的核心概念是安全，宝马汽车的核心概念是驾驶乐趣，ZARA休闲服装的核心概念是精准时尚和快时尚等。特别需要指出的是，对产品（服务）核心价值的定位，往往意味着对产品（服务）的定义——回答产品（服务）是什么的重要问题。这既是对目标顾客本质需求最重要的理解，也是产品（服务）整体创新、拓展需求、增强优势的指南。当人们都认为手机终端是一种硬件产品时，乔布斯认为手机是开放式的软件集成平台，从而使苹果手机迅速登顶。当实体商店在电子商务冲击下普遍不景气时，迪卡侬（Decathlon）零售门店的流量反而大增，因为它将零售门店定义为集亲子、健身、娱乐、购物等于一体的社区——按照一位朋友的说法：这种具备社区综合价值的场所，使消费者到这里体验适合个人需求的消费场景，这是线下实体店进行重新定位、走进需求链并引领供方链良性循环的突破点。

显然，顾客对不同价值维度（价值点）的重视权重不同。而且，权重在各个价值维度（价值点）上的分布，随着时间变化、空间变化而不同。进而言之，同一种产品（服务）面向多个细分顾客群时，它们各自的分布权重也会不同。同样在便利店购买一瓶饮料，像我这样的中年顾客可能更关注饮料本身的品质（是不是纯果汁，有没有防腐剂等），而新生代的年轻顾客可能更注重口感和外形。

多维度的价值组合是结构化的，各维度之间以及维度内部各价值点之间常常存在联系；不同价值维度（价值点）存在递进关系：如果把多个价值维度（价值点）描绘成从底部到塔顶的金字塔，底部的通常是基础性、功能性的实用维度（点），中间的通常是顾客使用代价维度（点），而顶层的通常是心理（情感、审美）维度（点）。这里的递进有两层意思：一是从价值金字塔的底部到顶部存在“从……维度（点）到……维度（点）”的先后顺序；也就是说，顾客首先关注基础性、功能性价值，最后才会关注心理性价值。二是获得底部价值后，顾客对上层心理性价值的重视程度越来越高，愿意为上层心理性价值付出比底部价值更大的代价。

在相关的各维度中，有些维度是彼此协同和相辅相成的，而有些维度则是相互矛盾甚至相互冲突的，需要在矛盾和冲突之间进行协调和平衡。最终的解决方法就是多种价值均衡的结果，比如日本汽车在安全（车重）和节油之间寻找平衡点；有些笔记本电脑将光（软）驱部件外置，使功能齐全和轻便美观两种价值结合在一起。当然，也有未能解决不同维度之间冲突的负面实例。三星 Galaxy Note 7 手机之所以发生严重事故而被召回，一个重要原因在于没有平衡造型（超薄）和安全（散热）这两个相互矛盾的维度，过度注重造型而忽略了安全。

不同企业的同一产品（服务）之间的竞争，很大程度上是价值组合之间的竞争；存在替代关系的相近产品（服务）之间的竞争同样是价值组合之间的较量。同一产品（服务）的不同代际（第一代产品、第二代产品……）以及不同形态（比如不同的规格型号）之间的差别可以归结为价值组合的差别。

对价值维度的理解就是对顾客需求的理解，也是对产品竞争力的理解。准确把握产品（服务）的价值维度（价值点）及其变化趋势，是企业家最重要的经营素质或经营禀赋之一，即人们平时所说的对产品（服务）有感觉。这种感觉几乎是企业全部竞争力和生命能量的源头。价值维度的概念为我们培养产品感觉提供了实用的思维工具。

价值是动态变化的

任何产品（服务）的价值以及价值组合都因时空而异。一方面随着时间的推移，一代代主流消费者群体在更替变换，顾客的消费心理和行为习惯经常发生变化；另一方面，随着技术和工艺的进步，替代旧价值的新价值不断涌现。这两方面相互牵引、相互作用，构成了企业、市场、行业创新的生动图景。安迪·格鲁夫在《只有偏执狂才能生存》中列举说明了新旧价值的转换：有声电影产生了（声音是一种价值），葛丽泰·嘉宝（Greta Garbo）开口说话了，无声电影随之消失，嘉宝成了万众瞩目的明星；而许多默片时代光耀一时的明星陨落了。[①]

产品新旧价值的更替和价值组合的调整，往往是企业竞争优势提升、营销乃至战略转折的标志，也是企业改变竞争格局的契机。对一个行业而言，普遍性的价值创新和价值转换，往往意味着行业竞争规则的变化和行业的进化。过去一段时间，传统彩电行业因受互联网商业模式挤压而困难重重[②]，但随着上游面板产业的发展，大屏化、高清化、曲面化的新一代产品会使传统彩电行业出现新的转机。

既然价值具有动态的时间属性，那么它的变化方向就成了决定产品（服务）竞争力和未来前途的最重要因素。对企业来说，对价值变化、创新方向的判断不能偏、不能错。我们需要在长期的实践中，以顾客需求为牵引，以技术和创意为依托，以竞争产品价值为基准进行持续的探索和尝试，触摸到价值变化的脉搏，洞察其演化轨迹；需要对动态的价值转换有较长时间周期的运筹，进行价值维度和价值点的时间排序，安排好不同价值组合出场的顺序和节奏（参见本书第十一章）。

价值的特殊形态：信息

任何产品和服务都包含一定的信息，主要包括产品（服务）所蕴涵的知识，产品（服务）价值呈现给顾客的可感知形式，以及作为认

---

① 安迪·格鲁夫．只有偏执狂才能生存．北京：中信出版社，2002：61－62.

② 施炜．重生：中国企业的战略转型．北京：东方出版社，2016.

知引导标志的符号等。不同的产品（服务）信息密度不同，在很大程度上也就意味着复杂程度不同、价值含量不同。

为便于读者朋友理解产品（服务）中的信息，我们来看一个相对简单的产品——瓶装水。信息中的知识包括：这是哪种水——纯净水、矿泉水，还是瓶装水？水从哪里来——雪山、湖泊、大江大河，还是地下深层岩洞？水有什么特殊功能——是碱性水、微量元素水，还是其他一些概念？水是什么时候生产的——有没有过期？水是哪个厂家生产的——大品牌还是小品牌，可靠不可靠？等等。信息中的可感知形式是顾客能直接感知的产品（服务）价值表现，如水的色泽、洁净度、透明程度，水瓶的大小、造型、色彩、质感、手感、开盖时的声音等。信息中的符号是产品（服务）价值的认知引导，包括瓶装水包装上品牌的图形标志（LOGO）、品牌及产品名称、与品牌及产品相关的人或物的形象等。

有些产品（服务）本身就是信息形态的，比如软件、电子书刊、网上的音频视频、旅游购票和预订酒店服务等，知识和信息是其价值的最主要组成部分。但这些内容类、信息服务类产品和服务也存在物质载体，同样需要有可感知形式（比如网站的美观程度、顾客从 APP 中获取信息的速度和便利性等），同样需要有引导性符号（网络域名的英文字母数越少，就越有价值）。此外，即便是内容类、信息服务类产品（服务），除了其直接提供给顾客的知识、信息，还有其他隐含的但顾客会感兴趣的背景或深层次知识、信息。就像一部读者喜欢的小说，在其精彩的内容背后，作者的生平、创作过程、出版经历、获奖状况等也是读者关心的重要信息。我正是在读了作家路遥所写的《平凡的世界》创作随笔《早晨从中午开始》后，才对这部小说的价值有了更加深刻的认识。

对大部分非信息形态的产品（服务）而言，信息是特殊的价值形态。它是产品（服务）功能、利益、优势等的呈现、说明和解释，也是顾客认知、理解产品（服务）价值的桥梁。信息中的知识、可感知形式以及符号等，既能直接给予顾客价值——无论是功能性实用价值，还是心理层面的精神、情感价值，也能为顾客决策提供依据。日本服装品牌优衣库的创始人柳井正曾说：服装就是信息；是信息将价值赋予了服装。这些通过服装表现出来的信息包括时代感、社会需求、生活方式、潮流时尚、穿着感受、搭配、风格、设计、材质、功能、舒适度等。①

信息作为一种特殊的价值形态，在很多情形下成了产品（服务）附加值的来源。比如，一种新型的环保建筑材料，假如把材料、工艺、使用等方面的环保属性呈现得具体、真切，顾客就有可能提升对产品价值的认知和评价，愿意付出更大的代价。而在一些具有文化、历史色彩的产品（服务）中，其背后的故事乃至传奇也是价值的组成部分和附加值的源泉。武夷山有几棵生长在岩壁上的古茶树，几乎是游客的必去景点。从审美角度看，这几棵树很平常，但其背后的故事却很符合中国游客的情感方式和心理期待。传说在古代，有一个赴京赶考的书生途径武夷山区，淋雨感冒发烧，无法继续前行。武夷山茶农将他接到家中疗养。书生在茶农家中喝了从这几棵古茶树采摘的茶叶泡的茶后，病情痊愈，继续踏上行程。后来，书生金榜题名，中了状元，不忘茶树、茶农之恩，上书皇帝，请求为古茶树赐名。圣旨下来，赐名为“大红袍”。这个大团圆结局的传奇故事，不仅使古茶树的生长地点成了旅游景点，而且提升了大红袍茶叶的认知价值。

---

① 月泉博．优衣库这样卖衣服，不服也得服！．南京：江苏文艺出版社，2013.

价值的来源

任何产品（服务）的价值都是有基础、依托和来源的。

顾客价值的第一个来源是资源。资源生成价值主要有两种方式：

一是单一资源产生价值。单一资源主要包括自然资源、技术资源和文化资源。某些自然资源，经过简单的整理、加工和处理，可以直接转变为产品和服务，从而生成顾客价值——农夫山泉很直率地说：我们是大自然的搬运工。技术资源是产品（服务）价值的最主要来源，技术进步一直在推动产品（服务）新功能、新作用、新体验的出现。而文化资源（包括人文历史资源、审美资源等）则是顾客心理性价值的最主要源泉。山西汾酒的主要品种之一是青花瓷——这是传统审美资源的沿用；而其产地杏花村的文化源头在于千年之前唐朝诗人杜牧笔下牧童遥指的酒家。

二是多种资源整合产生价值，这也意味着价值来源的多样性。多种资源有机结合起来所形成的产品（服务）价值组合，往往具有超越竞争的属性。敦煌莫高窟景区运用现代多媒体技术将文化历史资源进行展示，既有利于文物保护，也使顾客获得更生动、更清晰的体验。位于深圳华侨城的小区波托菲诺属于深圳市最高档次的住宅。之所以价格高、顾客认知价值大，一个很重要的原因在于多种资源组合：首先，波托菲诺充分利用了所在区域的地理资源。中国一般的小区规划往往喜欢拉直线，画井字，少了曲径通幽、疏密有致，缺乏情趣，没有空间节奏。波托菲诺所在的位置有山有水，有地理地貌的天然优势。波托菲诺规划时，依地形山势而走，一些路径设计得蜿蜒曲折，水系也没有被破坏。其次，波托菲诺充分整合了文化资源，它的奇怪名称源于意大利一个旅游小镇的名字，它的格调也有些许意大利风情。最后，波托菲诺还充分利用了当地的旅游资源——它的附近有欢乐谷、世界之窗等著名旅游项目。这几种资源一旦叠加并融为一体，产品的价值优势就会彰显出来。现在华侨城集团在各地兴建地产项目时很喜欢造镇，一个重要的原因是，如果地理空间不够大，是没有办法容纳这么多资源的。

顾客价值的第二个来源是企业的运营效率。有的管理学家认为运营效率不属于战略范畴，不创造价值，但我们认为由于它影响产品（服务）的成本，从而影响顾客付出的代价，因此也是顾客价值重要的决定变量。运营效率是产品（服务）价值生成的效率，是价值链（网）运行的效率，可理解为产品（服务）开发效率、供应效率和流通效率，与企业的资源条件、组织能力、管理水平等相关。

顾客价值的第三个来源是商业模式。顾客价值和商业模式是交互影响的。一方面，商业模式的设计需要以顾客价值为前提和指引；另一方面，创新型商业模式本身就在创造新的顾客价值。一种好的商业模式，其本质就在于使顾客获得更多、更好的价值，同时使顾客的代价更低。

价值的生成机制：端对端

顾客价值可以理解为企业这一价值创造系统的输出。在输入一定资源之后，企业系统生成了顾客价值。那么，企业系统内部是什么样的机制和结构呢？管理学通常将其描绘为价值链（网）。价值链围绕企业的成长和盈利目标，可以分为基本活动（直接创造价值的活动）和辅助活动（支持直接创造价值活动的活动）。这一概念和模型是由美国管理学家迈克尔·波特（Michael E. Porter）首创的。①

我们撇开辅助活动不论，基本活动（流程）可以表现为一个圆圈（见图 6-2）。

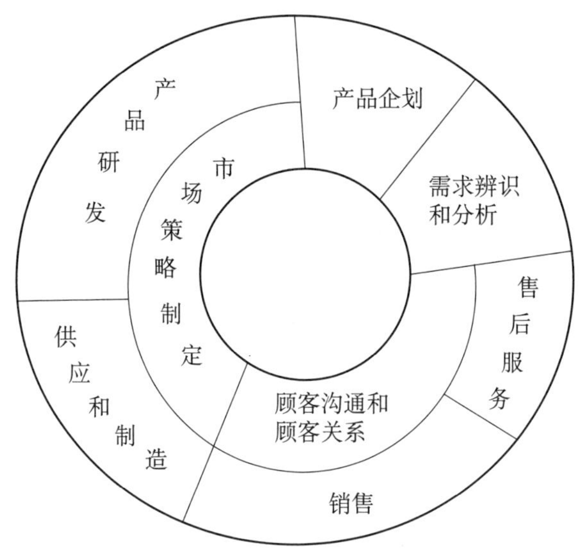

图 6-2　端对端价值链

图 6-2 是一个制造企业（生产产品）的标准基本价值活动（流程）图。通过该图，我们可以得知：

第一，价值制造的机制（链条）是端对端的：一端是发现辨识顾客需求，另一端是回应、满足顾客需求；端对端将这两端连接起来。即企业价值创造活动以需求发现为起点，以需求回应为终点；换一种读者朋友熟悉的句式，即“从需求中来，到需求中去”。

① 迈克尔·波特. 竞争优势. 北京：华夏出版社，1997.

第二，价值创造活动以顾客需求为牵引，从需求发现、产品企划和开发，到产品制造、营销及销售，像一个舞动变化的龙灯，各环节彼此连接和关联，方向一致，整体运动，灵敏快捷。切不可内部脱节、各自为政，更不能相互掣肘、缺乏协同。概言之，价值链必须一体化运行。

第三，端对端总流程中，部分子流程是并联的。当需求分析、产品企划流程结束后，与产品研发、供应和制造并行的是市场策略（主要是通路策略、推广策略、区域市场开发策略等；而产品和价格策略则主要在产品企划环节完成）制定以及产品市场测试、通路规划布局、市场预热和推广等。也就是说，在产品尚未以成品形态进入市场之前，营销运作就已经开始了。唯有这样，企业才能称得上营销型组织；否则，就仍属于推销型组织。

第四，端对端的价值创造过程可以分解为若干个子流程。如果全部子流程均由企业自身完成，则价值链是封闭的；如果部分子流程交由外部合作者完成，那么，价值链是开放的。在研发、制造、营销三个环节中，虚拟化（外包）通常发生在供应和制造环节；最不宜外包的是营销和研发。

第五，端对端的对接环节是相互融合的。上面圆圈中似乎处于最后的环节顾客沟通和顾客关系、售后服务，实际上它们也是价值链的起始，是融入顾客需求链的纽带和机制，是需求辨识和分析职能实现的前提和手段。

从动态和历史的角度看，生成产品价值的价值链的运行、运动方式（模式）是不断变化的。基本的方向是越来越适应顾客的差异化、个性化需求。最初的模式——大体出现在 18 世纪末至 19 世纪上半叶——是大规模制造、大规模分销。企业以规模经济原则组织生产和流通，顾客可以用较低的价格获得同质化、标准化的高品质产品。在需求急剧放大的成长阶段，这种模式有效解决了产品从无到有的问题，是工业化给广大消费者带来的第一份礼物。

随着社会结构复杂、细分需求（集合）增加，以及消费者基本需求得到满足，适应不同顾客群和同一顾客群不同时空、情境（场景）差异化需求的规模化定制模式出现（大约在 20 世纪六七十年代）。这种模式能容纳体现差异化价值的多个产品品种，能实现小批量、多批次供给（即多品种和适度规模兼容和平衡）；能通过专卖店以直销方式与顾客直接交往。它具有柔性供给、拉动式运行（客户需求/订单驱动价值链）的特征。

到了互联网时代，个性化定制模式出现了。它可以回应千差万别的不同市场主体的需求以及个别主体在不同情境（场景）下的需求，为顾客参与产品设计、开发、制造，即参与价值创造——这是满足个性化需求的主要方式——创造了条件、提供了机制和平台。这种价值链运动方式与规模基本无关，而与范围（品种和订单）相关，从而对信息化、智能化提出了要求。只有这样，才能实现范围经济：吸纳顾客的要求和创意，设计高度个性化的顾客价值，同时运行效率高、产品成本低。在个性化定制模式下，流通方式主要为线上（电子商务）或线下（社群）直销。

第七章

CONNECTING

Marketing Strategy Based on Customer Value in Internet Age

如何进行价值定位

价值定位的逻辑之一：价值映射

产品（服务）的价值定位是根据顾客需求，针对目标顾客所作的产品（服务）总体价值以及价值组合的安排。它回答了产品（服务）价值如何与顾客需求衔接、产品（服务）有什么存在理由、产品（服务）价值如何超越竞争对手等重要战略性经营问题。

众所周知，产品（服务）价值和顾客需求之间的关系是营销中最基本也最重要的矛盾。这两者之间的契合和对接是产品（服务）被市场接受、企业获得生存基础和发展空间的“惊险一跃”。产品（服务）的价值定位，按照其与顾客需求的关系主要有价值映射和价值假说两种逻辑和方式。我们先看价值映射。

所谓映射，在数学中的含义是：A 与 B 两个集合，A 集合中的每个元素在 B 集合中均有一个确定的元素与它相应，称为从 A 集合到 B 集合的映射。

我们可以把顾客需求定义为 A 集合，产品（服务）所提供的价值定义为 B 集合，A 集合和 B 集合中有多个元素——价值点。B 集合中的每个价值点都是对 A 集合中每个价值点的体认、理解、临摹和追随，顾客需求的价值点是产品（服务）价值点的原象（价值定位基础和依据）。显然，两个集合之间存在一一映射的关系（见图 7－1）。

在 A，B 两个集合的一一映射关系中，顾客需求中价值维度和价

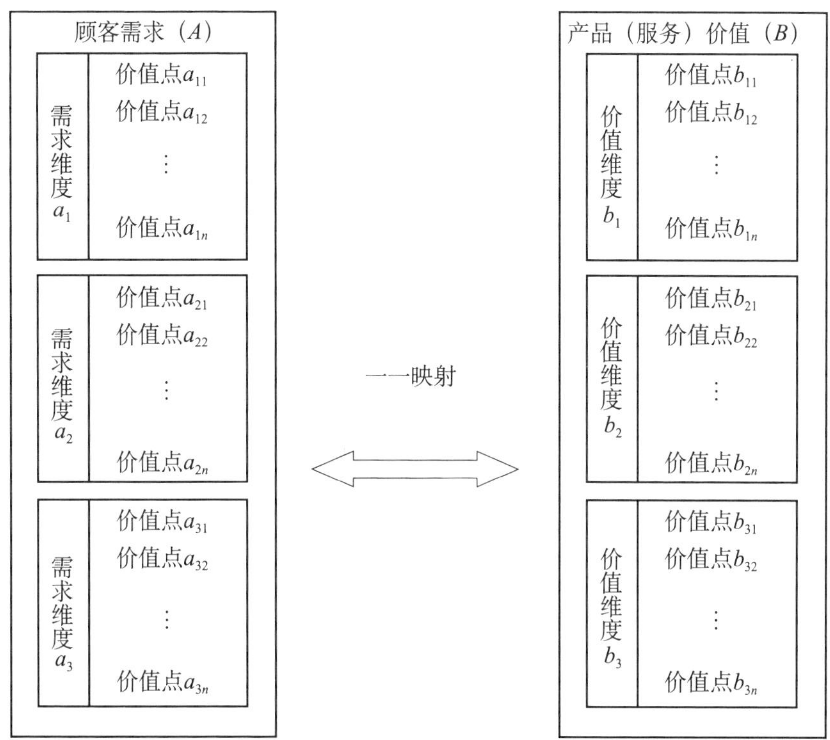

图 7－1　产品（服务）价值集合与顾客需求价值集合之间的关系

值点的排序——各种（类）价值对于顾客的相对重要性，是产品（服务）价值排序的依据。企业应根据顾客价值的结构化特点，确定产品（服务）价值中的核心价值（关键价值）以及附属价值，或者基本价值、期望价值等。这样不仅使产品（服务）的价值定位更加具有针对性和准确性，同时便于对价值进行聚焦式（集中于某个或某几个价值维度及价值点）传播以提高与顾客沟通的效率。

很显然，价值映射的逻辑是需求决定价值。需求在前，价值定位在后。它比较适合于已到成熟期的产品（服务）。这些产品（服务）的顾客需求是清晰的；在和成熟产品（服务）的长期互动中，顾客的需求已经被引导和塑造得模式化和程式化了。正因为如此，大部分成熟产品（服务）的价值定位均有明确的方向、参照坐标和分析框架。

价值定位的逻辑之二：价值假说

对未经过市场需求验证的新产品以及重新定义的老产品而言，价值映射是不适用的。它的逻辑也不会得到乔布斯这样"为生民立命"、替消费者做出选择的天才的认可。在一切皆变的不确定时代，价值假说具有颠覆性创新意义。

所谓价值假说，是指不去跟随、临摹顾客需求，而是为顾客创造新的价值和体验。操作时，预先设计产品（服务）新的价值组合，再到市场上接受目标顾客的检验。通过验证，判断真实的需求集合是否存在以及规模有多大、强度（需求刚性）有多高等。这种检验是一个过程，其中包括企业和顾客两者之间的多轮反馈和产品（服务）价值方案的多次迭代。

价值假说是对顾客需求的假设。它建立在对顾客需求尤其是隐性需求前瞻性的认知基础上，遵循顾客消费心理的普遍性原则和规律，因此并不是凭空想象（参见本书第五章）。同时，价值假说通常以新技术为依托，是新技术驱动下的功能进步，并不是无本之木。价值假说所提出的价值创新通常有参照物和对比标的，受到竞争以及替代者的制约。

说到价值假说的实例，人们通常会谈到苹果手机、特斯拉电动汽车、谷歌智能产品（如智能眼镜、无人机等）。苹果手机已得到市场的验证（获得了巨大成功），特斯拉电动汽车正处于市场验证的过程之中；而谷歌智能产品，包括无人机在内，似乎还没有找到确切、稳定的需求发生情境，也就谈不上存在规模化、可持续的需求集合。可能是孤陋寡闻，我还没找到国内市场上价值假说的合适实例。

价值定位的方法

对产品（服务）进行价值定位，主要任务就是确定产品（服务）的价值组合。价值定位的创新就是对价值维度和价值点的创新。

从操作角度看，确定产品（服务）的价值组合时，应把握以下几个环节。

（1）罗列所有价值维度

从全行业角度（注意：不是从企业自身角度），将某种产品（服务）已经出现以及即将出现（需有把握地做出这一判断）的价值维度以及价值点全部列举出来。同时，不限于行业中现有的全部价值维度及价值点，可以根据新技术和新创意，增添价值维度及价值点（这种增添本身就是一种价值创新）。这样，就可以确定产品（服务）价值组合的边界和范围。在未来可预见的时间内，企业所有的价值创新会在这样一个范围内进行。由此可见，思考、设计产品（服务）新的价值组合时，不是漫无边际的，而是有认知框架和方向的。

（2）对价值维度进行分类

为理解不同价值维度的特征、性质，并以此为基础确定不同维度的安排、处理方式，有必要从多个角度分析全部价值维度的内部结构——这就是分类的意义。从价值维度性质角度，可将其分为功能性（实用性）价值维度和心理性（审美/精神/情感性）价值维度。从价值维度对顾客的意义以及演变发展角度，可将其分为基础性价值维度和扩展性价值维度——前者往往是产品（服务）的基本功能或初始功能，后者则是一些以前者为基础的延伸性、叠加性效用。从价值维度的顾客需求排序（不同价值维度对顾客的相对重要性）角度，可将其分为核心价值维度和附属价值维度。从价值维度的技术背景角度，可将其分为成熟、稳定价值维度（未来技术创新的空间不大）和新兴、变化价值维度（常常是一些新价值的萌芽，未来创新空间大，应用前景广阔）……具有多个角度的分类，意味着产品（服务）的价值定位是多侧面和立体的。

（3）选出适合于创新的价值维度及价值点

在目前市场激烈竞争的情况下，确定产品（服务）价值组合，必须进行整体观照和设计；只要顾客和竞争需要，一个价值维度（价值点）都不可或缺，或者说都不能成为短板。只有这样，才能形成整体优势。同时，也需要以全部价值维度为范围，以价值维度分类为基础，选出部分价值维度及其所属的价值点作为价值创新以及超越竞争对手、形成竞争优势的重点和突破点。这些价值维度和价值点不能过多。否则，就称不上重点了，产品（服务）的特色也会被稀释。

确定价值维度和创新点以产品（服务）的核心价值定位为前提和指导原则，但在范围上未必完全吻合；也就是说，创新价值维度和价值点中包括核心价值，但并不一定局限于它们。所依据和参考的变量主要有三个：一是目前及未来可预见的时间内顾客需求的焦点和痛点；二是竞争对手产品（服务）的价值定位及其创新所在；三是企业自身的竞争力及资源基础。

（4）提出差异化价值主张

差异化价值主张是在选定创新价值维度和价值点的基础上，对价值差异化的阐述和描绘。它是对顾客直接、清晰的价值承诺，也是顾客能够认知、理解和接受的价值诉求。其和核心价值定位的关系，可以理解为是对核心价值具体创新及差异化内容的表达。例如，美的空调的核心价值定位是节能（省电、变频），价值主张是一晚一度电。农夫山泉瓶装水的核心价值定位是水好（天然水），价值主张是大自然的搬运工。丰田乘用车主要以节能、环保为核心价值定位，而差异化价值定位为混合动力。

有的读者朋友也许会问，你所举的例子都是广告语，那么，差异化价值主张和品牌主张以及产品（服务）的独特销售主张（unique selling proposition，USP）是什么关系？差异化价值主张既属于企业自身价值定位的范畴，也有对外推广和沟通的属性。其和品牌主张的关系需要分两种情况来说明：如果企业采取品牌和产品品类（种）对应策略——单一品类（种）、单一品牌或多个品类（种）、多个品牌，那么产品（服务）差异化价值主张可以和品牌主张相叠合。当然，后者也可以不同于前者，为了推广和顾客沟通的需要另选概念及其表达(比如更加抽象，更富哲理和情怀)。如果企业采取单一品牌策略，即一个品牌对应多个品类（种）产品（服务），那么差异化价值主张和品牌主张一般情况下是分离的：前者和不同产品（服务）品类（种）对应；后者则统合并超越所有品类（种）产品（服务）的价值定位，作出更加概括性的表述。这种情形下，差异化价值主张与单一品牌下的产品（服务）品类（种）相对应。还是以美的集团为例，大部分消费类产品都以美的为商标（品牌），美的空调、美的热水器、美的电饭煲……均有彼此差异的专属差异化价值主张。而产品（服务）独特销售主张，可以适用于产品（服务）从大的类别到具体款式（项目）多个层次。如果差异化价值主张与之适用层次相同，则两者的内容和表达通常是一致的。不过，从我的经验看，差异化价值主张通常是针对轿车、手机、电脑、书店、电影院、咖啡厅等产品和服务的。

差异化价值主张需要符合以下要求：

第一，准确性：与顾客需求真正契合。

第二，前瞻性：反映和代表未来趋势；尽可能通过价值创新，导入新的竞争规则。

第三，显著性：和竞争产品以及替代产品形成明显差异，而差异化的最高境界是“意料之外，情理之中”（产品和服务如何创新参见本书第八章）。

第四，持续性：差异化的价值需要延续一段时间，不能选择昙花一现的所谓新价值。

第五，传播性：顾客可感知、可体验、可辨识，有利于高效率传播。

第六，可行性：具备资源、能力基础（技术、工艺、人员、信息等条件）和组织保证（架构、流程、文化、机制等因素）。

提炼差异化价值主张时，主要参考因素和基本逻辑如图 7 - 2 所示。

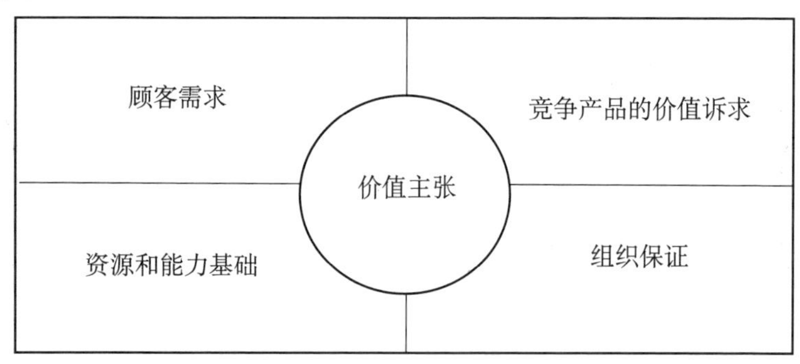

图 7 - 2　差异化价值主张提炼框架

图7-2中，顾客需求、竞争产品的价值诉求、资源和能力基础三个变量容易理解，在此不用再作解释。组织保证系指组织结构、流程以及组织功能对价值主张的支撑。离开了组织保证，价值主张无法实现。因此，提出价值主张时，需把现实的组织状况作为约束条件和变量之一。

（5）描绘产品（服务）的价值曲线

通过价值曲线工具（见图7-3），将企业自身产品（服务）的价值组合与竞争产品（服务）的价值组合进行对比，确认优势和短板价值维度及其所属价值点，以便进行产品（服务）价值组合的调整和改进。

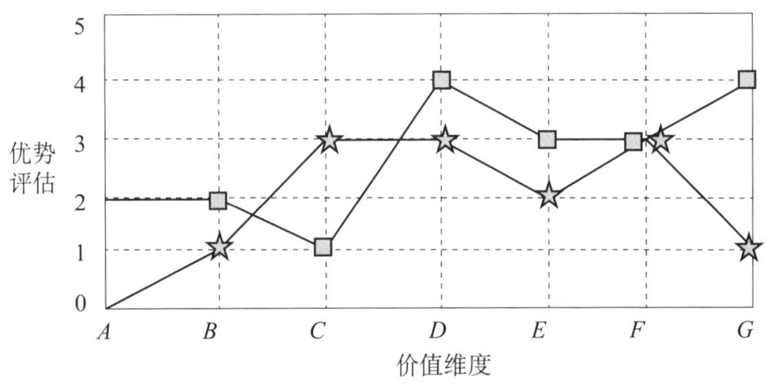

图7-3　价值曲线

图7-3中，横坐标的 A，B……分别代表目前通行的产品（服务）价值维度（如乘用车的安全、节能、舒适、速度等），纵坐标的1，2……分别代表优势等级，两条曲线分别代表两个品牌同类产品（服务）不同价值维度的优势或劣势。从图中也可以看出两个品牌总的价值组合优势（劣势）。如果需要进行多层次的解析分析，可以按价值维度—子价值维度（价值点）—子子价值维度（下一层级的价

值点）的逻辑顺序，描绘出系列价值曲线。如果想计算两个或多个品牌的优势总分值及其差异，需要确定不同价值维度的权重。

（6）将产品（服务）的价值组合动态化

设计产品（服务）的价值组合以及定位产品（服务）价值时，需要与产品的生命周期结合起来（见图 7－4）。

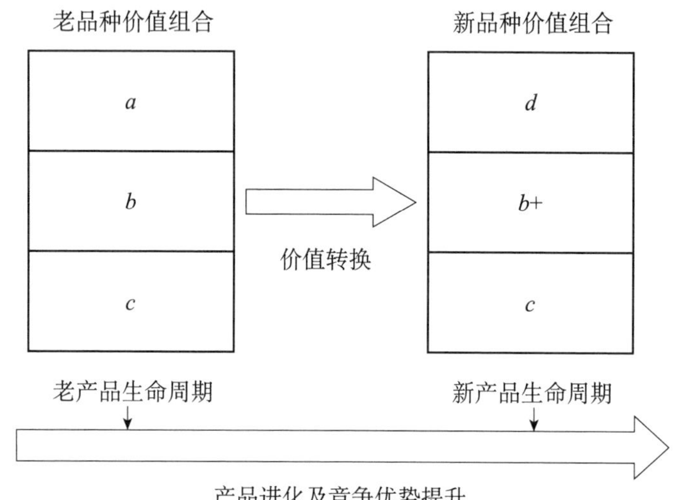

图 7－4　新老产品的价值转换

新旧产品（通常是指同一品类下先后出场的不同品种，如 iPhone 8 和 iPhone 7；也可以指同一品类下某一系列中先后出场的不同品种，如华为手机 P7，P8，P9，P10……）的更替，实际上是价值组合的变化：有些价值被淘汰了，有些价值被保留了，有些价值被添加了，有些价值被改进和提升了。所谓的新产品，绝大多数都是在某个（些）价值维度及价值点上有所创新，而非全盘皆变。因此，有必要在价值定位的同时描绘产品地图，安排不同产品进入和退出市场的时间以及新旧产品切换的节奏。在服装、电子消费品、汽车等行业，这种安排对于取得时间竞争优势至关重要（参见本书第十一章）。

图 7-4 中，新的价值组合出现时，a 价值被弃，新增 d 价值，c 价值保留不变，b 价值发生内涵、内容上的变化、改进和提升，变为 $b+$。图中带箭头的横轴代表时间。随着时间的推移，老产品完成了它从进入市场到退出市场的生命过程（周期），而新产品则开始了这一过程。新旧产品的切换对企业来说，意图在于产品进化及竞争优势提升。但实际效果有可能与初衷并不一致。有些产品有清晰的技术、功能等方面的进化路线和路径，而有些产品则比较模糊和混沌——尤其那些以心理价值为主的产品。

第八章

CONNECTING

Marketing Strategy Based
on Customer Value in Internet Age

价值创新的途径和方法

产品（服务）的价值边际

互联网时代，我国市场的竞争已经进入一个全新的阶段。需求不振而供给充分，将困扰企业很长一段时间。参与竞争、不甘于被整合和淘汰的企业，所提供给市场的产品（服务）只有达到不同凡响、超越平庸、他人不可企及的境界，才能跳出同归于尽的竞争格局而获得生机。正如奥林匹克精神所言：必须“更快，更高，更强”。在互联网语境下，也有人将这种产品（服务）称作极致产品（服务）和爆品。

这种理念具体运用到营销实践中，要求企业的产品（服务）价值具有边际优势。所谓边际，即为增量；产品（服务）价值边际的定义是：

$$\text{本企业产品（服务）的价值边际} = \text{本企业产品（服务）的价值} - \text{竞争对手产品（服务）的价值}$$

很显然，产品（服务）的价值边际是一种超越竞争对手的差异化价值。它不仅包括产品（服务）价值的变化、丰富、延伸和创造，同时包括产品（服务）某个价值维度或价值点的持续改进。这些价值可以是功能性的，也可以是审美性、情感性的；可以来源于技术创新，也可以来源于创意和设计，还可以来源于卓越的营运。当市场中所有竞争者的平均产品（服务）价值达到较高水准以及纪录保持者（迄今为止的领先者）的成绩和表现似乎接近极限时，欲获得产品（服务）的价值边际殊为不易。在此情境下边际意味着极致，意味着近乎完美的境界。但需要说明的是，价值边际的理念和策略不一定仅适合于高端产品和奢侈品。我们着眼于顾客认知价值和整体性价比。

从动态角度看，可以将产品（服务）价值边际的公式修改为：

$$\begin{array}{c}\text{本企业产品}\\\text{（服务）的}\\\text{价值边际}\end{array}=\left[\begin{array}{c}\text{本企业产品}\\\text{（服务）的}\\\text{现时价值}\end{array}-\begin{array}{c}\text{本企业产品}\\\text{（服务）的}\\\text{往时价值}\end{array}\right]-\left[\begin{array}{c}\text{竞争对手}\\\text{产品（服务）}\\\text{的现时价值}\end{array}-\begin{array}{c}\text{竞争对手}\\\text{产品（服务）}\\\text{的往时价值}\end{array}\right]$$

$$=\begin{array}{c}\text{本企业产品}\\\text{（服务）的}\\\text{价值增量}\end{array}-\begin{array}{c}\text{竞争对手}\\\text{产品（服务）}\\\text{的价值增量}\end{array}$$

这个公式的含义是：本企业产品（服务）的价值在进步，竞争对手产品（服务）的价值也在进步；本企业产品（服务）价值增量超过竞争对手产品（服务）价值增量的部分是真正的边际，即动态竞争优势所在。公式中的现时、往时是对前后时点的规定，它们本身也是动态的，在时间轴上不断移动。

寻求产品（服务）价值边际的核心在于不断创造产品（服务）的差异化，亦即不断创新。差异化（又称标歧立异）是美国管理学家迈克尔·波特首创的、人们耳熟能详的基本竞争战略之一。其主要内涵是：进行独特的价值定位，通过价值链运动，为顾客提供有别于竞争对手的差异化价值。在价格战蔚然成风、愈演愈烈的市场环境中，大多数企业都非常重视差异化战略，营销学者也为其大声疾呼。但如何实现差异化？怎样进行价值创新？如何才能超越竞争对手？这些关键问题在一些企业的营销实践中并没有很好地得到解决。本章将提出可供借鉴的操作方向。

价值递进和反递进

产品（服务）的价值的性质及形态没有根本性、革命性的改变，但有量级和程度的进步：在现有基础上动态地提升或改进。这就是价值递进，它属于改良型创新。可以用“越来越”“更”来形容这种创新。举例如下。

● 彩色电视机的清晰度越来越高（高清电视机），立体音效越来越卓越（音响电视机）。

● 家用空调的噪声越来越低（静音空调），能效比越来越高（节能空调）。

● 笔记本电脑的重量越来越轻，体积越来越小，运行速度越来越快。

● 手机造型越来越薄，铃声选择越来越多。

● 电线插座可插用的次数更多、寿命更长。

● 电子辞典内存储的辞典品种、词汇数量更多，发音更准确、更悦耳。

● 家用轿车增加安全气囊数，安全性能更高。

● 服装面料的精纺度提高，透气功能改善，质感更加细腻、飘逸。

● 零售商场送货上门的速度更快，营业时间更长等。

价值递进是差异化竞争的最常见方式。从竞争角度看，价值递进所产生的价值增量，是竞争对手所不具备的。在较为成熟的、价值创新空间不太大的行业中，一些细微、渐进的创新，是超越对手的主要途径。递进虽属改良，但难度并不小，往往依赖于企业强大的技术能力、工业设计能力、生产管理能力以及整体营运能力，依赖于制作者的工匠精神和专业素质。一些中国消费者喜欢到日本购买生活用品（电饭煲、马桶盖，甚至牙膏、牙刷、洗发水等），是因为他们认为日本产品在一些价值细节上更有增量。

价值递进有时也与企业理念、智慧和创意有关。例如，某航空公司将波音737飞机的座位间距拉大，提出经济舱价格、公务舱享受的价值主张，与技术能力、管理基础没有多大关系。

产品（服务）的价值递进，意味着产品（服务）的升级。在很多情形下，这种递进会增加产品（服务）的成本，因此也会增加顾客代价。在企业营销实践中，有一种价值创新和价值递进方向相反，即反递进。递进是在做加法，而反递进则是在做减法。反递进亦可称作破坏性创新，由美国管理学家克莱顿·克里斯坦森和迈克尔·雷纳（Michael E. Raynor）首创。[①] 所谓破坏性创新，简而言之，就是简化产品的功能，突出产品的基本价值，并由此降低产品的成本和价格，降低消费门槛，使更多的消费人群使用产品，即进入新的更广阔的平民市场，实现需求弥散（参见本书第一章）。这是消费者主权的体现，也是市场竞争给广大消费者带来的福利。以手机为例，目前已出现功能简单（但有针对目标市场的差异化功能）、价格较低的老人手机、儿童手机。印度塔塔（TATA）集团的NANO汽车（号称全球最便宜的

---

① 克莱顿·M. 克里斯坦森，迈克尔·E. 雷纳．困境与出路：企业如何制定破坏性增长战略．北京：中信出版社，2004.

汽车）也是反递进的一个例证。

价值细分

任何一种产品（服务），往往都是多种功能、作用和价值的集合体，如果将其中的子功能、子价值分离出来或者增加某种子功能、子价值，并针对特定的目标顾客、消费情境强化、凸显、聚焦、改善和丰富某种子功能和子价值，以此为依托形成新的产品形态，则意味着价值细分。例如：

● 家里用的锅，既可以炒菜、烧饭，又可以熬粥、煮牛奶，若将其功能细分，便形成了饭锅、奶锅、粥锅、菜锅等。

● 手表从通用的单一形态，细分为商务用手表、休闲用手表、运动用手表等多种式样。

● 录音机按用途分为会议用录音机、学英语用录音机以及采访用录音机。

● 电影院的放映厅演变为多种形式的组合：大厅、小厅，豪华厅、普通厅，情侣厅，球型（银幕）厅，高保真音响厅，立体效果厅，动感厅等。

● 银行营业厅根据顾客层次分设 VIP 营业厅、大客户营业厅和普通顾客营业厅等。

价值细分的主要依据之一是顾客需求细分度（即需求个性化程度）的提高，以及目标顾客群的增加（顾客细分更加复杂）。它通过产品（服务）的细化和深化，一方面可以满足顾客的多样化需求，另一方面可以更好地对应细分市场。换一个角度看，价值细分可以牵引和激发目标顾客的购买愿望（因为针对性更强），有利于保持市场张力并使成熟产业持续具有活力；对一些新企业来说，是切入某个行业和市场的有效途径（即采用差异化聚焦战略）。

价值细分的另一个主要依据是顾客消费情境（场景）——消费者在何种情境、环境下使用——的增加和细化。这种细分的逻辑是针对某个特定的细分情境，根据此情境（场景）下的需求特点，优化和创新产品（服务）的价值组合。比如收音机，人们大多是在家里、办公室或汽车上听的；但是有一些老年朋友，出去遛弯、散步时也想带着收音机。针对这一情境（场景），可以专门设计、开发一款体积小、重量轻、易携带、便于操作的收音机。它相对于以往的产品具有创新性。换句话说，在收音机的产品谱系中，又多了一款新的细分产品。

从动态看，任何一种产品（服务）的消费情境都是在不断变化的：旧的情境（场景）逐步消失，新的情境（场景）不断出现且增多。这是许多成熟产品长盛不衰或梅开二度的契机和条件。同时，情境（场景）的细分也是生活细致化、生活质量和消费水平提升的体现。未来，与之相关的减法型产品创新越来越具有重要意义。

价值延伸

和价值细分的创新方向正好相反，价值延伸则是价值的丰富化，在原有价值中融入新的价值，甚至有可能将其他种类产品（服务）的价值叠加进来。也就是说，一种产品（服务）具有多种功能、作用。

- 一种内芯可拆换的、双面穿的衣服，将棉衣、风衣、夹克、雨衣等多种服装形态融为一体。

● 电视机增加家庭影院、卡拉 OK 点唱、上网、游戏等功能，成为家庭娱乐中心。

● 手机产品在基本的通信功能之外，附加收音机功能、照相机功能、音乐播放功能、无线上网功能以及电视收看功能等。

● 某款汽车既有轿车的基本特色，又能作为旅行车、商务车使用。

● 自由式住宅可在内部进行结构的多种组合，既能居住，又可办公。

● 牙膏中增添中药成分，不仅洁牙，而且治疗牙痛。

● 书店是卖书的场所，摆上桌椅便成了图书馆，设置一些茶座，供应咖啡和茶水，又增加了茶馆和咖啡厅功能。还可以把书店作为一个平台，开办讲座，策划文化交流活动，甚至每个周末放一场艺术电影。

● 门户网站增加游戏功能等。

价值延伸的例子很多，不一一列举。这种创新方式的最大意义在于为顾客提供多样化的综合价值。它的意义在于，要么扩大、增加顾客人群；要么适用于更多的消费情境（场景）。总而言之，扩大需求边界和需求空间。价值细分的结果是产品（服务）品种越来越多；而价值叠加和延伸的结果是产品的功能集成度更高而品种更少。试想一下：电子双排键乐器是不是能做一个交响乐团?

价值延伸有时是在产品（服务）原有的价值范畴和约定俗成的价值边界内发生的——一件衣服，无论汇集多少服装形态，无论增添多少功能，无论能够适应多少种环境，它依然是衣服；有时则意味着将其他产品（服务）的价值叠加进来。但价值延伸的前提是产品（服务）的功能、作用、意义和基本形态不会发生根本变化。否则，就是下一节我们所分析的价值转换了。

价值转换

价值转换是指改变产品（服务）的基本或主要价值；是产品（服务）用途、意义的根本性、颠覆性改变。只要发生了价值转换，就需要对产品（服务）重新定义。有可能产品（服务）的“名”（名称）还在但“实”（内容）已经变化；有可能“名”随“实”变，原来的名称不存在了。

- 自行车从交通工具变成健身器材；
- 手表从计时工具变成首饰；
- 破旧的厂房变成工业主题公园；
- 高级管理人员工商管理硕士培训从学习功能变成社交功能；
- 兰花本来是怡情养性的高雅植物，一度却成了保值、增值的工具；
- 中秋节的月饼主要不是用于品尝，而是变成击鼓传花般流转的礼品；
- 对部分顾客而言，装潢精美的图书摆在书架上炫耀和显示的作用远远超过阅读和学习等。

价值转换经常和有趣相随，是一种富有想象力、转变思维角度的创新。这种创新及差异化方法，主要适用于需求减少乃至丧失、进入衰退期的产品（服务）。假定产品（服务）是一棵树，其根植的土壤发生流失，这时就需移植树木，为它找到一片新的绿洲。也就是说，通过价值转换打开新的市场空间，使老树开出新花。

20 世纪 60 年代末，日本石英表得以发明。由于走时准确、成本低廉，它对昂贵的瑞士机械手表构成了极大的冲击。瑞士手表品牌在冲击之下必须寻找新的出路：如果将手表定义为计时器，机械表显然比不过石英表；但如果将手表定位为首饰，新的市场空间就打开了。当“山也不是那座山，河也不是那条河”时，手表的价值定位便会发生重大变化，其特点在于凸显历史性、保值性、审美性和时尚性价值。这也保证了产品的溢价。

中国的自行车如同瑞士手表一样，也面临过处于衰退期的尴尬。很多城市道路把自行车道越留越窄，骑车环境逐步消失；同时，公交网络日趋完善，电动车性能不断改进，逐渐超越、替代了自行车。在此情形下，自行车是交通工具这样一种定义，显然将它置于萎缩的市场空间中，因此必须重新发问：自行车是什么？新的答案是健身器材和休闲工具。这样的话，市场空间与过去不同，产品的价值定位亦随之变化：更轻、更美观、更加便携等。

价值转换对于企业的意义，往往超越了营销而进入战略层面，它很可能引发商业模式的变化。

价值发明

价值发明或价值独创是真正意义上的创新，即开发、导入全新的价值。具体说，价值发明有两种方式：一是提供现有产品（服务）中未曾出现和存在的全新功能和利益，满足顾客从未满足过的需求。它是我们前面所说的价值假说（参见本书第七章）的实现。二是在功能已经存在或不变的前提下，通过材料、机理和技术的革命性创新，使产品（服务）的功能更完美，使顾客的体验更丰富，或者使顾客更方便、更经济、更有效率地使用。例如：

● 针对某种原本束手无策的不治之症，找到有效的治疗方法。

● 互联网上基于增强现实技术、虚拟现实技术的娱乐节目，在顾客体验上超过了所有传统视听形式和体验方式。

● 用航天飞机或其他飞行器发送普通游客前往太空旅游，或将他们安全、快速地送上月球甚至火星。

● 随着人工智能（artificial intelligence，AI）技术的发展，具有各种服务功能的机器人替代人工服务以及其他服务方式。

● 改变汽车的能源形态，用便携、安全、高效的固体能源取代汽油、天然气。

● 全新构造的洗衣机既不用水，也不用洗涤剂（洗衣粉），但洗衣干净程度超过传统洗衣机。

● 数字电影制作和放映均不用胶片，但画面更清晰，色彩更协调，声音更逼真等。

价值发明意味着重大技术进步乃至技术革命。从宏观角度看，科学技术发展会使新价值不断涌现，引发和催生需求的变化和升级；从微观角度看，价值发明依赖于企业的核心竞争力和核心专长。换句话说，只要做到了价值发明，就意味着企业具有核心能力及相对持久的竞争优势。

顾客参与方式创新

顾客参与方式创新是指通过改变与顾客的合作、互动方式，使顾客获得更多、更新的价值。顾客参与包括顾客对价值创造的介入、顾客付出代价方式的改变和创新等，例如：

● 房地产商邀请购房者参与房屋设计，以便更好地满足顾客个性化的需要，例如：

● 家具商提供组合式、模块化的家具部件，由顾客根据自己的需要、喜好和兴趣任意拼装。

● 航空公司设置顾客自助购票终端。

● 银行营业厅改变传统的柜台式布置，改为开放式、人性化的场景；服务人员提供一对一的深度服务。

● 电信运营商提供多种价格组合的套餐供顾客挑选。

● 互联网服务采取免费模式以吸引流量。

● 商业和服务机构为顾客提供多种便捷、安全、信息透明、反馈及时的电子支付途径。

● 线下餐饮等服务企业通过线上交互机制，形成顾客参与的服务闭环。服务发生前，使顾客提前介入服务（如选择座位、点菜等）；服务发生后，顾客可以进行评价并获得积分等。

● 大型设备、车辆等产品，由传统的顾客一次性付费方式改为分次付费、租赁付费、收益分享等方式。

在顾客个性和自主意识彰显的时代，顾客参与方式创新在差异化战略中具有独特的地位。它既有利于将价值更好地转移给顾客，也有利于顾客通过参与、体验强化对产品（服务）以及品牌的认知。它对于深化与顾客的关系、培养顾客忠诚意义重大。需要特别说明的是，顾客参与方式的创新往往意味着企业运营模式的变化和商业模式的调整。这种创新具有更高层次的战略意义。

产品（服务）价值的进化

从动态角度看，任何产品和服务的价值都在不断变化。驱动变化的概要地说有三种力量：一是需求的力量：顾客需求变化牵引产品（服务）价值变化。二是技术的力量：技术进步导致新的价值不断涌现，创造和激发顾客需求。三是竞争的力量：包括同一行业（同类产品和服务供给者的集合）内部的竞争、产业链上不同位置（上、中、下游）企业的竞争，以及现有产品（服务）与替代品的竞争等。竞争的目的在于获取优势，而优势的基础以及优势的表现形式就是产品和服务的独特价值。

产品（服务）价值的演变也可以称作进化——一代代的产品（服务）传承、变异，往往发生在产品（服务）生命周期中的成熟期和衰退期。到了这两个阶段，成熟产品（服务）的需求规模通常不再增长甚至萎缩，而替代品迅猛增长，不断蚕食市场空间。在此关键时刻，成熟产品（服务）只有通过价值进化，才有可能在替代与反替代的市场争夺中占据一席之地。以笔记本电脑为例，面对手机终端咄咄逼人、似乎很快一统霸业的攻势，它并没有坐以待毙，一直进行着价值演变。下面，我们将本章前面所讲的若干种差异化创新方式整合在笔记本电脑一种产品上，看看成熟产品价值进化的方向和途径。

（1）第一种进化：价值递进

随着顾客期望和要求的提高，产品价值沿着一定的维度持续进步：从性能角度说，运行速度越来越快，内存越来越大，分辨率越来越高，操作越来越简便等；从审美角度说，造型越来越精巧，厚度越来越薄，款式更加人性化和个性化；从消费者使用代价角度说，能源消耗越来越少，产品重量越来越轻，携带越来越方便等。通过价值递进，维护、保护现有需求体量；同时，以便捷对手机产品进行反替代。换个角度看，产品价值也可以反递进，即功能、造型、操作简单化，相应降低顾客代价，从而使更多的人群使用——包括低收入的电脑初次使用者如学生，因价格昂贵不使用电脑的农民等。

（2）第二种进化：价值细分

有两种细分方式：一是针对产品的第二、第三……使用现场（多个情境或场景），对产品的价值定位和组合进行调整，比如凸显方便、电池续航、上网等价值维度或价值点。二是针对更加细分的人群，例如电游人群、音乐和电影发烧人群等，使产品的专业化程度更高，核心价值更加适合细分人群的特殊要求。

（3）第三种进化：价值延伸

丰富产品的功能和用途（音乐、影像、游戏、运动、社交等），使之成为家庭中数字化娱乐的中心，未来成为家庭智能化家居的调控平台。价值延伸的主要目的是替代家庭中的电视机（而电视机则通过电脑化和智能化进行反替代）。

上面所述笔记本电脑产品的价值进化，基本上是在产品已有的定义、概念和需求、价值边界内发生的；用数学语言说，是一种连续性的变化。不过，产品（服务）价值进化也存在非连续、突变的情形。这种非连续性进化改变了产品（服务）既定的定义和价值定义，使之进入新的需求空间。此外，需要指出的是，产品（服务）的价值进化，在技术的驱动下，往往带有升级、提升、进步的属性和特点。但某些心理性/情感性/审美性价值并没有与时俱进，反而逆向地复古或出现周期性的循环。一些产品和服务或者变得更现代，或者变得更古典

（有意思的是，有时候复古或古典往往成了最大的时尚）。在社会文化潮流和社会心理的作用下，有的顾客会逐新，有的顾客会怀旧；同一群顾客，有时会前瞻，有时会溯源……由此可见，顾客需求的非单向变化，是导致价值循环的主要驱动因素。

第九章

CONNECTING

Marketing Strategy Based on Customer Value in Internet Age

如何营造心理价值

什么是顾客心理价值

产品（服务）价值构成中，既有实用、功能价值，也有心理价值。心理价值是顾客从产品（服务）中获得的心理欢欣、精神享受、情感满足以及审美愉悦，总之，是心理和精神层面的利益。顾客所获得的心理价值对企业之所以重要，是因为随着时代的发展，新生代消费者对它越来越重视，也愿意为它付出比实用价值更高的代价（这是产品及服务高附加值的来源）。例如，情人节时，很多平时生活节俭的小伙子为表达爱意，会付出相对较高的代价，为心爱的姑娘献上漂亮的玫瑰花。

产品（服务）中的实用、功能价值和心理价值并不是截然分开的。某些价值既属于前者，也属于后者。越野汽车的强驱动力固然有利于在崎岖山路上驾驶，但又何尝不是对汽车主人内心激情的回应呢？

概要地说，心理价值包括以下几个方面：

● 产品（服务）所体现的为顾客所认同并对顾客产生影响的价值观、生活态度和生活方式。

● 产品（服务）所蕴涵的使顾客情感得到满足（感动、宣泄、共鸣等）的内容和形式。

● 产品（服务）所呈现的顾客能够享受的造型之美、色彩之美、图形之美以及各种体验之美。

● 产品（服务）所具有的与顾客内在向往一致的人格化个性特征。

● 产品（服务）成为符号化象征之后带给顾客的认同（自我认同、社群认同和社会认同）意义。

● 产品（服务）中的知识含量带给顾客的认知、探索乐趣等。

从心理学角度看，心理价值是对顾客心理动机的回应。古典心理学中，弗洛伊德（Sigmund Freud）将人格（心理特征）分为本我、自我和超我，今天看来，它们可以代表心理需求的不同层次：一个奋斗在北京的北漂男青年，一天劳累下来，晚上看看夸张有趣的网红直播，主要是本我获得价值；白天闲暇的时候，听听描绘家乡的民谣歌曲，思念远方的亲人，主要是自我获得价值；下班回宿舍的路上，打开微信朋友圈，读一些重大社会事件并发表超越个人生活工作的宏大话语，则主要是超我获得价值。人们所熟悉的马斯洛需求层次理论假定的第3层次需求（情感归属和认同等）、第4层次需求（包括自尊、成功和声誉等）和第5层次需求（自我价值实现以及丰富体验——读万卷书，行万里路）都是指向心理价值的。现代心理学家认为，心理价值主要满足以下心理动机①：

第一，影响力动机，又称权力动机（power motive）。这是指影响和控制他人或群体（以及引发关注、获得重视）的动机。部分消费者偏好体型庞大、霸气外露的汽车，就是为了获得权力感和影响力。有些拥有社会资源但又素质较差的人，为什么喜欢吃野生动物？主要是为了满足因野生动物稀有而产生的超越他人的权力动机。一些处于社会边缘的年轻人把自己打扮得很新奇，走在路上被人侧目，他们由此沾沾自喜，这也是权力动机以及与之相关的心理价值的体现。权力动

---

① 陈智凯．消费是一种翻译．台北：博雅书屋，2010：68－69.

机往往和独特动机（uniqueness motive）相关联，都是为了获得与众不同的感觉，都存在标新立异的价值诉求。

第二，成就动机（achievement motive）。成就可以分为两类：一是实现个人目标；二是实现他人（社会）赋予的目标。从消费角度看，前一种成就动机主要体现在对探险、运动、电子游戏等具有挑战性的体验项目和产品的追求上；在过程艰难、需要意志和勇气的体验中，体验者获得巨大的心理享受——我此时此刻的写作恐怕也是追求这样一种心理价值吧。后一种成就动机主要体现在对社会公认的成功标志（象征物）的追求上。有些朋友参加阿拉善沙漠徒步挑战赛，恐怕不仅仅是为了成就个人目标，还为了使自己符合社会或周边社交网络对成功的定义。有些普通人在现实生活中难以找到满足成就动机的具体途径和方式，于是将它转变为幻想动机，并将这种幻想转移、投射到外部对象身上。最重要的外部对象就是明星偶像，疯狂的粉丝们在偶像那里寄托了自己的追求和理想。

第三，归属动机（affiliation motive）。归属动机是接触、融入某个（几个）群体的需求。这是人类的基本需求；在我国古代长期以家庭共同体、宗族共同体为社会基本组织形态的背景下，这种需求流传至今且依然强烈。消费者在这种动机下的消费特征，主要是追求潮流和时尚，追逐群体消费的热点。其心理价值在于群体的接受和认可，以及群体内的社交；同时在于群体内的精神、情感的共鸣和安慰。有些年轻的女学生毕业后到位于中央商务区（CBD）的大企业上班，省吃俭用也要买一个昂贵的奢侈品牌的包。她们的主要动机是身份的认证和被意欲融入的文化族群（具有相同文化倾向的一群人，比如波波族）认可。时下一些企业家热衷于国学的培训学习，除了增加知识、修心养性，还有结识朋友、加入圈子的动机；并且把国学知识的储备以及心得体会，作为社会交往中的社交货币——与他人对话、重塑自我形象、创造合作条件的介质和手段。

产品（服务）提供给顾客的心理价值，有正面的心理激励意义——增加心理能量、激发正面情感、引导主流价值等，有时也起释缓、消解负面心理的作用。一套古朴、精美、有些禅意的茶具，可以在一定程度上缓解我们的心理紧张和乏味；一套大面包式的柔软沙发，可以让我们减少不安全感和冷漠感；一个悲观、迷失的朋友，在一个“面朝大海，春暖花开”的小民宿里，可以重新找回生活的勇气和激情……

从消费文化学的客观角度看，社会和时代的文化潮流和倾向已渗透进产品（服务）的心理价值之中，每个消费者都受其影响，这是一些社会学家和文化学者反对市场经济条件下消费文化侵蚀，主张返璞归真、诗意栖居的背景。但是，消费者作为能动的主体，也在牵引、决定产品（服务）的心理价值定位，注入自己的价值主张、生活态度和情感类型。这种双向交往是社会消费文化形成、演进的内在机制。

整体格调：与生活方式对接

许多产品和服务，吸引顾客的往往是其呈现出的整体格调，即风格特征。一套中式家具，使人感受到东方禅意；一辆SUV，体现出自由、力量与激情；一个小区，有着异国风情和调性；一个小旅馆，充满人文气息和关怀……

产品（服务）的格调并不仅仅意味着产品（服务）形态的审美化和风格化，也包含理念、价值观、生活态度主张以及情感指向（对谁的情感，以及是一种什么样的情感)。游览苏州古典园林时，我们能够体会出“天人合一”的理念、退隐闲适的生活态度、人化自然的情感及审美方式……用一把当下制作但颇具古风的铸铁茶壶煮水饮茶时，在厚重、古朴的器具背后，我们能感受到传统的延续和工匠精神的再生。格调之所以动人，首先是因为它的内在精神、情感元素和顾客有着一致性，能触发顾客的共鸣和回应。

产品（服务）的整体格调不仅体现在心理价值维度上，也体现在某些功能性维度以及人和产品（服务）的交互关系、接触界面上。尤其是一些源于新科技的新功能、新体验，造就了产品（服务）的科技感、时尚感和未来感。格调往往来自全方位的价值定位；顾客对格调的总体感知，来自产品（服务）的价值组合体系。之所以有整体，则是因为全方位价值定位围绕格调的核心概念——对格调的提炼和概括。它们像一条金线统揽产品（服务）的设计、制作和运行，将产品（服务）的全部价值维度和价值点编织、连接起来。换句话说，产品（服务）的全部价值维度和价值点，都在表达、阐释这些核心概念。这样一来，顾客所感知、获得的全部价值都指向核心概念（见图 9－1)。

例如，一个住宅小区的格调的核心概念是人和自然的亲近、健康、运动（这是这个小区的主题)，那么小区里的多个要素，从庭院、园林、山景、水系，到运动小道、健康设施、社区集体活动广场；从建筑的样式、材料、色彩，到户型、通风采光及环保功能等，均按照一种统一的风格有机地构成一个整体。换个角度看，格调是由具体的表现形式凝聚而成的。

当产品（服务）呈现出整体格调时，其整体性价值往往超越了局部、具体的利益，这可称得上价值产品的最高境界。这样，便与顾客的

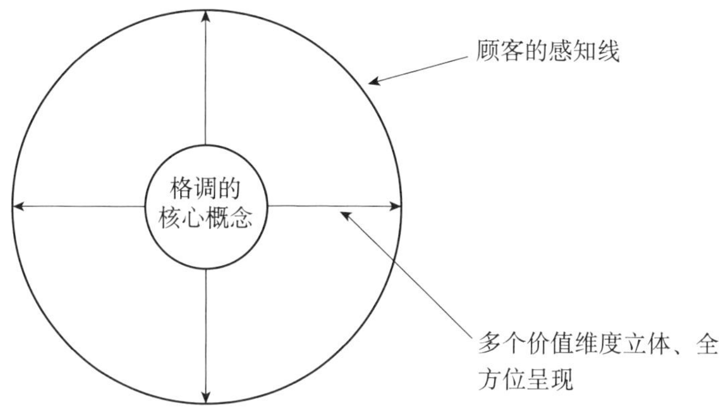

图 9－1　整体格调的生成

生活方式（生活态度和价值观蕴涵其中）、生活状态对接了。这是因为，产品（服务）的整体格调体现出对生活方式的证明和引导；顾客对这种产品（服务）的消费是立体性和多层次的，成为其生活状态的一部分。有的年轻朋友有事无事就到星巴克坐一坐，要上一杯咖啡，打开电脑要么工作要么娱乐……与其说是喝咖啡，不如说这本身就是一种生活。

产品（服务）的整体格调一旦形成并被顾客认可，一旦与生活方式和生活状态对接，往往就会变成一种承载着特殊意义和情感、富有文化意味的象征，变成某种生活方式的命名，以及对推崇、践行这种生活方式人群的界定，即变成一种标签和符号。还是以星巴克为例，它已成了都市小资生活的标志。都市里一些刚进入社会、辛勤打拼的年轻朋友，为什么会买一部价格不菲的苹果手机？很大程度上是因为苹果手机已成为成功、体面的标志。

当成为象征和符号后，产品（服务）的价值就会从具体到抽象、由实而虚进入精神层面。一旦顾客认同、理解、喜欢一种象征和符号，对产品（服务）的偏好以及对品牌的忠诚就有了心理深度。这是因为：第一，抽象化象征和符号在顾客的心智空间中定格（即获得一定的位置并且印象深刻），这是由顾客对信息进行过滤并沉淀为长期记忆，以及人们将象征物作为基本的认知、思维要素的思维方式、认知过程及心理机制决定的。第二，对于抽象化象征和符号，顾客会自主地进行多种角度、多个侧面的诠释，从而加深理解和认知；同时对其价值进行延伸和深化。第三，抽象化象征和符号与顾客深层的价值观是相通的；它既是顾客价值观的映射和呈现，也对顾客价值观进行引导和塑造。

从营销操作的角度看，营造整体格调有两个重要意义：第一，产品（服务）定价时，可以依据顾客心理价值，使产品（服务）具有较高的附加值和文化溢价。第二，便于产品（服务）生命周期的延长以及空间意义上的复制（例如迪士尼的全球复制），因为它已经程式化和类型化了。有些顾客会因为对文化象征和符号的迷恋产生重复购买行为。

有的朋友也许会问：是不是只有像住宅小区、咖啡厅等这样顾客具有复杂体验的产品（服务）才会有整体格调？其实并不尽然。有些结构、造型、功能很简单的产品（服务）也能产生整体格调，比如口香糖、啤酒、手机、手表等产品以及小菜馆、小饭店等服务场所。

我们在营造产品（服务）的整体格调时，需要注意的是：不能脱离价值内涵去搞形式主义，不能摆弄一些格调泡沫。比如一家饭店，既有红烛也有鲜花，餐具精美，装饰时尚，但就是饭菜很难吃，恐怕也不能持久。其实，格调应该是由内而外透出来的，应该具备坚实的基础和依托。此外，也不能一讲格调，就在审美上边缘化、小众化，过于追求奇异乃至怪异。真正的格调是对主流、前瞻生活方式的准确演绎，能够契合目标顾客普遍的精神追求和情感诉求。

契合顾客的心理图景

产品（服务）的文化价值、精神价值、情感价值，以及格调和象征意义，很大程度上来源于其表现出来的美。同时，几乎对所有消费类产品（服务）而言，实用性、功能性价值属于基础性价值，不能带来高附加值。真正的核心价值是美，这才是顾客愿意付出高价的最主要理由。但问题是：美从何来？如何展现？何种表达方式才能打动顾客？仅有重视工业设计的愿望以及设计产生力量的原则是不够的，必须有可操作并能持续下去的方法。这是具有设计、创意含量的所有行业和企业的重要问题。在产品的价值定位和设计中，如何表达美、展现美，如何让顾客觉得美，很重要的一个理念是契合顾客的心理图景。

对于什么是产品（服务）之美，顾客心中是有心理图景的。也就是说，有一些既定的认知、体会和感受，有一些经验积累、概念积淀以及与概念相对应的象征（包括人、物及景象等），尽管有时未必很清晰、很具体，可能难以用言语表达出来。好比一个未曾谈过恋爱但又渴望谈恋爱的小伙子，可能对未来的恋人已经有了朦胧的想象。她或许和某个明星很接近，或许是若干个明星的混合体（很多人迷恋明星偶像的一个很重要的原因是，明星偶像的气质、风度、个性、精神取向——未必是明星真正具有的而是被塑造出来的，或者是其饰演的角色赋予他们的——与粉丝们的心理图景契合了）。可能在某一个偶然的情境下，一位不期而遇的姑娘出现了，正符合小伙子的心理图景，一见钟情（可能是单相思）由此而产生。产品（服务）之美引发顾客的青睐和钟爱，心理机制与一见钟情类似。比如瓶装水瓶子的色彩，若是红色，顾客认为其喜庆；若是绿色，顾客认为其清新；若是紫色，顾客认为其高贵……由此可见，顾客的心理图景可以理解为一种审美定势、传统和路径依赖，也可以理解为一种期待。

受中国文化的审美传统影响，中国消费者的心理图景往往与意境相关。所谓意境，是中国人特有的审美方式和情感方式；按宗白华先生的说法，是情与景的结晶品，“是主观的生命情调与客观的自然景象交融互渗，成就一个鸢飞鱼跃，活泼玲珑，渊然而生的灵境”①。在中国诗歌赋辞文化——几乎是中国人的宗教——的影响下，每个中国人都积淀着“造化与心源合一”。代表、象征、折射多种情感、诉求、态度和哲思的意境（实际上就是心理图景）主要有：明月——怀念、思念；红豆——爱情、相思；飞鸿——超然的生活态度；寒柏——寂冷的心境；青松——伟岸、气节……基于这样的文化背景，我们在产品（服务）的审美元素中导入某些意境，就可以直接与顾客的心理图景相通，同时使产品（服务）具有象征意味。此外，还可以借助顾客的自主联想和网络状的思维，使产品（服务）在顾客心目中具有丰富、深厚、悠长、鲜明的文化意蕴。

通过对一些具有代表性、典型性的顾客深入、细致的观察以及长期交往、合作，并融入顾客生活，可以将其心理图景描绘出来。其实这是一种假说，我们将其作为产品（服务）审美创意的牵引和参照。在操作时，产品（服务）呈现出来的美，通常情况下应该比顾客的心理图景更超前一些。如果产品（服务）的审美形态、风格、特征滞后于顾客的心理图景，顾客会认为缺乏新意、没有想象力、不够时尚、不能代表未来；而产品设计太超前，顾客会认为过于冒险、不符合自

---

① 宗白华．美学散步．上海：上海人民出版社，1997：70.

身的经验和习惯进而拒绝；与顾客同步，则不能牵引顾客、不能激发顾客的强烈愿望。只有领先顾客的心理图景一个恰到好处的距离，才能点破顾客心中隐隐存在但未找到合适的实现途径、方式的审美要求。这种设计，对时尚感强、较为前卫的顾客来说正合心意，比较传统的顾客也不妨一试。同时，与顾客的心理图景有一定距离，也为营销操作创造了空间。因为，没有距离就没有体验的可能。一方面适度领先于顾客，另一方面通过与顾客沟通、互动，设计、安排顾客体验等方式缩短这一距离。等原来的距离不存在了，产品（服务）的审美形态、风格特征进一步创新，又会形成新的距离。这样，就是在审美方面真正动态地引领顾客成长，体现出愿景营销理念。这是与顾客形成默契、深化关系的重要途径。

寻找美的源泉

美的设计和表达，不纯粹是创意者头脑中的产物，它应有鲜活、持久的源泉。对企业来说，偶尔设计出一两款深得顾客喜爱的产品并非难事，难的是长期、持久且在较大的产品品种范围内保持设计优势。这依赖于组织能力，其中包括设计的组织体系、运行流程、核心人才、信息体系以及技术支持；同时依赖于从外部不断注入企业内部的审美资源。寻找、开发美的源泉是现代营销的重要任务。企业外部主要的审美资源有：

（1）顾客的审美创造

顾客在特定的生活情境中，往往会因时因地而产生审美要求；当这种要求无法从外部获得时，他们就会因地制宜，自己动手把美创造出来。一位优雅的女性在办公室上班时突然衬衣的纽扣掉了，找不到或来不及找了，急中生智，用一条彩色的胶带补救反而可能产生意想不到的审美效果。一位货车司机开长途车时觉得仪表平台上空空如也乏味无趣，使用易拉罐的铁皮编织了一个小摆件（可能是风车，也可能是保佑平安的莲花）陪伴自己。现在生活中流行的一些审美元素及物品，比如窗花，结构简单、声音奇妙的乐器（笛子、二胡等），可能都是这样产生的。只要我们融入目标顾客的生活并细致观察，就能发现许多审美创意——未必是成熟形态的，但为我们提供了素材或者给予了启发；在此基础上可以形成“源于生活，高于生活”的审美价值。就好像王洛宾、雷振邦等作曲家，依据少数民族的原始音乐素材，二度创作出留传后世的优美歌曲。

(2) 众多艺术形式和载体的审美资源

我们在进行审美创意时，从时间上说，可以从远古的艺术中汲取营养——青花瓷的艺术元素不是在多种产品中出现了吗？也可以从现代的流行中获得灵感——后现代审美风格不也渗透进商业性的产品（服务）设计中了吗？从空间上说，可以取材于偏远的少数民族（他们的图案、色彩组合以及艺术的灵性往往是都市人难以企及的），也可以追逐发达国家的流行时尚。从载体上说，绘画、雕塑、摄影、音乐、建筑等，都是可供借鉴、转化的审美财富。我在某些设计师服装网站上发现，部分T恤、衬衣上的图案来自油画、木刻、书法等视觉艺术形式，含义丰富，富有艺术感；不仅图形色彩有了新意，而且添加了内涵和价值感，使部分顾客对于品位、格调的追求有了实现的手段和载体。有些时装产品甚至跨界有了流行音乐的气息。

第十章

CONNECTING

Marketing Strategy Based on Customer Value in Internet Age

产品的类型化设计

需求细分和规模化经营的平衡：类型化的含义

在一些审美价值、情感价值比重较大的消费领域，消费者需求的个性化程度较高，需求的分布呈离散化特征。随着消费者收入水平提高、主流消费群趋于年轻化、消费者主体意识增强，以及网络等沟通工具的发展，这类需求细分且离散的市场越来越多，原先不具有这种特征的市场也转化、演变为这种市场。针对这样的市场，应采取何种营销对策？国外的营销专家提出了长尾理论①，即面对一个个容量较小的个性化需求集合，提供丰富、多样化的品种，且快速地调整变化。但是这种模式在实践过程中有时会遭遇一些难题：品种多了，经营效率就低了；同时消费者的趣味和要求千变万化，很难适应和追随。有没有介于短头（品种单一，但销量较大）和长尾（品种众多，但每种销量较少）之间的营销模式呢？有没有可能在满足消费者个性化、细分化需求和一定程度的规模化经营之间找到平衡点呢？

读者朋友如果需要装修房子，在与装修公司或设计师沟通时，他们一定会推荐若干种装修风格供你选择——简欧，新中式，古典欧式，古典中式，美国乡村，东南亚风情，地中海风情……这种做法给了我们重要启发：通过对产品（服务）内部细分品种风格化、类型化定格，

① 克里斯·安德森．长尾模式．北京：中信出版社，2006.

可以将满足消费者个性化需求和规模化、产业化运作有机结合起来。

所谓类型化，是指在某一产品（服务）种类或某一产品线内部，按照不同的审美风格及其他特征，形成若干个相对标准化、模式化，有一定时间延续性的品种类型。某一类型均对应于某个细分的市场空间。这一空间是具有相同特征需求的集合，从量的角度看，具有一定的规模（因为即使是需求个性化程度高的市场，其内部也会形成若干具有相同或相似需求偏好的小群体）。

类型化的营销方法和策略适用于许多领域，尤其是文化娱乐领域。好莱坞的商业电影大多是类型化的，如传奇型、史诗型、魔幻型、科幻型、灾难型、惊悚型、警匪型、军事型、歌舞型、公路型、情感型、伦理型等（各类型之间会有交叉）。它们由好莱坞确立和引领，基本上构成了电影市场上的产品标准。全世界可能只有宝莱坞树立了另一个类型标准：印度式歌舞片。我国传统戏曲也是类型化的，如才子佳人（言情）型、冤屈昭雪型、忠奸两立型等。我国迄今为止商业上最成功的两位作家金庸和琼瑶，其作品更是典型的类型化。近年来，我国电视剧市场上初步形成一些拥有相对固定消费群的剧目类型，如家庭伦理型、都市言情型、古装历史型、战争型、武侠型等。而我国电影市场由于发育不充分和竞争不充分，虽然出现了一些大片，但尚未形成成熟的类型。商业图书出版行业和电视剧行业类似，开始有了类型化图书的雏形。

类型化的优点

类型化的优点，除了前面提及的有利于一定程度的规模化营销运作，还有其他两个方面：

第一，类型化有利于引导和塑造消费者的期望。以顾客需求为导向，主要是指尊重、理解、回应消费者的基本愿望和本质要求，在此基础上可以通过对消费者需求对象物的创新来引导、激发乃至创造消费者具体的需求。全球化背景下的中国，许多年轻一代的消费者追求国际化，但对具体的表现形态却未不清楚；那好，现在摆上一盘菜，有现代、前卫的，也有古典的；有雅致的，也有简约的；有美式的，也有地中海的，你自己选一个合适和喜爱的。这样的类型化，实际上是在牵引、影响、教育消费者；而且类型一旦定格——在消费者心智空间中定了位，就会形成消费习惯和审美定势。这在一定程度上解决了消费者需求变化快而跟随不及的问题。对一部分消费者来说，口味形成后，不仅会延续较长时间，而且会对供给产生反向拉动：不符合类型的，我还不接受呢！这对供给方的营销运作无疑是有利的。

第二，类型化有利于在一定的框架内进行创新。产品的创新不是在漫无边际、无依无靠的空间中进行的，它往往需要沿着一定的方向、在一定的边界和限制内进行。类型化为产品品种构建起相对标准的基本框架，使创新有了坐标和参照，从而可以提高市场成功的概率。好比一座大厦结构已经形成，可以在此基础上细化、丰富和延伸。以长篇小说为例，史诗性的现实主义作品（如路遥的《平凡的世界》、陈忠实的《白鹿原》）通常应具备以下特征或符合以下要求：时间跨度大（少则数年、数十年，多则上百年甚至几百年），空间面广且层次众多（城市/乡村，涉及众多区域），人物群体、情节主线和矛盾冲突众多，个人命运与社会变迁相互交织等。进而言之，从动态看，只有基于一定框架的创新才会有循序渐进的延续性，才能使消费者对产品和品牌产生认知累积和情感沉淀，从而持续强化对某种类型的偏好。这为延续顾客需求和产品生命周期创造了条件——《哈利·波特》拍了那么多集！

目前，在时装、家居、家电、汽车等领域，都出现了产品类型化现象。每一种类型即一个品种平台，其结构相对标准化。这样做的优点，除了上面所说的两点，还包括保持价值创新和资源投入之间的平衡，使价值创新事半功倍。

类型化的操作建议

对产品或品种进行类型化设计和定位，从营销操作角度应注意以下几个方面：

第一，类型所针对的需求集合应有较大的容量。也就是说，在离散性的需求总体中，要找到规模相对较大的子需求集合，好比在岛屿林立的千岛湖中，需要占据较大的岛屿。“007”系列电影之所以观众众多且长盛不衰，是因为它满足了庸常生活中大多数人对惊险、新奇、刺激乃至浪漫的心理需求。近年来，国内音乐市场上原本处于较为边缘位置的民谣作品异军突起，其真诚、质朴、简单和生活化，在转型的时代打动了许多城市中的年轻朋友以及不再年轻的朋友。

第二，类型的特色必须鲜明，结构性要素需要精当、有力、简洁、轮廓分明。所谓结构性要素，是指支撑起类型且相互关联、共同发挥作用的关键环节和因素，好比斜拉式大桥中两座立塔和若干斜索。大量所谓的好莱坞大片，情节并不复杂（不能复杂，需要简单清晰）且常常似曾相识。从内容上说，正义与邪恶、忠诚与背叛、本我与超我（描绘英雄的成长轨迹）之间的对比和张力屡见不鲜；从形式上说，浩大的场面，冲击性强的视觉、听觉效果必不可少。再以我国传统戏剧为例，才子、佳人磨难重重，但最终定是团圆美满。这种情节几乎天天唱、月月唱，但戏迷们百看（听）不厌，它们就是前面所提的结构性要素。再如，我曾读过叶兆言写的有关家庭装修的散文，文中提及他请了一位画家朋友做设计，在诸多装修要素和环节中，书房中的一面墙用传统的小块青砖砌成，使得书房古雅之气扑面而来，朋友们啧啧称赞。小块青砖之墙是装修风格中的结构性要素之一，它在某种程度上是传统建筑的象征和符号。通过上面两个例子可以得出结论：结构性要素的精当（精确、准确、得当）是指符合消费者最本质的需求和最核心的愿望；结构性要素的有力是指内在逻辑严谨、周全（例如，某一种家居风格定义为欧式古典，那么无论是材质、色彩、结构还是家具、饰物等，均需符合欧式的且古典的逻辑），能支撑得起风格之帆。结构性要素的简洁、轮廓分明主要是指无论哪种类型，其内涵和特色均需概念集约，易于认知和把握。

第三，类型要有丰富的创意资源。本章前面说过，类型化的营销方法和策略，主要适合于审美价值和情感价值较大的领域，如家居、服装、文化娱乐、旅游等，当然也可以延伸至房地产、汽车、家电、手机、数码等其他领域。一种类型往往意味着一种审美风格和情感类别，因此创意是类型存在并延续的条件和关键。支撑创意的是多种文化资源。搭建起创意背后的文化背景，不仅会使某种类型更加丰满、蕴藉和隽永，更加层次丰富，同时会使某种类型得以持续创新和变化。例如，新中式装修类型可以从民族审美传统中源源不断地汲取营养。

第四，类型要根据时空条件变化进行动态转换。既然是类型，就会有较长的存活时间；但是当外部市场环境及社会潮流发生变化时，类型本身也需推陈出新，即用新的类型替代旧的类型。若非如此，则不能赢得市场。以我国京剧为例，传统剧目距现代较远，无法激发青年观众的广泛兴趣。现代剧目（指表达现代题材的剧目，非指样板戏）内容和形式的统一问题似乎并未解决，一方面剧目稀少，另一方面审美价值未得到确认，尚未形成一个类型。目前较受欢迎的当属新编历史剧（如《曹操与杨修》《宰相刘罗锅》等剧目），但类型化的打造——需要以市场为导向——还远远不够，主要表现为高质量的剧目依然偏少，不能形成持续的市场供给。可以这样说，我国国粹京剧欲在艺术以及娱乐市场上争取、拓展更大的空间，首先需要解决的问题就是类型化的突破和创新。

第五，类型要有核心竞争力的支撑。类型化并不能只是提出一个概念，而是要形成别人不易模仿的独特商业模式以及价值链体系（在文艺娱乐领域，一旦某种类型受到市场欢迎，肯定是跟随、模仿者甚众，鱼龙混杂，使消费者真伪莫辨）。好莱坞的大片从商业角度看成功率较高，从创意、编剧、导演、制作到推广、发行以及衍生产品销售，形成了一个相互关联的完整体系；每个环节都可整合全球资源（最近把我国的国宝熊猫、武侠乃至禅、道等都整合进去了）。从消费者的角度说，我并不喜欢某些好莱坞大片，但从商业评论和营销分析的角度看，其运作体系确有值得借鉴之处。总的来说，类型化的能力取决于较长时期内经验的积累、对消费者需求特征的洞悉、技术资源的投入、商业模式及价值链的战略性安排等诸多方面。

第十一章

CONNECTING

Marketing Strategy Based on Customer Value in Internet Age

基于时间价值的竞争

时间价值竞争的两种模式

谈到产品（服务）给顾客带来的时间价值，人们往往会想到使顾客节约时间成本、提高效率、合理利用时间等。比如，银行里顾客等候时间变短了，高铁速度加快了，便利店营业时间延长了等。但是，还有一种产品（服务）的时间价值与其独特的差异化价值有关。独特往往具有时间的限定性，是就某段时间而言的。独特隐含的时间属性是：这种价值比其他供给者或竞争者更早、更快地提供给顾客，并且在一段时间内未被消解和超越。这样，顾客所获得的不仅是独特的差异化价值，还有较早享有这种价值的时间意义。

顾客所获得的时间价值，在许多情形下是实用性、功能性的。在医药领域，有些身患重症的病人当下无药可治；能够治愈这种病症的新药的时间价值等于生命的延续。在环境保护领域，某种治理土壤污染的技术早日问世，就能给为数众多的农民带来巨大的福祉。时间价值在其他情形下，则是“占得春风第一枝”的心理满足。在时装等领域，往往新就是价值，是时尚的标志和象征。陆文夫先生写过一篇著名的中篇小说《美食家》，其主人公朱自治——一个没落的小资本家——有个习惯，每天都要起大早赶去面铺吃头汤面。头汤面固然有口感方面的差异化，但朱自治追求的恐怕是一种生活状态、方式以及成为社会边缘人之后的自我认同——哪怕为他人所不解甚至误解。我小时候非常渴望看到新电影在本地的首场放映，这里既有率先获取谈资、引发他人关注和炫耀的动机，也有因迷恋电影而产生的强烈的先睹为快的愿望。

互联网时代，时间既是企业营销运作的坐标和背景，也是市场竞争的手段和利器，基于时间价值的竞争具有特别重要的意义。要么，产品（服务）价值创新以及品种更替、迭代的速度比市场上其他供给者更快；这也意味着顾客可以持续地获得不断变化的独特价值。要么，产品（服务）的独特价值延续更长时间，即构筑独特价值的时间壁垒（这种壁垒在一定程度上损害了顾客利益；但是如果没有这种壁垒，企业就不会有价值创新的动力，从长远角度看不利于顾客价值创新）。这两种时间价值竞争方式是矛盾的，因为独特价值的延续意味着品种更替的延缓。前者通常被称为快时尚，即通过品种的快速切换以及引领变化的价值主张，体现时尚属性，激发顾客需求，同时通过变化节奏甩开竞争对手。这种模式主要出现在时装、快消品、手机、家电以及其他电子数码产品等领域，近年来，汽车、家具等市场也有所使用。西班牙服装品牌 ZARA 是这一模式的典范。后者可命名为专利壁垒，即以技术等为依托，为产品（服务）的独特价值构建一个专利保护期。在保护期内，产品（服务）的市场地位具有一定的垄断性，因此能获取超额利润。这里的专利是广义的，既包括法律意义上的专利（狭义专利）及其他知识产权，也包括技术标准、技术门槛以及独占的供应链资源、渠道资源等。所谓保护，外部的政府法律保护无疑是重要的手段和方式，而内部将护城河（竞争屏障）修宽、修深则是更为基础性的举措。显然，专利保护期越长，企业的收益就越大。苹果手机之所以能获取全球智能手机利润总额中的大部分，主要原因在于每一代产品都能在高价位上持续相当长的时间。而能够持续则是因为某些独特的顾客体验（包括心理价值）一直是竞争对手难以逾越的一道墙。

从上面的分析可以得出结论，基于时间价值的竞争模式本质上是超越竞争。但树欲静而风不止，总有一些可能目前尚在蛰伏的竞争者会发起挑战。将来会出现比 ZARA 新产品变化速度更快的服装品牌吗？将来会有手机品牌取代苹果手机的地位吗？我们拭目以待吧。

品种迭代和生命周期策略

现在，我们较为详细地说明本章上节所说的快时尚模式。其主要内涵是不同品种的替代，即动态的、多轮次的品种生命周期变化。要点如下：

第一，在某个产品领域内，规划一组不同的品种（某个或某类），它们按先后顺序进入及退出市场。前后品种通常会有基础性的价值定位（可以理解为价值创新的平台），它保证了先后出场的不同品种具有相对统一的调性和特征；而每轮新的品种都在某些价值维度或价值点上进行创新，形成差异化的价值组合。

第二，每个（类）品种均有生存时限即生命周期的安排；也就是说，事先确定各品种进入和退出市场的时点。当然，某品种进入市场后，其生存时限可根据顾客态度、销售表现以及竞争对手的举措进行调整：或延长，或缩短。一段时间内（比如一年），不同轮次品种进入和退出市场的时点规划，可以用产品地图来表示。所有品种平均生命周期越短，说明品种更替和价值链运动速度越快。以 ZARA 为例，某些品种在货架上的“存活”时间大约只有一两周。

第三，将各品种的生命周期划分为导入、成长、成熟、衰退各个阶段。主动把握各个阶段的切换，同时，不同的阶段分别制定不同的目标定位和策略安排。表 11－1 是以消费类电子产品（手机、电脑、电视机等）为例的说明。

表 11－1　　产品生命周期不同阶段的策略组合

导入期	成长期	成熟期	衰退期
● 目标市场定位于少数引领潮流的消费者；对产品进行市场适应性测试。 ● 较小的销售量目标，较高的价格，较少的供应量，常常实施饥饿营销或撇脂营销。 ● 通常采取较窄的通路布局，让一部分渠道获得提前销售的时间差利润。 ● 进行市场预热，以信息渗透方式影响消费者；同时进行渠道告知。	● 扩大目标顾客人群和提高销售量目标，并使销售量目标和利润目标相均衡；进入产品盈利的主航段。 ● 分次逐步降低价格，打开、放大销售规模。 ● 通路宽度有所增加，兼顾重点渠道的销售愿望。 ● 进行压强式推广传播；在成长期的后半程开始进行强有力的促销。	● 进入次级区域市场（如城镇/农村市场），进一步扩大顾客范围，销售量目标基本保持不变。 ● 价格下降；产品具有了性价比优势；或以成本优势阻止模仿者、跟随者对市场份额的蚕食。 ● 维持合适的通路宽度。 ● 进行少量的推广、传播；频繁举行促销活动，以防止不良库存出现。	● 销售量目标减少；以出清库存及尾货为主旨。 ● 价格下降；以超值的价格策略吸引实惠型消费者。 ● 通路宽度有所缩小，以保证部分渠道在销售尾货过程中有利可图。 ● 基本上不安排推广、传播；根据需要适当进行促销。

第四，当原有的品种进入成熟期后，后续的品种（可称为新产品）面市，开始进入导入期（当然，有时为了强化新产品的冲击力，前一个品种尚处于成长期时，后面的品种就接踵而至）。而当较老的品种逐步退出市场时，后面的品种则充当市场销售的主力。换个角度看，新产品在发育、成长的过程中，可得到成熟品种的呼应和支持。从动态角度看，呈现出“一波未平，一波又起”的生动局面；从静态角度看，在时间轴的某个时点上，总是同时存在多个处于不同生命期阶段的品种（见图 11－1）。

第五，后续的品种相对于前面的品种，要么是同类品种的升级——目标市场相同，但改善了功能、增添了效用，或发生了价值递进（如手机更薄、充电时间更短、屏幕更加清晰）；要么是对已有品种

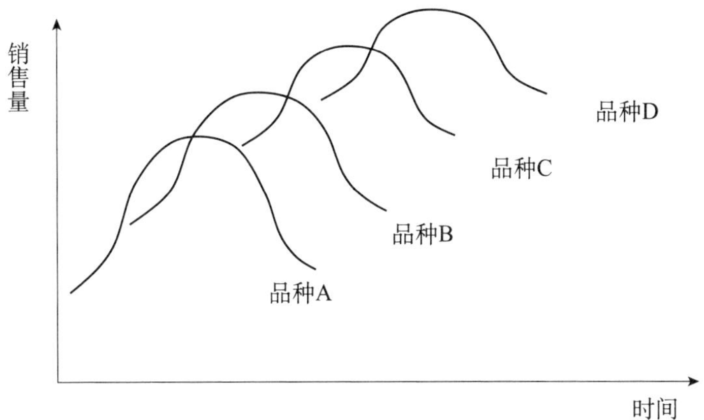

图 11-1　多品种迭代

的补充——进入新的目标市场，扩展市场空间；要么是现有品种的细化，例如将手机分为男性手机和女性手机，以此将目标市场进一步细分，使营销运作更具深度。

生命周期策略是时间价值竞争的模式之一。就时间因素，我们下面作进一步的说明。

第一，所谓的新品种，不仅是指在企业按先后顺序进入市场的一系列品种中最新面市的后续品种，而且就某些创新性属性、特征而言，它们在时间上领先于竞争对手，存在抢得先机的时间差优势。例如，三星率先推出了曲面屏幕手机，其他厂家跟进、模仿需花费一段时间，存在进入市场的滞后期。

第二，各品种生命周期的时间长度是可以控制的。对企业来说，如果将生命周期缩短，意味着品种推陈出新的频率和节奏加快。而当本企业品种更替的节奏快于竞争对手时，就很可能将竞争对手拖垮，或者在竞赛的跑道上将竞争对手越拉越远。当然，不同行业品种迭代的速度和节奏不同，比如时装和电子产品品种更替很快，而卫生洁具、家具等产品品种更替较慢（这与产品的技术特征、价值属性、使用及服务方式、更换成本，以及顾客的认知模式、需求特点、消费习惯以及通路结构等多个因素有关）。因此，在某些行业，新品种推出并不需要一味求快。进一步分析，市场上新品种切换的节奏，通常是由市场领导者决定和引领的。对市场挑战者而言，可以用速度冲击规模，通过速度战实现超越；当条件不成熟或者速度战不符合市场规律时，可以跟随领导者的节奏，分享由领导者创造的品种以及与之相关的需求潮流转换的机遇——关键是不能出现错过市场间隔性浪峰的轮空。当市场领导者遭遇挑战者的速度挑战时，要么以更快的速度进行压制——领导者通常是大企业，提速较难；要么构筑更加强大的技术、创意和运营壁垒，使产品（服务）的独特性价值延续较长时间。优衣库服装、苹果手机都是这么做的。

第三，在各品种生命周期之内，导入、成长、成熟、衰退各个阶段的拐点在什么时间出现（切换的时间选择），切换的速度快还是慢，各阶段的时间长度如何分布（例如，是拉长产品的成熟期，还是较快地使其转入衰退期），都是重要的策略问题。而不同阶段的转换，实际上就是运用时间手段对竞争对手的制约和压迫，属于构建竞争中的时间屏障：在导入期和成长期，新品种具有独特价值，先行进入市场可凭借标新立异之举获取较高利润；而在品种的成熟期和衰退期，又可利用规模优势及价格优势，消解竞争对手跟进、模仿的效果，或者使之跟进、模仿缺乏经济可行性。在这前后两个区段上，显现出内涵不同的时间差。

品种迭代和生命周期策略依赖于企业较强的产品企划和开发能力。同时，它要求企业能较好地驾驭价值链的运动过程，具有协同度高、反应敏捷的柔性供应链；尤其是下游通路体系，需要有较大的影响力和管理力。具言之，基于信息系统对产品销售、库存的调控是这一策略能否有效实施的关键因素之一。

专利壁垒策略

这种竞争策略或模式广泛应用于电子、软件、制药等领域。任何一种专利——无论是受法律保护的知识产权，还是领先的技术优势，都是有时间限定的。围绕专利的竞争与时间变量高度相关；专利保护期的长短是企业竞争优势是否存在的关键。因此，我们可将专利壁垒理解为一种时间价值竞争策略和模式。其中包含的关键词有以下四个：

一是知识或技术。企业将其作为核心竞争力，集中资源并持续增加投入进行研究、开发。

二是知识或技术的时间优势。体现在产品（服务）独特性价值上的知识或技术成果在时间上领先于竞争对手，即存在一个时间差。

三是以专利为主要形式的知识保护机制。知识或技术领先的企业，通过订立知识或技术标准、实施专利保护、垄断技术资源等手段，将知识或技术上的时间优势及时间差，固化为未来一段时间（广义的专利期，即享有领先知识和技术带来的垄断地位和产品溢价的时期）内的知识或技术壁垒，为获取超额利润创造了可能。

四是专利期内的市场开发。欲将一段时间内的知识或技术壁垒转化为真实的垄断利润，必须在此期间有效地开发市场、激发需求、实现销售。也就是说，要将知识及技术优势转化为市场优势。否则，法律意义上的专利保护期一过，或者当知识、技术扩散（壁垒被打破）

之后，模仿者、跟随者一哄而起，搭便车者便很可能占据大部分的销售及盈利空间。

图 11－2 是对上述专利竞争模式的解释。

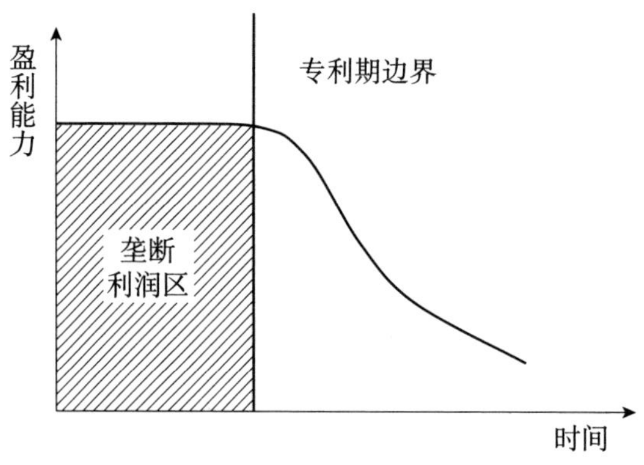

图 11－2　专利期的垄断利润

图 11－2 中，过了专利期边界，知识、技术的法律壁垒和现实壁垒不复存在，行业进入者增多，产品供给增加，平均利润法则开始发挥作用，企业的盈利曲线下降。垄断利润区面积的大小取决于两个因素：一是盈利曲线的纵向位置，二是专利期的长短。前者取决于具有独特价值的产品（服务）的市场规模和附加值大小。而后者，如果是由法律规定的狭义专利期，表面上看是企业不可控的外部变量，但是通过第二代品种、第三代品种……的升级模式（甚至是老酒新瓶式的品种迭代）以及与之相关的专利申报、专利管理，可以持续维持法律意义上的专利保护状态。如果专利期是广义的，那么它取决于企业知识、技术优势被破解和超越的难易程度。

以医药行业为例，著名的跨国医药集团均投入巨大资源开发受法律保护的专利产品（有的企业的研发费用占销售额的 10%，有的甚至占到 20%）。它们通过专利保护在全球市场上赚取高额垄断利润，以此循环往复。同时，在市场营销上凭借专利带来的高收益，进行强劲的学术推广，开发、积累医生及医院关系，将产品及品牌在医生心目中的心理份额转化为现实的市场份额。

专利壁垒策略和模式拥有巨大的战略优势，但也存在缺陷。以专利——无论是狭义还是广义——为归旨的知识/技术创新有可能陷入为创新而创新的自我循环，也有可能因妨碍竞争而影响行业真正的技术进步，并背离为顾客创造价值的方向——要么以泡沫式的概念不能切实增加顾客利益；要么顾客效用虽有所增加，但需付出的代价过大（带有垄断性的专利产品价格通常较高）。强迫顾客接受创新是违反市场基本法则的。有的医药制造企业推出的第二代、第三代品种，在治疗效果、减少副作用等方面可能有所改进，但高昂的价格使顾客的投入产出未必合理、合算。英特尔的芯片也曾经有同样的问题：持续、快速的升级对相当多的用户来说已经没有太大的意义了。破解专利壁垒模式的途径主要是打破专利保护的游戏规则，将知识产权向外部开放。近年来，在信息服务、软件领域，已有企业施行开源（open source）模式——软件源码可以被公众使用，不受知识产权限制。开源放弃了技术权益，也未设立保护期，有利于在共享的软件平台基础上构建一个相融共生的生态，为商业模式丰富和创新提供了条件和多种可能。

即便在专利壁垒无法打破的行业，不拥有专利的企业也还是有机会的。可以在专利拥有者产品法律保护期期满之前进行仿制、跟随的准备，一旦专利到期，争取第一时间迅速进入市场，抢占份额。医药产业中，以色列的 Teva 在仿制药领域取得了重大成就，已跻身全球医药巨头的行列。

第十二章

CONNECTING
Marketing Strategy Based
on Customer Value in Internet Age

依据顾客认知价值定价

产品（服务）定价模式

影响产品（服务）定价的因素主要有两个：

第一，企业所处的市场结构。也可以理解为供给者结构。市场结构可以分为完全竞争、垄断竞争、寡头垄断和完全垄断几种形态。市场结构决定了企业定价时的博弈地位。在完全竞争及垄断竞争的市场结构下，企业没有自主定价权，只能接受市场定价。而市场定价则主要取决于顾客对产品（服务）价值的评估以及供给者之间的竞争。在寡头垄断及完全垄断的市场结构下，企业拥有自主定价权（若干个寡头共同垄断时，它们会联盟定价），定价方式为目标收益定价，即根据企业自身对收益的期望定价。这里的目标包括销售量、销售收入、利润等。当然，具有垄断地位的企业定价时也不是完全随心所欲，需参照替代品价格，考量目标顾客的收入水平和价格敏感度。

第二，产品（服务）的差异化价值。如果产品（服务）没有差异化价值，供给者之间会进行同质化竞争，在非垄断（竞争）的市场结构下，所有的供给企业只能接受市场价格，定价模式为随行就市定价。反之，如果产品（服务）具有差异化价值，在竞争态势下定价模式为顾客认知价值定价，即根据顾客对产品（服务）价值的评估来定价。

将上面两个因素结合起来，可得出产品（服务）的几种定价模式（见图 12－1）。

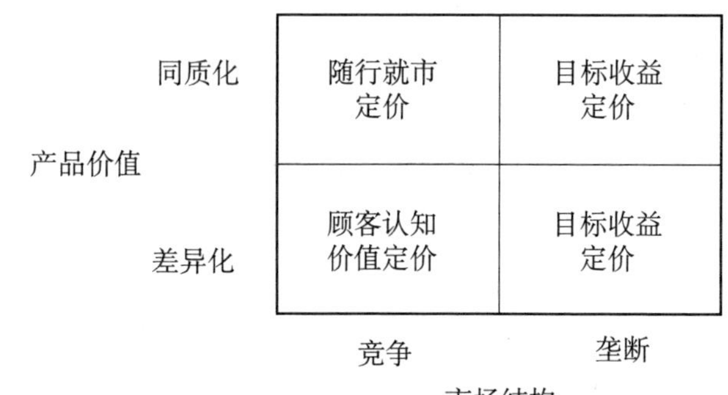

图 12－1　产品（服务）的几种定价模式

需要指出的是，在市场竞争条件下，成本并非产品（价格）的决定性因素。当产品（服务）同质化时，市场上不断波动的价格有可能低于全行业的最低成本。也就是说，在产能过剩、库存庞大的情况下，行业所有供给者都出现亏损（大部分季节性消费品低于成本价出售，不属于不正当竞争）。当产品（服务）存在差异化价值时，顾客进行价值评估时或许会考虑产品（服务）的成本，但大多数情形下，成本并不是价值评估的依据，因此通常的顾客认知价值定价法都是逆向定价法——根据顾客价值评估倒推产品和服务的价格。但是，企业的成本竞争力对于参与价格竞争是至关重要的：依托成本竞争力，可以降低顾客代价，提升盈利空间；也可以击破竞争对手产品（服务）价值—价格的均衡。这种均衡在市场上已被顾客认可——顾客认为，某品牌的产品（服务）值这个价；击破它意味着以超值（让顾客觉得物超所值）的定价方式参与竞争，同时构建新的价值—价格均衡。近年来，在互联网因素的推动下，超值定价越来越多见，几乎成了某些线上产品的通行证。

顾客对价值的评估

在顾客认知价值定价模式下，定价的基本原则是“价格＝价值”。如果价格大于价值，企业会丢失市场机会（失掉份额）；如果价值大于价格，企业不能收获应有的利益。在这个等式中，价格是企业向顾客开出的交易条件，而价值则由顾客来评价。换个角度看，顾客对价值的评估，实际上就是对价格的接受区间的界定。

读者朋友可能会问：顾客如何评估产品（服务）的价值？他们会考虑哪些变量？他们会受哪些因素影响？下面我们一一说明（见图 12－2）。

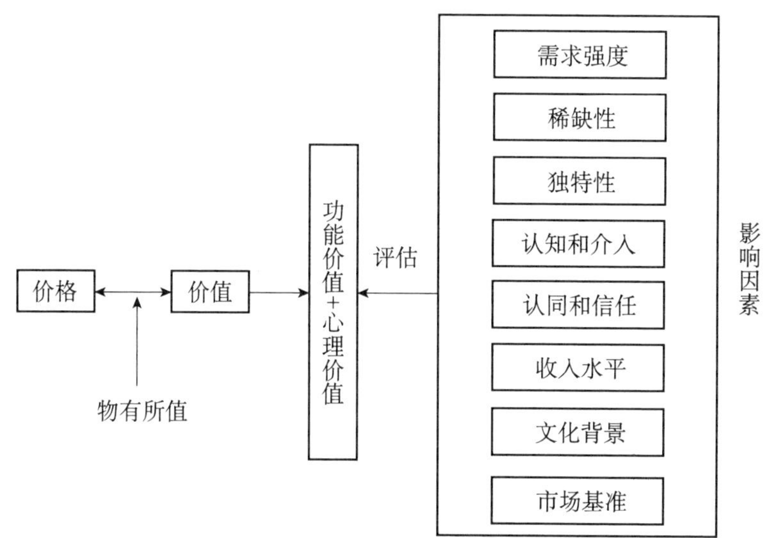

图 12－2　产品（服务）价值评估的影响因素

（1）需求强度

系指顾客希望得到某种价值的迫切性和强烈程度；也可以理解为顾客得不到某种价值的风险程度和损失程度。人们通常称之为需求刚性。需求强度大的价值，往往与顾客的基本生存需要以及职业发展、处境改善等重要需求相关。需求强度和顾客对价值的评价呈正相关关系：强度越大，价值越高；强度越小，价值越低（有些读者朋友可能会问：顾客对水、粮食等的需求强度很大，为什么这些商品平时的价格并不高？这一问题涉及需求强度以外的其他变量，比如价值的稀缺性、独特性等。我们将其他变量设定为常数，即不变的量；在其他变量相同的情形下，再分析不同的需求强度对价值评估的影响。下面分析其他因素，也采取同样的方法）。同一顾客群，在不同的情境（场景）下，对同一价值的评估相差甚大。出国旅游的朋友到了异国他乡，往往会对榨菜、辣酱这些国内很便宜的食品更加青睐和热衷。而不同的顾客群，针对同一种价值的需求强度也相距甚远。比如有些人非常迷恋麻将，而有些人毫无兴趣。

（2）稀缺性

系指供给的有限性。某些产品（服务）来源于存储量稀少的自然资源（比如翡翠）；或者价值制造过程（设计、制造）复杂、漫长导致供给数量较少（比如手工制造的高级手表）；或者处于垄断地位的供给方控制了供给数量（比如香港的住宅用地供给）……产品（服务）在稀缺情形下只能通过价格提升来实现供需平衡。而顾客之所以接受稀缺产品（服务）的高定价，有时是因为在高需求强度下不得不如此，有时则是因为顾客对稀缺性本身给予较高的价值。稀缺意味着少，而少本身就是一种价值，它可以使顾客获得心理满足（比如人无我有的自豪感等），同时衍生出保值、增值等其他价值。奢侈品领域的限量游戏，正是利用了顾客物以稀为贵的心理。

（3）独特性

系指在特定的时间和空间内，产品（服务）的某些价值是差异化的、与众不同的，市场上不存在与之相同或者相似的价值。独特的反义词是替代，替代程度越低，独特性就越大。同时，在顾客眼中，独特性价值就是新价值，是与时间因素相关的。因此，顾客对独特性价值的评估可以分解为两个方面：一是对独特性价值本身的评估——如果它们正好切中了顾客未被满足或未能很好满足的需求，就会获得较高的估值乃至溢价性估值。所谓溢价，是指价格超出了价值（当然，是否溢价并无客观、准确的标准，但人们凭经验和常识基本上能作出弹性的判断）。二是对附属于独特性价值的时间价值的评估。对于独特性价值的时间差——领先于其他供给者出现于市场，顾客会给予评估的增量（参见第十一章）。

（4）认知和介入

这里的认知是指顾客对产品（服务）价值的了解和理解，即顾客所具有的相关知识基础。顾客认知或知识与其对产品（服务）价值的评估之间，关系较为复杂。顾客对产品（服务）的价值一无所知或认知甚少，很可能导致对价值的漠视和忽略——对交响乐完全不懂的人，怎么可能理解和尊重贝多芬的价值？但是，在另一些消费领域，顾客的无知恰恰成为厂商通过传播影响顾客认知、提高顾客估值的条件和契机——这在保健品行业司空见惯。反过来，顾客对产品（服务）价值的知识越全面、越深入，很可能对产品（服务）的价值就越欣赏、越重视。很多读者朋友是某种消费品的玩家，同时也是专家，两者互动，共同提升——越是专业，就越是迷恋；越是迷恋，就越驱动自己成为专家。但是，当顾客和产品（服务）价值之间不存在信息（知识）不对称时，对某些产品（服务）来说，顾客的价值评估有可能更客观、更准确，从动态角度看估值有可能下降。通过上面的分析，我们可以得出两点结论：第一，顾客认知与价值评估之间的关系，在不同的产品（服务）领域呈现出不同的变化方向；第二，帮助顾客提高认知、增加知识，消除信息不对称，为顾客提供客观、坚实、合情合理的决策支持，是顾客价值导向的体现，也是营销境界递进的路径之一。

这里所说的介入，是指顾客参与产品（服务）的价值创造过程。开放价值链，全程与顾客交互，不仅能听取顾客的意见，把握顾客的需求脉动，在创造产品（服务）价值时体现顾客的意志，同时能使顾客更加理解和重视产品（服务）的价值。总的来说，顾客介入程度越深，对产品（服务）价值的估值就越高。介入意味着体验；各种类型的顾客体验，是帮助顾客评价、提升顾客估值的重要机制和途径。

（5）认同和信任

认同是顾客对产品（服务）提供的价值以及品牌价值主张的认可、接受和共鸣；在认同的基础上，顾客进而会对产品（服务）的价值及其品牌（企业）产生信赖。认同和信任的对象，可能是产品（服务）价值的来源和理由（价值的背后逻辑），产品（服务）价值的可靠性、真实性和一致性（企业宣传的价值和实际价值相吻合），也可能是产品（服务）价值提供者（厂家、渠道）的背景。认同和信任本身就是顾客价值的组成部分（品牌价值就源于顾客的认同和信任），同时是影响顾客价值评估的因素。同样的产品，为什么中国消费者要去日本、德国购买？很大程度上是因为对日本、德国企业和品牌的信任。显然，认同和信任和价值的评估具有正相关关系。越认同、越信任，顾客就会越放大价值的意义。

（6）收入水平

顾客的收入状况和收入水平会从收入效应角度制约需求，同时会影响价值评估（这是制约需求的另一路径）。收入越高，顾客对产品（服务）价值评估（用价格来衡量）上限的容忍度就越大，物有所值的心理尺度也就越高。城市里的一群“吃货”到农村去吃农家菜，大喊土鸡便宜、土鸡蛋划算；其实在当地老乡心目中，这些产品的价格已经很高了。再如，富有的企业家或高级经理人如果喜欢能彰显身份和气质的名牌领带，会觉得几千元一条也是合适的、可以接受的。

（7）文化背景

任何顾客都处于一定的文化背景和文化氛围之下。文化因素对顾客的价值评估持续产生深刻的影响。首先，虽屡经冲击甚至摧折，但文化传统和习惯（群体心理和集体无意识）不绝如缕，或强或弱地影响顾客的估值导向、标准和水平。撇开宗教因素不论，近年来，体现传统价值观和审美风格的产品（服务）——主要体现在房地产、餐饮服务、服装、健康、文化娱乐等行业和领域——似乎越来越受到特定顾客群的重视和青睐。关于某某王朝、帝国高层权力运作的电视剧，很多人食之如饴、津津乐道；源于古老中医（有的未必是真正的中医）理论的养生方式方兴未艾，不少人趋之若鹜……其次，社会上的潮流也可以理解为时尚，会裹挟大多数顾客趋赴、热衷、追捧某些短暂的流行价值。如果说文化传统是静水深流，那么社会潮流则是水面上的浪花。它与传统有关，也受外部信息、知识和文化影响；在一段时间内，它是市场的热点。最后，顾客所处的社群文化对其价值评估影响甚大。相对于全社会的文化传统和潮流，社群文化是一种亚文化。它由社群成员创造，也会作用于社群成员的心理和行为。社群有很多类型：基于职业的，基于地域的，基于共同爱好的，基于共同喜爱的偶像的……社群成员之间的互动会不同程度地使社群成员的价值评估趋同。美国中部、南部广大地区的消费者大多喜欢传统的美式家具，而东部都市群和西部硅谷的消费者则多数倾向于现代风格。豆瓣网上同气相求的小资和中产影迷们，经常同时给予一些电影差评或好评。明星后援团的成员越是和明星以及彼此间高频次交往，明星的估值越会高涨。需要说明的是，我们这里说的社群是广义的和多层次的，它基本上对应于目标顾客群。狭义社群如微信朋友圈、企业顾客会员、校友会等也包含其中。

（8）市场基准

顾客对产品（服务）价值的评估离不开评价的参照物和标准。它们要么是市场上同类产品（服务）的估值，要么是具有替代关系和相似功能的他类产品（服务）的估值。顾客评价任何产品（服务）的价值时，都会自觉或不自觉地找出或设定一个乃至多个评价标准（上限标准和下限标准），看看与标准相比，评估的对象值不值。营销专家发现，顾客在进行价值评估时，最初接触到的产品（服务）估值（比如一辆汽车值多少钱）会起一定程度的锚定作用，即先入为主所形成的思维和心理定式。但在动态的竞争进程中，市场上的估值基准——常常由市场领导者规定——不断变化，锚定作用亦会消解（或者说，不断形成新的锚定效应）。若干年前，深圳核心区域高档住宅的估值基准差不多是每平方米数万元，而当下人们已将香港同类住宅现有价格作为未来几年的估值基准。

有的读者朋友也许会问：有没有全新的产品（服务）在一段时间内没有估值的市场基准？理论上存在，现实中很少。长周期的技术革命初期或许会出现这样的产品（服务）。全新产品（服务）在市场渗透期，总会有一些激进的顾客率先尝试；他们在不断的试错以及和供给者的博弈中，会找到自己认为合适的物有所值的均衡等式。这就是后续的消费者所参照的市场基准。

基于价值曲线的顾客认知价值定价

本章第一节中提到，在市场竞争以及存在差异化价值的情形下，企业的定价方式为顾客认知价值定价。具体如何操作呢？

在此，我们再一次运用价值曲线工具（参见本书第七章）。首先，我们把作为顾客价值评估基准和比价标杆的同类产品品牌（通常是领导者品牌）的价值曲线描绘出来（见图 12-3）。

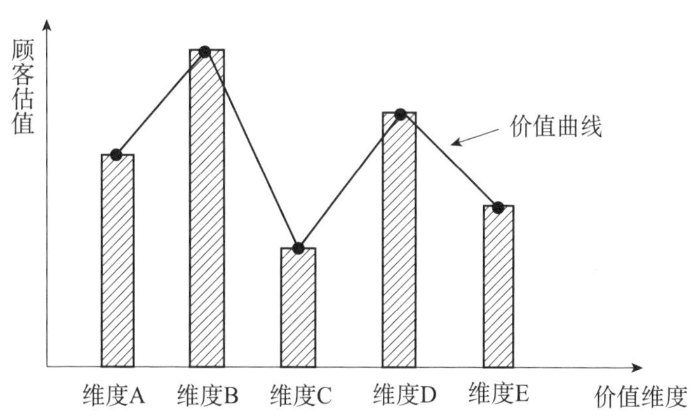

图 12-3　标杆品牌产品（服务）的价值曲线

图 12-3 中，各价值维度来源于产品（服务）的价值组合（参见本书第六章）。不同种类的产品（服务），价值维度的定义和数目不同。图中的每个标高代表顾客现有的估值（可以用价格来表示）。

其次，将本品牌产品（服务）相同价值维度的顾客估值与标杆品牌一一对比，把每个价值维度的估值差距描绘出来（见图12-4）。

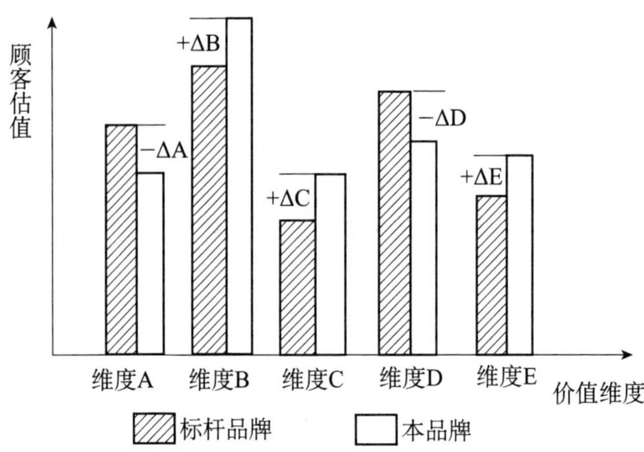

图 12-4　本品牌产品（服务）与标杆品牌的估值对比

图 12-4 中，本品牌产品（服务）各价值维度的估值根据目标顾客调查得出。凡是价值存在优势的，顾客的估值就会高一些；凡是价值存在劣势的，顾客的估值就会低一些。当然，估值的具体差距（图 12-4 中的“+Δ”和“−Δ”）不可能精准，只能站在顾客角度进行模拟。实用性、功能性价值维度的估值可能会准确一些，心理性价值维度的估值弹性比较大。

最后，根据标杆品牌产品（服务）的估值（价格）以及本品牌产品（服务）与标杆品牌各价值维度的差距，可以计算出本品牌产品（服务）的价格。如果考虑不同价值维度在顾客心目中的不同重要程度，就需要导入各价值维度的权重。而权重的具体分布，需要根据对顾客的理解、分析和判断加以确定。依据图 12-4 得出的顾客认知价值定价公式为：

$$P = P_{标} + (-\Delta A \cdot X_1 + \Delta B \cdot X_2 + \Delta C \cdot X_3 - \Delta D \cdot X_4 + \Delta E \cdot X_5)$$

式中，$X_1 + X_2 + X_3 + X_4 + X_5 = 100\%$。

通过上式可知，如果本品牌产品（服务）顾客总的认知价值（估值）大于标杆品牌，那么本品牌产品（服务）的价格将高于标杆品牌；反之，则低于标杆品牌。从动态竞争角度看，标杆品牌和与之对标的品牌之间会持续进行性价比竞争。只有极少数创新品牌能够摆脱这种顾客认知价值竞争，凭借其他供给者一段时间内无法企及的顾客价值优势，进入超越竞争的境界。

从操作角度看，顾客对价值的评估以及与标杆品牌产品（服务）价值的对比，为产品（服务）定价提供了一个基础性的比较宽泛的依据。在此基础上，可以根据其他要求和因素进行调整。从经营目标角度考虑——或偏向于数量（规模/份额）、或偏向于利润、或偏向于收入（数量和盈利相平衡），可以对价格进行不同方向的改变。从竞争角度考虑，既可以采取有效抢占顾客资源的超值价格策略；也可以反过来采取盯住少数顶层顾客的溢价和撇脂策略；还可以为了彰显品质领先，对于顾客认知价值与竞争品牌相同的产品，特意将其价格与竞争品拉开一定的差距等。

第三篇

连接

第十三章

CONNECTING

Marketing Strategy Based
on Customer Value in Internet Age

互联网时代的连接模式

传统的连接模式

本书前面两篇分别分析了需求和价值。需求发生在消费端（即所谓的C端），价值由供给侧的企业（即所谓的B端）提供。只有将需求和价值连接起来，才能真正形成“从需求中来，到需求中去”的端对端闭环，才能使顾客需求得到满足、顾客价值得以实现。

传统的连接模式为两层基本上相互独立的桥梁：一是顾客认知链，二是产品（服务）交易链。从企业角度看，前者是传播链，后者是流通链。而传播的基本特点是大众传播，流通的基本特点是从分销到零售多层次交易。如图13－1所示。

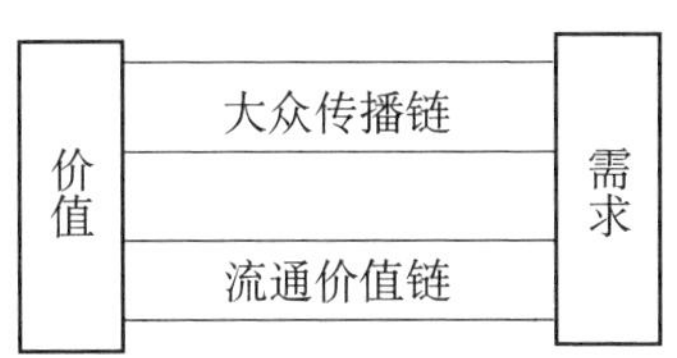

图13－1　连接供需的两座桥梁

我们先来看看大众传播链。它的特点是：

第一，面向未区分的大众顾客；追求传播的广度、范围和到达率。

第二，传播的方式为单方向传播，好比登上山顶向下高声呐喊，属于与顾客的非直接接触。

第三，尽可能控制传播的制高点和资源，既包括媒体，也包括内容和吸引注意力的认知资源。大众传播模式下，传播范围最广、传播效应最强的制高点，是中央电视台及其独播的重大事件/活动，如奥运会赛事、世界杯赛事、春节联欢晚会等。

第四，传播竞争的关键是资源（资金）投入。投入越大、传播密度（传播压强）越大，传播成功的概率越大。可以说，高强度传播是塑造品牌、实现品牌增值的必要条件。

第五，通过时间上的反复传播和空间上的整合传播（使消费者在不同时间、不同场景反复接触广告信息），营造消费者无法逃遁的信息场，影响和控制接收者的认知。

我们再来分析传统的流通价值链。它是产品（服务）从供给方传递、交付给顾客的中介和过程。就实物产品而言，流通价值链通常包括分销（distribution）、零售两个环节和经营形态。零售比较容易理解，且无歧义；而分销有广义和狭义之分。广义的分销和流通其含义基本相通，包括狭义分销，也包括零售，即商品的销售——它立足于销。而狭义的分销立足于分，强调将商品分别销售至下级渠道以及各个零售终端。它和批发的含义基本相同。细细辨析字义，批发有纵向地将商品向下层发送的意思（似乎有计划经济的痕迹），而分销则意指横向的分散化。我国电脑、手机等行业基本上与国际惯例接轨，采用分销的狭义概念。而在家具、家电、建材、服装等消费品领域，均按分销的字面意义，将其定义为面向消费者分别销售的零售。本书中出现的分销均取狭义。需要专门说明的是，传统的分销企业通常具有物流配送功能；但分销和物流是可以分离的，物流企业未必是分销企业。

流通价值链上的要素主要有商流、物流和信息流。其中，商流是核心，由两个方向相反的子流组成：其一是从链条上游向下游的商品所有权流动（注意，不能笼统地称为商品的流动，这样容易与物流混同。尤其当商流、物流相分离时，这种区分尤为重要）；其二是从链条下游向上游的资金流动。物流是商品物质形态的空间移动，它是供需衔接的保证。而信息流在流通价值链中更具平台属性，是商流、物流有效运行的基础和前提。传统流通价值链上的信息流以下行信息（进、销、存信息）为主，而互联网时代的信息流则以上行信息（顾客需求信息、终端订单信息等）为主。

在传统模式下，大众传播链和流通价值链基本上是相互独立的，但两者有一个交集——零售终端。在终端层面，既发生面向顾客的传播，也存在与顾客的交易；终端的促销活动和推广传播既属于传播链，也属于流通链。

互联网背景下的连接：两个桥梁，三个空间

读者朋友可能感到奇怪：为什么将传播和通路这两个关联度不太高的要素放在一起分析？最重要的原因是：在互联网背景下，传播价值链和流通价值链产生了融合，实现了一体化。传统连接方式和桥梁因此发生了重大变化（见图 13－2）。

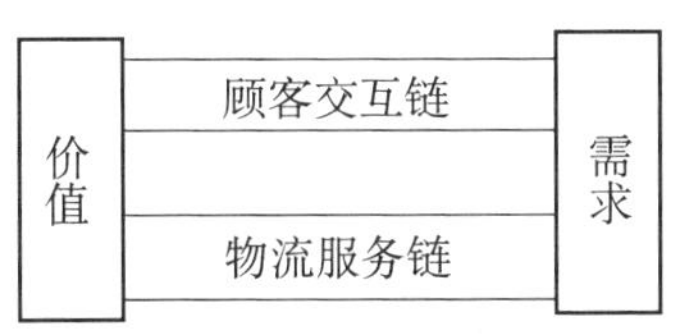

图 13－2　连接供需的新桥梁

新桥梁和老桥梁相比，发生了两个变化：第一，大众传播链和流通价值链相互融合产生了顾客交互链。第二，原来的流通价值链分离出物

流服务链。所谓顾客交互链，是指企业与顾客互动和合作的过程。和大众传播链相比，顾客交互链上企业（品牌）交互的对象是特定的目标人群，双方交互的形态以反馈式、循环式为主；交互的目的和内容是使顾客对产品（服务）以及品牌的价值、特性产生认知，使交易达成（销售实现），以及构建双方长期合作的伙伴关系（见图 13-3）。

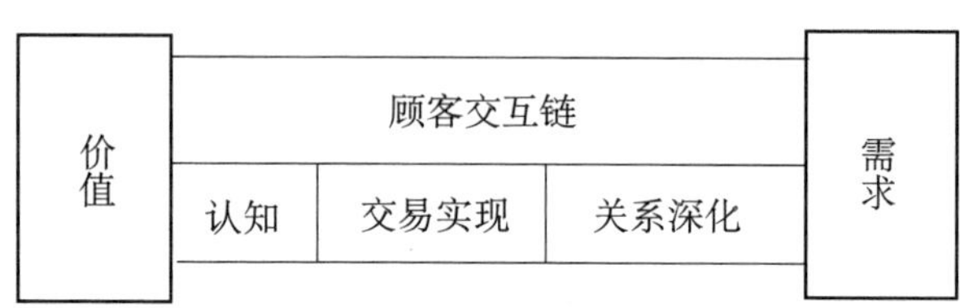

图 13-3　顾客交互链的环节和内容

顾客交互所发生的空间主要有三个：一是互联网（包括移动互联网）的虚拟空间；二是企业/品牌由目标顾客（包括老顾客群和潜在的顾客群）组成的社群；三是顾客亲身体验的实体及物理空间（零售终端以及其他场所，也可以统称为现场）。这三个空间存在一定的交集（见图 13-4）：顾客社群既在线上，也在线下；社群中的部分成员来源于零售终端以及其他线下场所；而零售终端等场所亦会接纳社群成员前来体验和选购。同时，线上、线下相互引流；线下零售终端及其他场所将成为把顾客（流量）引向网络空间的入口；随着商业智能时代的到来以及增强现实技术、虚拟现实技术等的应用，物理空间和虚拟空间的界线将会变得模糊，两者会出现一定程度的叠合。

当虚拟的网络空间、人—人连接的社群空间、以零售终端为主的现场实体空间形成结构化的组合后，流通价值链会发生重大变化。就实物产品而言，从制造者（B 端）到消费者（C 端）之间的流通环节将越来越少，路径将越来越短；从流通形态上说，直销（制造企业直接与消费者对接）、直供（制造企业直接与零售网络对接）的比重将会

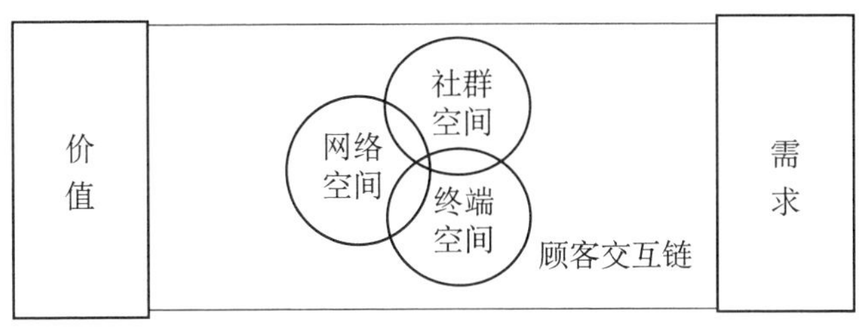

图 13-4　顾客交互链的三个空间

增大，而分销空间将会缩减（只有当零售网点数量较多且分散时，分销才有存在理由）。与此相对应，流通价值链中的物流配送功能成为顾客价值实现的重要支柱和保证；它逐步从原来的分销体系和网络中分离出来，成为独立的价值链。

需要指出的是，从供给侧到消费端连接桥梁的变化，并不意味着原有的大众传播链和流通价值链不再运行、不起作用了。实际上，新的连接模式目前尚处于起始阶段，只有极少数企业开始探索和尝试——它们的做法可能喻示着未来的趋势；而大部分行业中的大部分企业仍然沿用传统的连接模式，其中的佼佼者依然能在市场上取得巨大的成功。手机、家电、家具、服装、食品等领域不乏这方面的案例。新旧连接模式长期并存，将是我国市场营销实践的显著特点之一。

新的营销法则：认知、交易、关系一体化

网络、社群、终端（现场）这三个空间，既是具有不同特征的媒体，也是交易发生的渠道，还是构建关系的途径。也就是说，这三个空间内，顾客交互链上的三个环节和功能并存。企业（品牌）在这三个空间内的营销活动和实践，可以同时达成顾客认知、产品（服务）

交易和客户关系深化三个重要目标（见图 13－5）。

网络空间	社群空间	终端空间
认知	认知	认知
交易	交易	交易
关系	关系	关系

图 13－5　三个空间内的三种营销功能

三个空间从范围角度看，网络空间最为宽阔，社群空间次之，终端（现场）空间最小。它们由虚而实、由宏而微，相互关联和嵌合，构成了结构化的顾客交互之场（见图 13－6）。

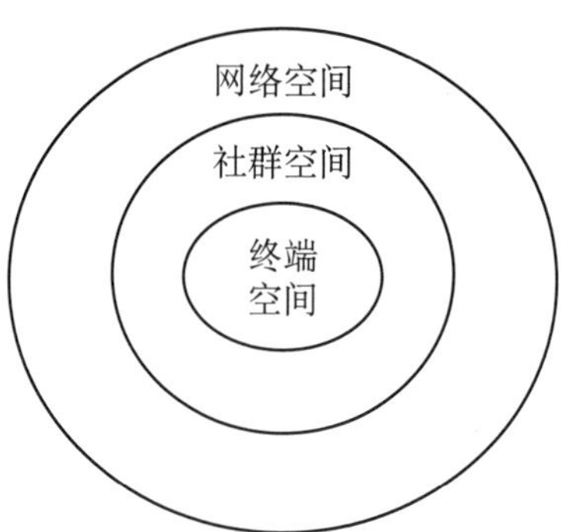

图 13－6　顾客交互的场结构

具言之，这三个空间为顾客提供了不同内容、不同形式、不同特征的认知和体验环境，它们相互补充、相互关联，构成了立体媒体和全域场景。所谓立体，主要指线上线下、终端内外；所谓全域，主要指顾客可能发生认知和体验的全部场合和情境。作为媒体，网络空间的主要特点是信息传播范围广、传播方向多、传播速度快（常常爆发性地传播）、信息受众（接收者）和传播者相统一、无中心无边界网络状链接、社区（社群）互动效应较强、传播精准度高等。因此，对企业来说，既能进行面（宏观）上的高效传播，又能进行群、点（微观）上的精准沟通，还能进行反馈式的深入互动。未来，网络空间将会成为媒体大厦中的主体。而社群空间的主要特点是：交互双方（多方）直接接触、反复接触；不仅可以精准、深入沟通，而且有利于双方构建紧密的关系，实现心理、精神以及情感层面的契合和交融。社群未来将成为深化顾客关系的关键。零售终端以及其他物理空间作为媒体，主要功能是使顾客能够切实感知、体验产品和服务的实体形态、功能和利益实现方式，以及具象、生动、细节丰满、质感强烈的展示氛围和审美环境。

显然，立体化和全场景媒介，不仅是顾客认知、体验之场，也是全渠道，即前面所说的顾客交互链和流通价值链相互融合了。这是互联网因素对营销模式的重大影响之一。全渠道既包括互联网以及移动互联网上的电子商务渠道（线上卖场），也包括顾客社群内的人际直销渠道，还包括线下的零售渠道（固定的零售终端以及不固定的零售场所和设施）。对顾客来说，当媒体成了渠道，认知和交易也会相互叠合——认知即交易。在三个空间内，顾客对产品（服务）的价值有了认知和体验，往往会立即产生购买的愿望和冲动。在互联网背景下，认知和交易基本上不会发生时间上和空间上的隔离；一旦有了购买要求，随时随地都可以提交订单并实现交易，可以便捷地依托这三个空间、途径获取产品和服务。

借助这三个空间，企业可以与顾客构建长期合作伙伴关系。交易其实不是最终目的，也不是与顾客交互的终点。恰恰相反，交易是顾客关系深化的起点——交易即关系。现代营销理论的奠基人之一西奥多·莱维特曾说：“成交就是完婚，只不过是求婚成功和婚姻生活的开始；婚姻生活的好坏，则取决于卖方对双方关系的管理。”[①] 关系营销

① 西奥多·莱维特．营销想象力．北京：机械工业出版社，2007：115.

的思想早就有之，但到了互联网时代才具备较大范围、较高效率操作的条件。深化顾客关系的关键要素和核心环节是社群，而社群的维护和有效运作高度依赖于互联网。首先，互联网是社群数据的来源，而数据是发现社群成员、选择社群成员、个性化地服务社群成员、与社群成员精准互动、为社群成员提供各种优惠以及组织社群活动所不可或缺的。其次，互联网为社群成员的表达、信息共享、讨论反馈、横向链接等提供了平台和高效机制。没有互联网，就不可能保持和提高社群黏度和温度。

连接网络、社群、终端三个空间的纽带（组合、关联的内在机制）主要有两个：一是顾客价值链。它的每一个环节——从信息收集、比较选择、决策购买到使用保有、更新换代——都穿越这三个空间；换个角度看，通过这三个空间，企业对顾客价值链的每一个环节都提供服务。因此可以得出结论：这三个空间里，顾客交互链是顾客价值链和企业价值链中若干个环节的交融。顾客价值链端对端地循环往复，周而复始，构成了顾客全生命周期，这三个空间都与之相伴。二是与顾客交互过程中发生的数据流。网络、社群、终端都是信息流（数据流）的入口，也是数据流的出口；彼此之间数据双向流动。对企业来说，在这三个空间中，设计数据流的整体结构、构建数据流的网络管道以及共享机制、利用数据资源进行敏捷化、精准化、智能化、人性化营销运作，是获得市场优势、积累顾客资源的关键所在。

营销模式的差异：三个空间的不同组合

不同的企业根据自身目标市场、产品形态、顾客价值、生命周期、资源能力等变量和因素的特点，可以对这三个空间进行不同的组合。具言之，有些企业的顾客交互（营销、销售活动）在三个空间发生。而有些企业则只在两个空间内发生，或者涉及三个空间，但重点在其中的两个空间。同时，在空间组合确定的前提下，企业可以将认知、交易、关系三个功能在既定的空间内进行不同的分布。比如，同样是虚拟空间，有些企业赋予其渠道和交易功能，有些企业则仅仅赋予其顾客认知及传播、沟通功能（即线上不交易，只认知）。再如社群空间，有些企业将其定位为维护和深化关系的机制和途径，有些企业则将其作为主要的销售网络（社群分销和直销）。

由于三个空间组合以及顾客交互三个功能分布的不同，各个企业形成了差异化的营销模式。对大多数消费品企业而言，三个空间“一个都不能少”；需对它们进行整体考量和结构组合，并依托数据流，在三个空间内引流，使之形成彼此呼应和相互增强的机制（见图13－7），从而使顾客体验整体最优、顾客交易成本整体最低以及交易整体最大。这就是结构产生能量。

以主流手机企业为例，一方面，在互联网/移动互联网上听取顾客意见、与顾客互动讨论，展示新品，进行市场测试，发起会员活动，提供会员优惠（这是互联网上的社群运作），并提供交易/销售服务。另一方面，拓展线下实体零售店渠道，按照掌控终端的理念强化终端的现场体验、品牌宣传和产品销售等多重功能。同时，在庞大的产品用户和会员人群中，选择部分粉丝举办线下互动活动，通过多次、持续、直接的接触，融入顾客生活，深度理解顾客需求，深化顾客关系。从引流角度看，线上（网络）和线下（终端）互引、社群和终端互引、社群和网络互引，在多个方向上叠合发生。

当三个空间并存时，顾客认知和关系这两种功能不会发生三个空间

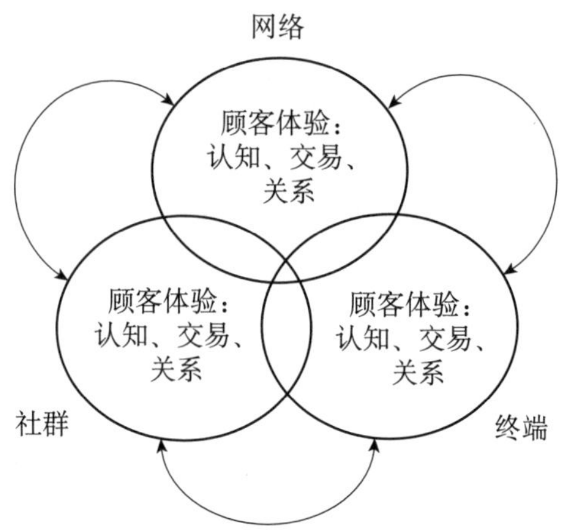

图 13－7　三个空间的功能组合和相互引流

之间的冲突；但是三个空间的交易（销售）功能却会产生摩擦和冲突，即不同销售渠道之间的冲突。电子商务刚刚兴起的时候，有些产品制造商将其理解为具有前途的新型通路，在一些电子商务企业的引导乃至裹挟下，在线上以低价吸引流量，使线下渠道利益受到损失（产品销售的利润下降甚至不复存在），从而导致线下渠道资源和顾客资源流失。这对原本以线下销售为主的企业而言，几乎是颠覆性的冲击。经过几年的摸索，目前，大部分产品制造商已经开始整体统筹、规划线下、线上通路结构，使两者相互协同并产生最大的效果。为避免线上、线下的渠道冲突，可以将它们适当区隔——要么按目标市场区隔，要么按产品区隔。有的企业将线上价格作为线上、线下全渠道价格的标尺，根据需要进行高或低两个方面的调节；有的企业和通行的做法相反，将相同产品的线上价格定得比线下还高；还有企业利用线上顾客交互途径进行新产品的价格测试。总的来说，虚实通路之间的冲突目前已基本解决。

对许多企业而言，设计顾客交互链时只组合了网络、社群、终端三个空间中的两个。

（1）终端＋网络

一些消费品企业，产品面向数量众多、分布广泛的大众消费者，组织、运作社群时面临范围窄、效率低、黏度差的客观难题，因此，营销的重心不在于社群空间，而在于实体零售体系，同时在网络空间做一些顾客互动、产品（服务）交易的尝试。从认知、交易、关系三个功能的分布看，交易无疑以终端为主，同时开辟线上的销售窗口，有控制地适度销售。认知和关系则两个空间兼有。这种状况在家电、家具、食品等领域较为常见。有些传统企业交易绝大多数（甚至全部）发生于实体终端，关系营销（社群营销）基本上没有什么操作，而顾客认知基本上依托于传统媒体。这样的营销组合未来面对新生代（互联网）顾客群时，很有可能会被市场淘汰。此外，有些交易、认知、关系背景发生在网上的企业和品牌，近年来开始将触角伸向线下，尝试建立实体零售终端，这属于网络＋终端模式。

（2）网络＋社群

这是近年来一些以互联网思维进行营销尝试的消费品企业的常见做法。这种模式没有设置线下通路和实体终端网点，所有的顾客体验（认知、关系、交易）都发生在线上（包括移动互联网）和社群空间内。它避免了开设实体终端的种种负担和难题，比较适合轻资产式的创业。在母婴产品、时装、休闲食品等细分领域已出现不少用这种模式实现快速增长的案例。例如，一家儿童服装品牌企业没有线下实体店，线上（网络和 APP）汇聚了产品展示、顾客下单交易、会员征集及会员服务、促销活动安排、顾客互动交流等多种功能；同时，在线下频繁举办各种年轻父母及儿童感兴趣、乐于参与的活动（模特比赛、儿童摄影、艺术表演、亲子旅游等），增强社群的黏度和温度。一些网红类电子商务企业或经营者也采取了这种模式。

（3）社群＋终端

这种模式的特点是：线下实体终端为顾客提供实物体验以及现场交易服务，同时通过社群媒介（主要是微信公众号/服务号、朋友圈）和社群活动构建顾客信息分享和互动机制，发展与顾客的关系。社群同时是一种销售渠道——主要以微商的形态出现。在食品、服装、工艺品/艺术品、健康产品等领域，这种低成本运营模式受到创业者的欢迎。比如在小区开设有机生鲜产品的体验店，方便小区顾客（家庭主妇为主）选购；同时将部分顾客（包括潜在顾客）组建为社群，举办一些小区内的线下活动；借助微信平台与社群成员进行沟通，引发社群成员彼此交流，并发现和培养社群成员中的意见领袖以及网红。社群运作和活动能够有效地促进终端及微商通路销售。由于社群运作必然涉及互联网（微信也是互联网的组成部分），因此这种模式发展下去必然成为网络＋社群＋终端。

三个空间组合的依据

前面我们介绍了网络、社群、终端三个空间的几种组合方式。读者朋友一定会问：企业选择不同的组合方式（包括顾客体验的认知、关系、交易功能在不同空间的分布）的依据是什么？内在逻辑是什么？下面，我们分析若干影响因素。

（1）目标顾客群的特征

首先是顾客的范围、规模和分布特征。顾客范围越宽泛、规模越大、分布越分散，社群运作的难度越大、效率越低，网络空间在汇集顾客、与顾客沟通、方便顾客购买等方面的意义也就越大。反之，顾客边界清晰、规模较小、信息较易获取，则为社群运作创造了便利条件。

其次是目标顾客的行为特征、购物体验以及购物习惯。有些顾客（比如年轻的新生代）习惯于在网络上进行搜索、比较、吐槽（讨论）和交易，那么针对他们的营销和销售，必然以网络空间为重心和重点。反之，有些顾客（比如三四级市场的中老年顾客）依然习惯于线下实体店的体验及交易，那么终端的意义自不待言。

最后是目标顾客对社交方式的偏好。有些顾客热衷于社交，有些顾客则对社交不太感兴趣；有些顾客喜欢线下社交（比如大妈爱跳广场舞，富裕女性喜欢听养生课），有些顾客则迷恋网上的群体氛围（如在哔哩哔哩网站上一边参与弹幕一边观看视频的年轻人）。这些不同的偏好，既影响营销模式中社群空间的地位和作用，也影响三个空间内顾客不同体验方式的设计和组合。

（2）产品（服务）特征以及与之相关的顾客需求特征

第一，产品（服务）的知识含量和复杂程度。产品知识含量和复杂程度越高，越需要与顾客深度沟通，越需要帮助顾客认知，从需要的角度看越能激发顾客的探究意愿以及讨论、分享的兴趣。这种情形下，既需要在网络空间内将产品（服务）相关知识进行详尽的说明，也需要在网络空间内为顾客提供交流、分享的平台。对于这样的产品和服务，还需要在线下社群和终端（现场）空间深入互动，为顾客创造亲身体验的条件。

第二，产品（服务）的心理价值。心理价值尤其是情感价值越大，社群空间就越重要。观察国内外一些社群营销的案例，凡黏度大、温度高的社群，其所围绕的产品（服务）大多属于情感类和精神类，比如明星、时装、汽车等。美国歌手 Lady Gaga 在全球拥有数千万的巨量歌迷；其中百万左右的核心粉丝组成了粉丝社群——起名为小怪兽（Little Monster），在线上线下与Lady Gaga以及彼此互动、分享。这些“小怪兽”们投入了极大的热情，贡献了Lady Gaga收入中的大部分。反过来，心理及情感价值较少的产品（服务），组建、维持、运作社群的难度较大，社群的意义也相对较小；这同时意味着其他两个空间（网络、终端）更加重要。

第三，产品（服务）的顾客关切程度。不同的产品（服务），顾客的关切程度不同。所谓关切，是指顾客关心、关怀、参与、分享的愿望、态度以及相应的行动。关切程度取决于顾客利益、情感投入、理想追求以及意志信念等多种因素。它和需求强度有联系但也有一定的差异。关切度高的，通常都是需求强度大的；但需求强度大的，却未必关切程度高（例如，对饮用水顾客的需求强度很大，但关切程度未必高）。年轻的母亲对母婴产品的关切程度很高，这是她们愿意加入社群、交流心得的重要前提和必要条件。同样的例证还有某种严重慢性疾病的病友社群。和产品（服务）的心理价值一样，顾客的关切程度与社群空间的意义正相关。

除了以上三点，产品（服务）的购买、消费频次等因素也会对三个空间的组合产生影响。频次低，社群难以有效运作，而专业性终端和网络的意义凸显。华住（汉庭）集团之所以能充分利用规模积累数百万的会员资源，一个重要的前提是其目标顾客（其中包括会员）本身就是频繁出差、经常需要入住酒店的人群。

（3）企业自身的能力、资源和基础

很多企业之所以选择网络、社群、终端三个空间中的某个或某两个空间与顾客交互，很大程度上是由于受到企业成长阶段和客观条件的限制。有的新品牌完全没有线下终端基础，只能在线上谋求突破；

而当线上模式被资本市场青睐时，就会成为很多创业企业的首选。有的创业者刚起步时，手中资源非常有限，只能在小范围社群（例如，朋友圈或微信群）内进行营销渗透并逐步扩大社群边界。而有些传统企业本来在线下就具有良好的网络终端基础，其空间拓展的路径必然是从线下到线上、从终端到社群（例如，优衣库、无印良品等）。

第十四章

互联网空间内的心理连接

互联网时代顾客沟通新原则

随着新生代消费者成为我国市场的主体，以及互联网（移动互联网）成为全社会主要的传播、沟通工具和机制，企业（品牌）与顾客的沟通及传播应遵循新的原则：

第一，从大众传播到分众传播。国外营销专家早就提出了分众营销的主张，国内市场上这方面的实践则刚刚起步。随着消费者层次、类型的增加以及互联网等传播途径的丰富，分众传播既具有必要性，也具有可行性。今后，除了少数面向大众市场的品牌主要借助大众媒体传播，绝大多数企业都需要根据目标市场定位在分众的范围内找到合适的沟通主题和传播组合。“分众”也是一个动词；不断细分的结果则是一对一沟通。

第二，从粗放沟通到精准沟通。分众传播是精准传播的体现。进而言之，精准既指传播对象（目标受众）的精准，也指通往传播对象的传播途径（媒介）的精准，还指传播内容的精准。在信息涌流而过剩的环境下，企业（品牌）需要找准沟通点，考虑顾客的认知心理特征，关注顾客的核心利益，在沟通内容方面体现真实性、可信性以及差异性，与受众深层次的价值观、思维方式以及情感相通。从营销技术角度看，精准沟通在一定程度上以顾客数据分析为前提和依据。

第三，从功能性传播到情感性传播。企业推广产品和品牌时不仅要关注具体的、实用的功能性概念，而且要注意情感性诉求。只有这样，才能真正打动消费者的内心。与消费者丰富的情感世界相契合，引发消费者百感交集、难以言状的心理感受，将成为品牌塑造的基本方式。这不仅要求企业（品牌）在沟通内容的设计上更加注重情感类、情绪类主题，同时要求企业在创意和表达形式上更加亲切、生动、有趣，更加风格化、个性化，更为受众所喜闻乐见。

第四，从灌输型传播到启发型传播。面对自主性强、个性化程度高的新一代消费者，再也不能沿用以往"我打你通"的单向传播模式，而是要激发消费者对产品及品牌的自主认知和理解，借助消费者的心理机制和情感机制真正实现传播定位。输送给消费者的信息、符号和内容，往往不再是最终的结论和答案，而是使之思考、体会的材料；往往不再是赤裸裸的诉求，而是供其体验、参与的背景和契机。在互联网背景下，需要借助每个受众都是信息生产者的自媒体机制，使受众自主、自发加工并传播信息，形成速度快、范围广、参与者多、参与者投入程度高、多轮次信息激荡的网络传播效应。

第五，从交易前传播到交易后传播。以往的传播常把焦点和重点放在对消费者购买行为的驱动上。这无可厚非，但仅仅做到这一步是不够的。依据培养顾客忠诚的关系营销理念，交易达成是双方长期合作的开始，因此与顾客进行持续、规范并且鲜活的沟通，将成为市场营销的通行做法。可以预计，客户关系管理模式以及各类社区、社群沟通模式，将会得到更加广泛的应用。

第六，从单一传播到立体传播。多种传播手段、途径并存，一方面可以发挥不同媒体的优势（同时避开各自的不足），另一方面可以相得益彰，取得整体大于局部之和的系统效应。在众多的媒介形式中，与消费者直接接触的直效传播，互联网上的虚拟社区传播（包括手机、微信等平台的移动传播)，终端、线下社区等现场的体验式传播，将会成为沟通的主流。其基本特点是直接、互动、准确。

以上诸种变化，目的在于使沟通更有深度、更为人本，企业（品牌）与消费者的关系更加融合——双方达成心理默契，彼此间有令人感怀的情感纽带，合作关系持久、牢固。

互联网媒体的组合策略

我国大多数企业对传统媒体较为熟悉。在以往的营销传播实践中，出现了许多利用传统媒体迅速实现品牌增值的成功案例。但在今天线上线下全媒体的传播环境下，不少企业对互联网媒体有些生疏。不利用互联网媒体，似乎不能与新生代顾客有效沟通，也不能适应互联网时代的未来竞争。但一些企业在互联网上投入了体量不小的传播资源，效果并不明显，传播效率很低。以往站在山顶（垄断性传统媒体）“一览众山小”“一呼天下知”的传播效应在互联网上不复存在。引爆全国的传播实际上很难出现。因此，有必要对互联网空间内的传播策略进行系统的研究。其中的重点和关键之一是互联网媒体的选择和组合。

互联网是一个连接众多主体、汇集和流转各类信息的巨大平台。在这个空间内，媒体种类繁杂，呈离散式、分布式结构（无中心）。总的来说，互联网媒体中既有搜索、社交平台等领域的少数短头，也有数量庞大、形态各异的长尾（包括各类小范围的社会化媒体以及自媒体等）。就后者而言，互联网媒体具有碎片化的特征。由于互联网媒体形态复杂，因此有必要对它们进行分类。在此，我们提出一个二维分类框架：维度之一是媒体影响人群的广度和范围；维度之二是媒体信息通道上信息传递和流转的方向。由此形成四个象限（见图 14－1）。

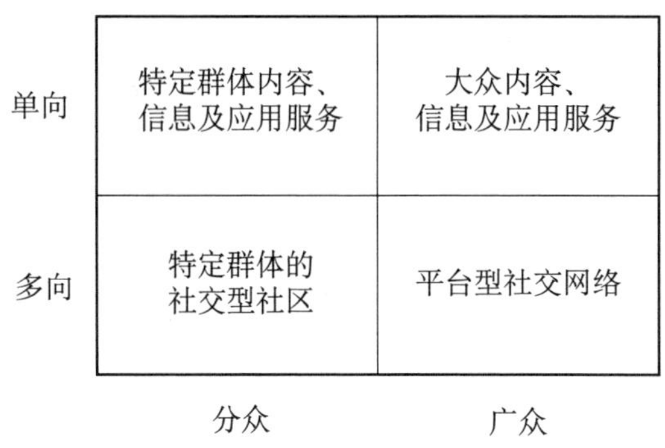

图 14－1　互联网媒体的分类框架

图 14－1 中的广众是指未细分的、范围广泛的顾客群体；分众则指细分后的特定人群（它们自身也有范围相对较大、较小或很小、微小之分）；单向是指信息在发布者和接收者之间单方向传播，至多是彼此之间双向传播；多向是指信息接收者获得信息后再将信息——可能经过加工处理——传递给多个方向，形成发散式的复杂信息和反馈网络。也可以这样说，有横向社交功能的就是多向，无横向社交功能的就是单向。

在四个象限中，广众—多向的媒体主要包括适合众多人群、范围广阔的平台型社交网络，如微信、微博、QQ、163 信箱、推特、脸书等；广众—单向的媒体包括面向众多人群的非社交型内容、信息及应用服务，如新闻、搜索、地图、快车、点评、论坛、电子商务、视频音频服务等网站（APP），以及微信公众号（服务号）等。分众—多向的媒体包括面向细分人群、有一定范围边界的社交网络，如某些具有社交功能的主题性会员社区，以及微信群、微信朋友圈等。分众—单向的媒体主要包括针对特定人群的信息及应用服务，如专业性知识及视频音频服务等网站（APP）。

理解了互联网媒体的分类，基于分类媒体的媒体组合策略就会变得清晰。显然，广众—分众媒体的选择，取决于企业自身的目标市场定位。对可口可乐、农夫山泉这样的大众消费品牌而言，利用具有垄断地位的互联网短头（独角兽）媒体是必然的选择，这和其传统媒体策略基本上是一致的。而对面向细分市场的品牌而言，只会选择受众范围与自身目标市场范围相叠合的媒体。分众领域的互联网媒体，受众指向通常很清晰，并且有数据的支撑，这为企业（品牌）制定媒体策略提供了方便。这也是互联网媒体超越传统媒体的地方。

在单向—多向维度上，多向媒体肯定是重点和主流，这是不言而喻的。目前单向媒体都努力使自身具有社交属性，从而变为多向。互联网上的单向媒体和传统媒体相比，除了传播方向可能更精准，并没有什么本质不同。而多向媒体兼有传播广度（范围）、深度（受众自主认知）以及速度（传播效率）的多重优势，无疑会成为企业和品牌的主要选择。

对企业和品牌而言，只要有足够的资源，在互联网短头（独角兽）媒体上投放广告并不是什么难题。真正难的是大量的中小企业面对茫茫长尾媒体时该怎么办。不在此领域配置传播资源，有可能忽略真正的目标受众；欲配置资源，又无从下手。在离散化、碎片化的媒体上撒胡椒面，不会有什么效果。很多品牌在线上社区（社群）举办各种传播沟通活动（比如用户众筹），看上去很热闹，但实际上影响人数有限。在此我们建议，根据目标市场定位，选择与之相关的多个网络媒体，形成一个彼此相关、具有连动之势的集群；同时，以它们为节点，将传播信息扩散至其他媒体。这和线下在一定的区域或人群范围内密集传播的原理是一样的。比如在某地区推广一部新电影，可以选择当地一批与之相关的社会化媒体及自媒体，在一段时间内高频次投放广告或输入话题（内容），引发关注和讨论。

嵌入：传播话题和内容的设计

互联网多向媒体为企业和品牌大范围、高效率传播信息创造了条件。但它只是必要条件。不能引发网络受众关注、共鸣，使之产生兴趣、愿意分享的话题（内容），其指数级快速扩散以及爆炸式传播就不会出现。相对于互联网媒体的选择，传播话题的设计或许更加重要，也更加困难。

网络上的话题及内容不少是低俗、八卦和离奇的。当网络上存在大量的不随意注意（事先没有目的也不需要意志努力的注意）以及认知盈余（自由、漫无目的和意义的零星时间）时，只有低接受门槛的主题及内容才能吸引人们的注意。网络传播之所以被称作病毒传播，与其内容特征不无关系——当然更重要的原因在于病毒传播的速度和网络传播相似。对企业和品牌来说，依托低俗内容进行传播既不可行（容易触及法律法规以及社会公序良俗的边界），也不可取（对自身品牌形象会有损害）；但是，发现、设计受众喜闻乐见同时又超越低层次趣味的主题（内容）殊为不易。这不仅是因为大部分企业缺少一流的写手，更主要的原因是：在企业范围内，很难持续地生成和发现那么多新奇、有趣的话题。偶然的妙手天成不能成为可重复的传播模式。

从社会角度看，有趣的、广为流传的内容资源是有限的、分散的。许多红遍网络的内容很可能是某个偏僻地区的小人物创作的，绝大多数网红在崭露头角之前名不见经传。因此，在互联网传播环境下，企业（品牌）可行的内容策略是嵌入。

往哪里嵌入？往已经引起网络受众关注或估计能够引发网络受众关注的外部话题（内容）以及创意型知识产权（intellectual property right，IP）里嵌入。换言之，将外部的话题（内容）移引过来，将企业自身的传播内容巧妙地融入外部话题（内容）之中，并将受众的注意从外部话题（内容）转移到企业自身的内容上来。外部话题（内容）来源广泛，可能与体育赛事及明星有关，可能与文艺作品和文化事件有关，可能与历史、文化、经济、科学、社会等领域的思想成果有关，可能与吸引注意力的人物相关，可能与重要的节庆有关……外部话题（内容）的载体可以是文字、影像、音乐等。比如，2017 年最受瞩目的电视连续剧是《人民的名义》，其中受到热捧的人物是个性鲜明的达康书记，有的品牌用达康书记台词的形式将传播内容嵌进去：总共十句台词，前九句都是达康书记剧中的原话，最后一句则转到对自身品牌的宣传上。还有更简单的嵌入——将达康书记的表情和传播内容结合起来。

这种做法属于脑筋急转弯式的小技巧，有些品牌在社会普遍关注的宏大话题（内容）中嵌入，更加自然和巧妙，影响力也更大。在汶川大地震之后，加多宝慷慨捐助。这一举措以及与之相关的话题，引发了大量年轻网友的强烈关注、讨论乃至实际行动。这次嵌入几乎使加多宝——当时的新品牌——一夜成名。

嵌入是一种能力，需要对外部新话题（内容）——尤其是现象级的话题——非常敏感，发现外部话题（内容）资源与内部内容相互连接的纽带和契机，并找到合适的形式和创意。嵌入时不能弄巧成拙、过于直接和生硬，也不能太过功利。尤其在嵌入一些社会性的非商业性话题（内容）时，要尊重原有话题（内容）的属性，尊重广大网络受众的认知能力，不能自作聪明地彰显商业动机。对于一些涉及社会伦理和公众情感的话题，嵌入时更需要慎重，不能哗众取宠，为博取关注而引发道德、诚信及社会心理风险。很多企业过去只有软文操作经验，对引爆互联网却没有什么章法。因此，需要在不断的尝试中，逐渐积累话题（内容）的整合能力以及内容的独创能力。我们这里所讲的嵌入是一种话题（内容）策略，企业不能因为有了嵌入而忽视自身的内容独创能力。

一致性传播

互联网空间内，在无边界的社交网络平台上，生存、繁衍着林林总总的群落，即众多的社区和社群。它们通常以会员网站（论坛、贴吧）、微信群、微博圈等作为社交纽带，有发起者和管理者。共同特点是：第一，面向特定的目标人群；第二，与目标人群相关，有清晰的内容定位（比如音乐、文学、电影、历史、经济、军事、汽车、生活、运动等方面）和风格定位；第三，内部存在一定的传播和沟通规则（例如，华夏基石管理咨询集团所运作的洞察管理思想群就禁止在群内发布广告）。

面对这些不容忽视的互联网媒体，企业和品牌如何融入？如何使传播内容成为目标社区、社群成员感兴趣、乐于加工和分享的话题？如何使传播事件和活动具有吸引目标社区、社群成员参与的动人魅力？针对这些问题，我们提出一致性传播原则，即传播者（企业和品牌）的传播策略（包括传播内容、传播方式等）需与前面所说的社区、社群媒体的特点相一致。（需要特别说明的是，这里所说的目标社区、社群独立于企业和品牌，不是企业自主管理和运营的顾客社群。对企业内部社群，下一章将分析说明。）

第一，传播的对象（目标受众）和目标社区、社群的成员构成相一致。这是不言而喻的。不可能到老年人社群里去推广年轻人喜欢的摇滚乐（个别老年人喜欢摇滚乐是特例）。但是，对一致的理解不能过于机械；不能刻板地认为不能到理科男为主的手机社区（社群）里谈论女性手机，不能到汽车社区（社群）里谈论服装。我们判断是否一致，除了职业、收入、地域、性别、年龄等显性标志，还要关注生活方式、生活态度、消费习性、价值理念等隐性标志。

第二，传播者（企业和品牌）自身的品牌理念、价值主张和目标社区、社群的价值追求、共同文化、生活方式、生活态度等相一致，彼此兼容。这是融入目标社区、社群的深层基础。没有这样的基础，无论是传播内容还是传播方式，都会让目标社区、社群成员体察到不适和违和。试想一下，如果在一个极端而激进的社区（社群）里谈理性、平和以及中庸、均衡，恐怕不仅不会引发认同和共鸣，反而会激发强烈的反感和排斥，可以说是自取其辱。

第三，传播者（企业和品牌）所传播的内容和目标社区、社群本身的内容定位、风格特征以及表达形式相一致。这一方面是为了自然、妥帖地嵌入目标社区、社群自身的内容以及目标社区、社群成员讨论、分享的主题；另一方面是为了借助目标社区、社群话题（内容）的优势增添品牌的意蕴和内涵。这也是一种借势和资源共享。比如在一个古典诗歌主题社区（社群）里，传播的内容需要与诗歌或诗人有关。如果表达的主要形式之一是朗诵，那么传播者（企业和品牌）需要在一定的情境下采用这一形式。移动网络自媒体中，有一位经常写唐朝诗人（如杜甫、李白、王维等）的作者，其文体灵动，内容诙谐，但行文最后往往夹带一点广告，不仅不突兀生硬，反而有点欧·亨利短篇小说结尾奇峰突起的味道。从投放者的角度看，这是一种精妙的嵌入。

第四，传播者（企业和品牌）的传播运作和目标社区、社群的规则相一致，即前者的做法符合后者的一些规范性要求。目前，很多社区、社群禁止规范性广告之外的商业渗透和推广，这对希望在目标社区、社群内传播和沟通的企业和品牌构成了一定的障碍。这就要求传播者（企业和品牌）在尊重、遵守目标社区、社群规则的基础上，积极参与目标社区、社群内的分享、讨论以及各种活动，并提供一定的支持和服务，以非商业的渗透式方式将传播内容细水长流、润物无声地融入目标社区和社群。不能急功近利和投机。

第五，传播者（企业和品牌）的传播方式和目标社区、社群的规模相一致。网上社区、社群有大有小，大的社区可能多达几十万人、千百万人，小的社群可能仅有数十、数百人。对于前者，传播主要依靠有穿透力和引爆力的话题及活动；对于后者，传播的方式主要是多频次的信息渗透以及与群内成员、意见领袖的直接沟通。

第十五章

CONNECTING

Marketing Strategy Based on Customer Value in Internet Age

品牌和概念的认知关联

概念传播的心理机制

从顾客的角度看，品牌是一种奇特的心理现象。它是无形却又是实在的；它属于精神范畴却又能转化为物质力量。从供给者的角度看，品牌是与顾客沟通最主要的载体，是沟通运作的聚焦点，是传播资源的主要投放方向。有的人认为，互联网时代新生代消费者并不关心品牌，这似乎没有足够的理由。茫茫互联网信息海洋中，没有品牌作为灯塔和路标，消费者是不可能高效率地获取所需价值的。在我看来，互联网背景下，正是由于品牌的意义更大，才使得认知资源的争夺更加激烈，同时使得品牌的马太效应更加明显。过去，一个传统行业的企业（品牌）一年在央视投入数亿元人民币，已被认为是大手笔；今天，围绕着共享专车、自行车以及二手车、房地产服务的广告投入，规模不知大了多少倍。可以说，与互联网相关的品牌，更加追求垄断性地占据顾客心智空间。

品牌传播和运作的一个重要环节是品牌属性的概括和提炼，即将品牌的内涵及特征用一个或若干个为数不多的核心概念表达出来。这些概念可以反映品牌的功能和利益，也可以体现品牌的情感、风格（个性）。之所以需要将品牌属性概念化，是因为人们是用分层次、分类别的概念结构来认知外部世界的，同时认知的过程具有化繁为简、化形为质的特点。

心理学家发现，人们在一定的传播环境下，接受多种形态的信息，会迅速形成短期记忆；之后，受众调动长期记忆对短期记忆中的内容进行辨析、判断，将短期记忆中的部分信息转化为长期记忆（形成新的长期记忆）。而长期记忆是受众心智中积淀下来的知识体系，其形态为组织化、逻辑性的概念层级网络。这是心理学家柯林斯（Collins）和奎利恩（Quillian）首创的系统解释。[①]

概念层级网络可以表现为一个倒过来的树形图，从树根和树杈，下一层概念比上一层概念更具体，上一层概念比下一层概念更抽象。每一层概念会有对其属性的描绘。下面我们以数码（手机）产品为例进行说明（见图 15－1）。

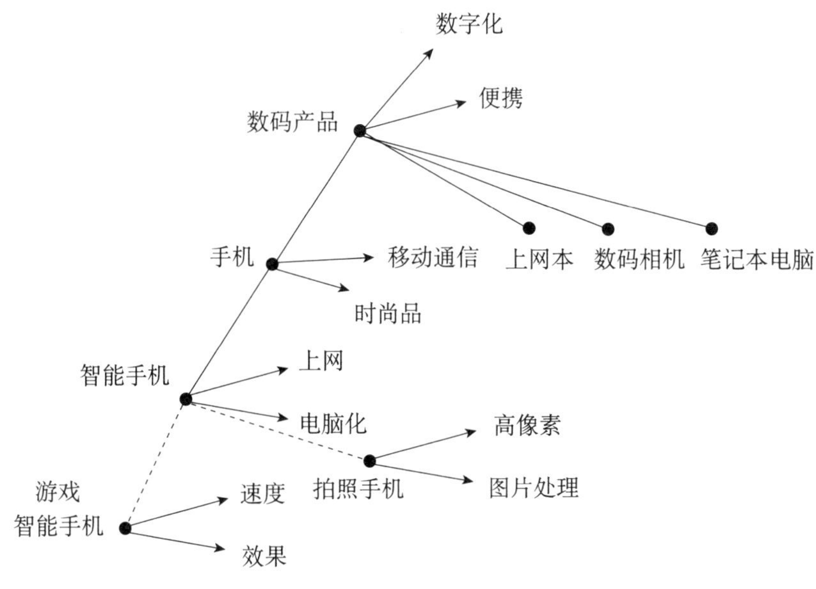

图 15－1　数码（手机）产品的概念层级网络

① 艾克森．心理学——一条整合的途径．上海：华东师范大学出版社，2001.

图 15－1 中我们把上网本、数码相机、笔记本电脑这几个大的树枝略去了。需要说明的是，不同的产品和服务，由于内部细分程度不同（这反映了行业生命周期的不同阶段以及竞争的不同强度）、顾客认知及知识水平不同，内部的概念层级数目亦有较大差异。层级越多，说明市场和产品（服务）的细分程度越高。

顾客对品牌产生认知，或者说品牌在顾客心智空间中形成定位，表现为品牌和特定概念之间产生了双向认知关联：由概念联想到品牌（一看见运动，就想到耐克），或者反过来由品牌联想到概念（一看见耐克，就想到运动）。换句话说，一旦品牌与概念的关联在顾客（受众）心智中实现，那么品牌在顾客（受众）的认知体系中就进入长期记忆的层面。

根据上面介绍的认知发生的心理机制，参照整合营销传播理论，可以得出有关传播和沟通的若干结论。

第一，向受众传播的所有信息，无论什么形态，无论经由何种媒体，都需要围绕统一的主题（概念），使之高效率地进入受众的短期记忆。

第二，传播的概念需要和受众长期记忆中的概念层级网络相契合（受众不陌生，可以理解，认同逻辑）。一方面调动和利用受众的认知基础，另一方面使受众迅速辨认和接受。

第三，选择传播概念时，需要把品牌放到受众的概念层级网络中，分层次告诉顾客“我”（品牌）是什么，即品牌和概念层级网络中的概念发生关联。但是，关联到哪个层级却是需要研究的策略问题。比如，华为手机肯定是智能手机，但要不要关联到拍照？一种可能是汇入市场上已成主流（或即将成为主流）的拍照概念中去，和 vivo 和 OPPO 等为伍；还有一种可能是不和已有的具体层级概念关联，而是自己独创一个概念，这通常意味着开辟一个在现有智能手机产品（服务）之下细分的类别。这样做风险较大，但创新的级别更高一些（在概念层级网络中层次越高，创新的级别也越高。比如在数码产品树根上，再生长出一棵和手机、上网本、数码相机、笔记本电脑并列的，被市场接受的大树，就是极其重大的创新了）。

第四，假如我们让品牌和行业与市场上已经公认（或即将得到公认）的概念（通常是具体层级的）关联，由于这一概念下集结了一众品牌（最少一个），因此本品牌在描绘这一概念时，需要凸显更加具体的差异。我们还是以手机为例（见图 15－2），虽然同样集聚拍照手机概念，华为手机和 vivo 手机具体品种的“卖点”还是不同。

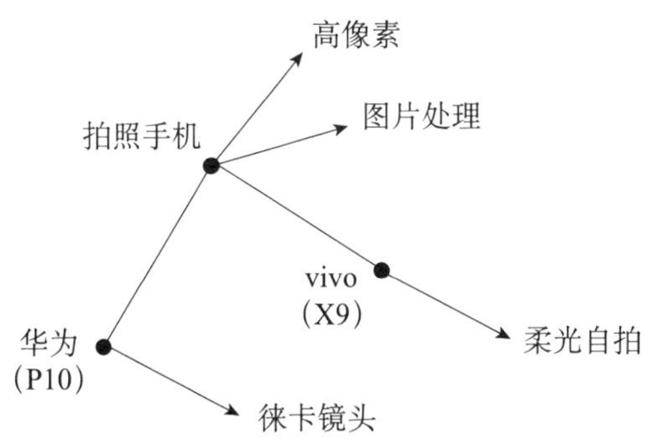

图 15－2　手机品牌的概念关联

第五，顾客认知系统中包含相互交叉、相互联系的众多概念层级系统——涉及自然、社会、科学、经济、文化、历史、政治等各个领域，这是一个无边无际的概念网络。因此，品牌所关联的概念在语义上最好能引发多维联想，激发顾客的自主认知和对输入信息的二次乃至多次加工。比如，有一个雨伞品牌名叫天堂，关联的概念是杭州（上有天堂，下有苏杭）。以杭州这一概念为起点，可以联想到西湖、白堤、白娘子、小青、许仙、法海……可以联想到苏堤、苏东坡、欲把西湖比西子……还可以联想到越剧、《红楼梦》（越剧电影）、王文娟（主演林黛玉）、孙道临（王文娟的丈夫）……举不胜举。上面所列的任一概念都可以成为另一个概念网络的起点。当然，对这种多维联想应有所预知，可能的情况下还应有所引导。因为受众很可能将品牌概念联想到我们不希望看到的方向上去。

品牌概念的提炼

概括和提炼品牌概念属于传播内容的顶层设计，它是传播的核心和方向。总的来说，概念需要体现、反映产品（服务）的价值定位；需要与企业和品牌的价值观和文化传统相吻合；需要与时代和市场趋势、潮流相吻合，具有时间和空间上的较大跨度。同时，概念需要与诉求对象的生活态度、价值取向和愿望期待相吻合；表达应鲜明、生动、易懂，意义丰富；有丰富的创意载体和形态，适合于多种媒介；便于感知和体验，便于顾客自主认知和深化。图 15－3 是某定制家居（衣柜、橱柜等）品牌的核心概念。

品质属于利益、功能概念。自由属于个性、情感概念，但自由中也包含空间自由利用、自由组合等功能含义。两个核心概念都有具体的阐释，彼此之间是相互关联的。

从操作角度看，品牌概念的概括和提炼常常会遇到三个策略性问题：

第一，理性概念还是感性概念？前者针对品牌所涵盖产品的功能利益，以及背后的事实和依据，回应顾客最重要、最核心的需求。后者则以情感、审美打动人，以情绪感染人，以风格、个性吸引人。前

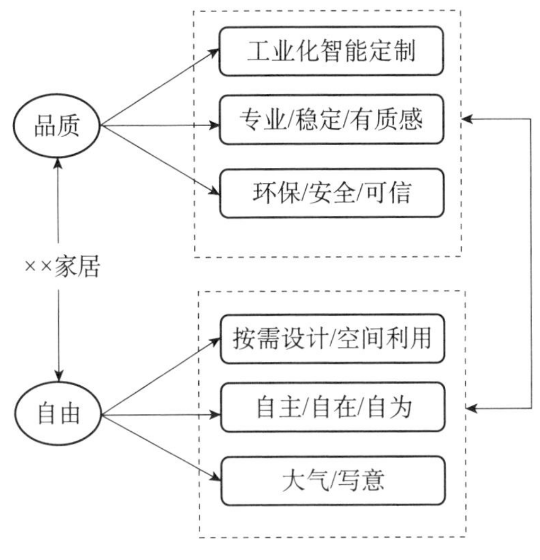

图 15－3　××家居的核心概念

者的缺点在于可能由于太实而缺乏想象力，不“性感”，难以触动顾客的情感；而后者的缺点在于可能过虚而使品牌属性不坚实，不能说服部分实用导向、利益导向的顾客。当然，不同类别的产品对品牌概念的选择具有一定程度的规定性。也就是说，有些产品的品牌概念更适合理性表达，有些产品的品牌概念更适合感性表达，而有些产品的品牌概念可以理性、感性表达兼而有之——在互联网时代，只适合理性概念的品牌几乎不存在。对此，可行的对策有三个：要么理性概念和感性概念并存（例如，可口可乐的冰爽和激情）；要么随着产品生命周期变化以及品种的更换，两类概念交替出现；要么选择既理性又感性的概念——这是未来品牌概念概括、提炼的主要方式（例如，白酒品牌国窖 1573 强调窖池历史悠久，既说明了好酒的来历和源头，又能激发受众的愿望以及怀古之情）。

第二，近概念还是远概念？所谓近，是指概念没有超前性，在受众能够理解、认知的范围之内，符合受众的知识基础和认知习惯。远则与之相反，是指概念一定程度上超出了受众的认知、审美边界，对顾客来说有些陌生和朦胧。品牌概念过近，缺少新鲜感和牵引力；品牌概念过远，则不可信、不可靠。这实际上是品牌与顾客之间的心理距离问题。关键是度的把握：品牌概念与受众若即若离可能是最合适的。

第三，具体概念还是抽象概念？前者通常表达品牌所涵盖的产品具体价值和卖点，后者通常表达产品的抽象价值或品牌的原则性价值追求。从传播定位理论经常提到的经典案例看，品牌的核心概念大多是具体的。例如，高露洁牙膏“没有蛀牙”，联邦快递“隔日抵达”，海飞丝洗发水“去头屑”等。但目前许多品牌的概念定位却是抽象的、非实用的，比如，汾酒“中国酒魂”、耐克运动鞋“Just do it” “I can”、招商银行“因您而变”等。就连联邦快递中文的品牌主张也变成了“使命必达”。读者朋友可能会问，品牌的核心概念究竟应该偏向于具体，还是偏向于抽象呢？

品牌概念具体，无疑有很明显的优点：一是贴近顾客某种特定的需求，针对性非常强，比如人们耳熟能详的“怕上火，喝……”“经常用脑，多喝……”。二是可以突出产品（服务）本身的某种别具一格的特色，例如西门子冰箱强调保鲜属性，美的空调强调节能特点等。三是便于认知，对于具体的内容受众不存在认知门槛和障碍，比较容易理解，也比较容易形成印象。四是从品牌传播角度看，具体的概念比较容易找到传播形式和载体，比较容易形成创意。

品牌概念具体，也有几个缺点：一是具体的概念所延续的时间较短，越具体越速朽。个中的道理不言而喻。具体的概念往往需要根据市场环境的变化、顾客结构的变化、消费心理的变化以及使用情境的变化进行更换，否则适应性、针对性就变差了。但是这就容易影响品牌历史的统一性，影响品牌属性的沉淀，使得顾客对于品牌的认知没有锚定，从而发生游离和漂浮。二是不能适用较多的品类和品种，而只能针对某一个（类）特定的产品。曾有营销学者将品牌的概念比喻成灯，概念具体意味着灯较低：光线亮但照射的范围较小；反之，概念抽象则意味着灯较高：照射范围大但光线模糊。许多品牌通过具体的概念切入市场，但后来进行产品线延伸以及品牌共享时又受制于概念的狭窄和具体。三是不容易和顾客形成深层次的沟通。所谓深层次的沟通，往往是指价值观、生活方式、生活态度以及情感方面的契合和共鸣。达到这样一种境界，需要顾客作为接受主体，对品牌的各种信息进行认知以及情感上的转化。品牌概念越具体，这种转化在某种程度上就越间接。

品牌属性的抽象定位，缺少具体概念直观、实用、易于认知、针对性强的优点，但它正好弥补了具体概念的缺点。首先，抽象的概念生命力持久，不易随着时间和空间的变化而落伍和不适应。西门子电器提出“灵性科技，智慧生活”的口号虽然不够具体和实用，但在未来相当长的时间内都是适用的。其次，抽象概念可以指向更宽阔的产品范围，三星生活电器（冰箱、洗衣机等白色家电）提出要做“未来感十足的家电”，未来这一概念几乎可以用于所有智能、时尚家电领域。通过本章上一节的分析可以得出结论，抽象概念会使顾客认知指向概念层级网络的较高层级。再次，抽象概念蕴涵丰富的内容，可以进行多方面的解释，可以充填多种意思，有利于拓展需求空间、丰富需求情境（场景），也为营销运作的多样性、丰富性和创新性创造了条件。此外，抽象的概念往往是高度凝练的，是具有思想性的。它能激发顾客的自主认知和思考，能引发顾客发自内心的深刻认同。有时抽象概念与顾客价值观或情感结构中已有的概念直接对接，使顾客转换所接收信息的过程变得简单和浓缩，迅速形成深层次的沟通。最经典的案例莫过于西方的一些青少年接触到"Just do it"的广告语时，立刻被打动和感染，不受束缚和羁绊的青春特征一下子找到了最准确、最动感的表达。可以说，只有抽象才能使品牌变得高远和超越。

需要指出的是，从品牌运作的实践角度看，抽象的概念容易产生较大的风险。首先，传播抽象内容时，很容易滑向大而无当、凌空蹈虚，甚至偏离顾客基本需求、偏离品牌的价值基础以及应有的差异化诉求。抽象概念比较容易和宏大话语相关联，在中国传统思维的影响下，往往导致虚假和矫情。这方面的例子比比皆是。其次，将抽象的内容植根于顾客的心智，总的来说比具体的内容更困难。因此对传播创意的要求更高，传播资源的投入有可能更大。

抽象概念和具体概念的选取原则

品牌传播和运作时，解决抽象概念和具体概念之间的矛盾，可以参考以下定理——并非需要绝对遵循、执行的真理，而是经验的总结：

定理之一：当新企业或挑战者推出新产品并从细分市场切入时，通常应该提出比较具体、鲜明的品牌概念。也就是说，通过别具一格的独特差异化价值，使顾客迅速接受。随着市场份额增加、市场影响力扩大以及品牌地位提升，可逐步将品牌属性从具体过渡到抽象。这是一个遵循品牌发展的内在理念和逻辑的循序渐进的过程，让顾客感觉到品牌是在同一条路上前行（不是漫无方向，不是杂乱无章，不是歧出多变），一步步进入新的境界。前面提到的联邦快递就是一例：从

“隔日抵达”到“使命必达”，品牌承诺更加庄重，品牌意蕴更加丰厚，但是一定要按时到达的内涵却一脉相承。

定理之二：若企业的业务定位聚焦于核心领域，或者产品线比较狭窄，其品牌属性比较适合选取具体概念，反之则应选取抽象概念。因此，品牌属性的定位需要和企业业务发展以及产品线拓展的战略结合起来。国内一些著名企业往往是动态、随机成长起来的，品牌运作之初不知道未来品牌灯塔需要照射多大的范围（即不知道品牌将延伸到哪些领域），这为后来的品牌延伸、发展带来一定程度的不利影响。因此，新品牌诞生时一定要有较长时间跨度、较高战略视野的考虑与规划。

定理之三：当竞争对手用具体概念发起攻击时，通常也需要以具体概念予以防御和反击。对手所找的具体的、差异化的概念，通常是我们的空白、缺陷或短板（软肋），如果回避它，或用一些抽象内容来回应，往往缺乏力度、缺乏针对性，容易使对手将我们的缺点放大。因此，这种情形下应扬长避短，找出竞争对手所缺少的具体概念，最起码可以消解对手的攻势。有些领导品牌在这方面容易出错，有时甚至有逆反心理：你越是具体鲜明，我越是宏大话语，这样很容易使市场份额大坝出现管涌，市场空间被对手一点点蚕食和渗透。

定理之四：用具象表达抽象。中国的审美及思辨思维中有这样一种传统：以具象说明抽象，如所谓的引理入诗，用诗歌的形象思维表达社会、人生、艺术、政治等多方面的哲理。“不知庐山真面目，只缘身在此山中”；“欲穷千里目，更上一层楼”；“沉舟侧畔千帆过，病树前头万木春”；“海日生残夜，江春入旧年”……举不胜举。这种原理同样适用于品牌传播和运作。围绕抽象概念，用具象作为载体和形式，使顾客通过对具象的感受、体会和认知，借助自身能动性的心理机制，上升到对抽象概念的理解、认同和喜爱。这种做法需要对顾客的心理有透彻的把握，同时依赖于较高的艺术创意。但深厚的哲学、文学、审美传统为今天的我们带来了理念和方法。

第十六章

CONNECTING

Marketing Strategy Based
on Customer Value in Internet Age

基于顾客社群的关系深化

社群营销的前身：关系营销

1983年，现代营销学的奠基人、曾任《哈佛商业评论》主编的美国营销学教授西奥多·莱维特发表文章《交易完成后》。客户关系管理思想由此发轫。[①] 营销思想从顾客（consumer）、成本（cost）、便利（convenience）、沟通（communication）的4C时代进入关联（relevancy）、反应（reation）、关系（relationship）、回报（reward）的4R时代。

关系营销理论将供需双方的交易合约从时点延长至时段，强调双方在长期合作中增进信任、深化关系、创造价值（不是国内有些读者朋友理解的找熟人、找关系）。与关系营销相关的概念还有顾客忠诚、顾客终身价值等概念。在操作上，关系营销以建立顾客档案、数据为前提；可以通过软件系统自动生成顾客互动策略——到了人工智能时代，将从相对简单以及标准化的模式演变为个性化、精准化、柔性化的模式；同时基于以往的顾客互动实践，进行迭代式升级（这里已有了一些机器深度学习的意味）。当然除了软件系统，企业中各个层级和顾客反复接触的人员是关系营销的主角，他们的服务行为是关系营销的主要内容。

---

① 西奥多·莱维特．营销想象力．北京：机械工业出版社，2007：115.

时下人们热议的社群营销，其主要元素都可以在关系营销内找到。下面我们介绍一个若干年前的案例，读者朋友看看，它是否和今天的社群营销有几分相像?

《英语周报》是一份由山西师范大学主办的教育类专业报纸，目标市场主要定位于基础教育领域内的大中小学生以及教师，宗旨是为大中小学生英语教学服务。在 21 世纪初互联网尚未普及的纸质媒体时代，该报每期——包括小学、初中、高中学生、教师版，大学生（一、二年级）版等 20 个细分版本——发行量曾高达 1 600 多万份。这个数字意味着每 2 个高中生、每 8 个初中生、每 10 个大学生（一、二年级）就有 1 人在阅读、使用这份报纸，销售业绩令人惊叹。目前，纸质媒体整体退潮，《英语周报》面临互联网的挑战，正在进行转型。

从营销角度看，《英语周报》之所以获得成功，原因之一是不断深化与教师这一群体的关系。（当然，这份报纸也深化与学生的关系，不过这里重点分析与教师的关系。）用今天的话说，《英语周报》构建和运作了教师社群。在《英语周报》的价值链中，中小学英语教师是特别重要的环节。他们既是消费者（读者/使用者），又是生产者（作者/建议者）；对于报纸的另一顾客群学生来说，他们是辅导者和指导者，是英语学习活动的组织者，也是最为重要的影响者乃至驱动者。因此，深化与教师的关系，既能够保证报纸的质量——他们处于一线，最了解学生在英语学习中的关键点、难点、疑点，最能反映出真正的需求，写出的文章贴近实际情况，有针对性，内容鲜活；又能保证和推动报纸的传播与发行。此外，平时教师在集体和组织内工作，彼此之间交流较多，这是口碑营销的基础。《英语周报》深化与教师的关系、运作教师社群的主要做法如下。

第一，让教师参与价值创造。核心竞争力理论创始人之一、美国管理学家C. K. 普拉哈拉德（C. K. Prahalad）和文卡特·拉马斯瓦米（Venkat Ramaswamy）在《消费者王朝：与顾客共创价值》一书中指出："未来的竞争（却）完全依赖于完全不同的、新的价值创造方法——以个性为中心，由消费者与企业共同创造价值。"[①] 按照我的理解，这种价值创造方式有以下几个要点：首先，形成非大众化的、与顾客一对一的、反馈式的接触、交往、沟通、对话机制；建立获取顾客愿望、想法，体会顾客态度、情感的信息通道。其次，将企业价值创造网络延伸至顾客社群；尊重并重视顾客的主体性（在价值创造中起主导作用）和创造力，并为这种主体性和创造力提供表现、释放的机会和途径；使顾客参与价值创造的过程；在顾客价值中，体现顾客的意志和劳动成果。最后，与顾客之间的合作长期化，使之可持续、可延伸；增加合作中的情感含量；建立互信和彼此承诺机制。

《英语周报》欢迎并鼓励教师投稿，并向一些优秀教师约稿，这是教师参与报纸价值创造最基本的做法。报社经常举办原创课件、教案大赛，以达到培养教师，让更多的人分享优秀教学经验，鼓励教师钻研业务、进行教学创新，以及提高报纸内容质量等多重目的。由于教学内容、形式以及学生、教师的结构、素质、特点总是处于发展和变化中，因此课件、教案的创新也就永无止境，这一活动可以长期进行。同时，巡回召开读报用报座谈会，邀请教师代表参加。一来向他们说明办报思路及主要做法，指导他们用好报纸上的内容和信息，使之发挥更大的作用，起到实效；二来听取他们对如何办报的建议和意见。这种面对面的沟通及信息反馈形式，最能直接了解教师们的想法和心

---

① C.K. 普拉哈拉德，文卡特·拉马斯瓦米．消费者王朝：与顾客共创价值．北京：机械工业出版社，2005.

声，近距离地进行感情交流。除了以上几种方式，还有通过报纸版面及网站进行双向交流等常规形式，以及对优秀小作者的指导老师进行奖励等一些富有特色的活动等。教师们一旦参与价值创造，和报纸的关系便发生了变化，他们不再只是被动的“受众”，在一定程度上成了报纸的主人。

第二，为教师赋能。教师既是知识的传递者，又是知识的接受者；其知识需要不断地补充、更新，业务能力和综合素质需要不断地提升、丰富。基层学校尤其是偏远地区学校的教师，自身拥有的知识资源是有限的，缺少动态地接触、掌握最新知识的条件和机会，他们对培训、辅导以及教学研究有着强烈、迫切的需求。而《英语周报》则很好地担任了广大教师“良师益友”的角色。除了报纸、网站本身就是传递知识、提供辅导帮助的工具，报社还组织了一系列知识服务活动。例如，邀请名师推广新的教学模式；由报社内部及教育部门的教研人员举办讲座；召开专题性的教学研讨会；对基层一线教师进行培训；指导有关学校和教师开展课题研究；提供名师授课视频；赞助全国性的英语教学观摩会等。《英语周报》在教育主管部门的指导、支持和帮助下，与中国外语教育研究中心、中小学英语教育研究中心等权威研究部门合作，与国内一些作为英语教学改革创新研究平台的优秀学校合作，整合了丰富的教学、科研资源，为广大教师构建了既丰富又先进，并且动态变化的知识背景。

第三，构建贴近教师的服务网络。在《英语周报》结构性的营销模式中，最为重要也最为关键的环节和因素，是建立覆盖面广、与教师距离近的服务组织体系（建立在基层县市的工作站网络）。工作站具有多重功能：首先，与教师、学生及学校持续、繁密地沟通、互动，了解他们的愿望、要求并快速、准确作出回应，例如帮助教师投稿等。

其次，组织、承办（或参与）多种活动，比如中学生英语演讲比赛等。最后，承担报纸发行及推广工作。这样一个多功能的网络，是教师社群营销的基础性平台。它的建立和维护殊为不易：从时间角度看，它不可能一蹴而就，需长时间的渗透、积累，其中的艰难不言而喻。从管理角度看，它依赖于较强的跨空间组织机构及团队管理能力，以及组织文化的凝聚力。自建网络、贴近顾客、精细运作的营销模式，起步时效率似乎是低下的——就发行而言，它不及在各地寻找大型包销商来得快；但从长期效果看，它会形成稳定、别人难以模仿且不断自我强化的优势。一旦网络建成并有效地运转，便构建了几乎是高不可攀的竞争壁垒。

《英语周报》教师社群营销的一些其他方式，比如评选优秀乡村教师等，在此不一一详述。经过多年的运作和实践，《英语周报》已拥有规模较大、与报纸长期合作、情感纽带牢固的英语教师资源。这些工作在教学一线的教师对报纸的价值怎么估计也不过分。报纸和教师的互动，使双方处于共同学习与成长的动态结构和情境之中。在这样的生态中，可以把两者比作不断向上生长的大树，彼此依持，却能够根深叶茂，永葆活力。

在不讲社群似乎不能营销的今天，我们用 20 世纪 90 年代的案例证明“太阳底下没有新鲜事”。当然，到了互联网时代，关系营销和社群营销必然有新的载体、工具和形态，但其基本理念和原则却是一脉相承的。饶有意味的是，二三十年前，当时身在信息相对封闭的内陆城市的《英语周报》同仁们，未必接触到美国最新的营销思想——这是我自己的揣测，但他们的营销实践及路径（尤其是 20 世纪 90 年代中期以后）却与之不谋而合、异曲同工。这一方面说明真理、规律的普遍属性，另一方面说明本土也能开出最先进的营销之花。它或许与传统的晋商文化有某种间接、曲折的联系，但可以肯定的是，它更多地源于企业家精神和实践中的摸索和总结。

理解社群

在社会科学中，社群是个古老的概念。自从有了人类社会，就有了以各种标志来命名的社会群体。从社会学角度看，社群大至民族、阶级、阶层，小至家庭等共同体。从政治学角度看，社群是有特定政治诉求的利益群体。在西方的政治哲学中，一个与自由主义相对的、源远流长的思潮叫社群主义。从一般意义上说，社群是指由在某个（些）方面具有相同特征的个体组织成的、存在特定功能和意义（目的）的、遵循一定规则和规范运行和活动的群体。

这里所说的某个（些）方面的特征，是区隔社群的标志，也是对社群的命名。比如，同学社群，其成员的共同特征是曾为某个学校、某个年级或某个班级的学生。再如，电影社群，其成员的共同特征是爱好电影（当然也不排除少部分人出于其他动机混入其中）。从前面的定义可见，社群的基本要素有三个：社群成员、社群价值和社群规则。

社群价值是指社群成员动机的满足。从价值角度，社群可分为三类：

第一，功能型社群。社群成员加入社群是为了获得特定的实用价值和利益，比如为了获得价廉物美的产品和服务，为了学到能帮助自己职业成长的知识，为了寻找一个知心伴侣等。而社群可以满足社群成员的某种（些）利益愿望。

第二，情感型社群。社群成员加入社群主要出于情感动机，而社群能为其成员提供情感交流、情绪疏解、情感抚慰和情感归宿等价值。典型的例子是“发小”群。我的老母亲年近八旬，最近还加入了小学同学群，和群友们一起到农庄摘黄瓜、茄子。

第三，使命型社群。社群成员集合起来的主要目的是实现某种理想、践行某种价值理念、承担某种群体及社会责任或是在群体中实现自我认同。这种社群的主要功能是群体使命的达成。比如某些公益性社群。

这三种社群彼此是交叉和叠合的。有的社群三种价值兼而有之，有的社群具有其中的两种价值。这几种分类模型参照了哈佛大学教授迈克尔·桑德尔（Michael Sandel）的三种社群定义：工具意义上的社群（instrumental conception of community）、情感意义上的社群（sentimental conception of community）和构成意义上的社群（constitutive conception of community）。[①] 我在此基础上进行了修改。

从运行规则看，社群可分为中心控制型社群、自组织型社群以及中间型社群。中心控制型社群设有指挥控制中心，其运行依赖中心的命令以及社群组织者制定的规范。自组织型社群则是多中心分布式的结构，无控制中心和指挥中枢。但自组织型社群也有一定的运行规则和规范，生物界里自组织型动物群的规则可能来自遗传密码（也有人说是“上帝”赋予的）。而人类自组织型社群的规则除了源于生命本能（遗传基因），还源于千万年传承下来的文化传统（文化基因）以及社群成员博弈后的相互约定。实际上，社会生活中，自组织型社群很罕见；大部分以互联网及移动互联网为连接平台的社群都是中心控制型和自组织型的融合。即社群既有组织者、影响者（有时也是指挥者）

① 俞可平．社群主义．北京：东方出版社，2015.

以及规则的提供者；又给予社群成员彼此之间连接以及形成多中心分布式结构的自由空间和途径。就好像大学里的班级，有学校派来的班主任（或辅导员），有班级正规的领导机构（班委会等），也有学校的各项规章制度；但同学之间还是可以自由动态地形成多种组合、多种结构，组织还是有自动自发的勃勃生机，还是能通过结构的变换创造出多种价值、实现多种设想。

谈到社群，就涉及另一个含义相近的词：社区。有的朋友说，内部成员强联系的是社群，弱联系的是社区。但也有很多社群内部的联系并不紧密和牢固，谈不上强联系。有的朋友说，凡有情感价值的是社群，无情感价值的是社区。当然，社群成员如果长期重复交往，通常会生成、积累情感，社群的组织者和运营者也会努力使社群具有情感价值；但是肯定有部分社群没有什么情感价值，比如一些纯粹功利性社群、为特定的工作任务而组建的社群等。还有朋友说，范围较窄、人群规模较小的是社群，反之则是社区。但从社会学角度看，社群可大至整个民族以及地球村的所有人。

如果把社群和社区放到特定的语境下，两者之间的异同就比较容易辨析了。线下的社区，往往有地理和区域的含义；而线上的社区，就成员构成和内部关系而言，和社群没有多大区别，两者常常可以互换。社群更侧重于人（社群成员）和相互关系，而社区更具平台、生态意义。

从营销角度看，社群是由企业（品牌）组织和运营的、吸引目标顾客加入和参与的、为社群成员创造价值的共同体。它可以是线下的，也可以是线上的，还可以是线下线上的。社群的形式包括顾客会员组织、客户联盟及俱乐部、顾客微信群、粉丝团体等。不同的社群组织化程度不同，有的紧密，有的松散，有的规范，有的灵活。

社群营销的策略框架

我们所讲的社群营销，即面向企业（品牌）内部社群成员的营销。它不同于企业（品牌）在外部线上社区、社群里进行传播和沟通（从广义角度看，这也是一种社群营销）。营销的目的是使顾客加深对企业产品（服务）及品牌的认知，在社群内部实现产品（服务）销售（这意味着社群也是一种通路），以及发展、深化和顾客的关系。即认知、交易、关系三重目的一体化（参见本书第十三章）。在这三重目的中，社群营销的重点在于发展和深化与顾客的关系。企业（品牌）需要依托社群的组织形式，持续不断地与顾客互动，为顾客创造价值，增进与顾客的情感，与顾客结成贯穿双方全生命周期的伙伴关系。

社群营销目前是我国市场上的一股热潮，几乎到了“无社群，不营销”的地步。限于篇幅，我们不介绍具体的案例、做法和技巧，而是从策略角度概括说明社群营销的若干关键变量和环节。

（1）社群对象

即目标人群。它的范围和边界与社群运营主体所经营的产品（服务）的目标市场基本相同。有些社群的范围比较宽泛，包括已经成为用户的顾客，也包括尚未成为用户的潜在顾客；有些社群的边界狭窄和封闭一些，以已经成为用户的顾客为主。

（2）社群入口

即吸纳社群成员的途径和场所。这是决定社群规模大小、社群发展速度快慢以及社群内部结构是否合理的关键。入口总体上分线上和线下两种，其吸纳社群成员的引流成本和引流效率不同。无论什么社群，目前均需将线上、线下多个入口整合起来形成互补的结构。但不同的社群，入口在线上线下分布的重心不同。这并不意味着线上运营的主体，社群入口必然以线上为主；或者线下运营的主体，社群入口必然以线下为主。当年携程之所以迅速积累会员，很重要的原因在于渗透进机场等线下入口。

(3) 社群引流

即通过入口吸纳社群成员的方式。线上吸纳社群，主要依托切中需求的内容、应用以及公共空间内的讨论、评论，也依托在目标人群具有影响力的意见领袖（网红），还依托在利益、社交、学习、体验、参与、情感等方面富有吸引力的线上事件和活动。线下吸纳社群，除了依托产品和服务自身，主要依赖现场（比如零售终端及其他场所）的引导，以及种子社群成员的口碑。

(4) 社群利益（价值）

这是社群运营和社群营销的核心所在。只要社群存在不可抗拒的利益（价值），入口、引流等技术环节都不是问题。利益（价值）是把每一个体连接为社群的主要纽带。社群成员参与社群的动机是复杂的，既有使用价值诉求（购买性价比高的产品、获取快捷便利的服务、学到能助其创业或职业发展的知识，或是找到合适的工作或伴侣……），也有精神价值诉求（在公共意见平台上发布及分享观点、寻求团体归宿及安慰、获取尊重、实现自我认同和自我价值等）。社群需要通过利益（价值）以及利益生成方式，使社群成员的动机和利益诉求得以实现。当然，不同的社群，比如跳广场舞的大妈社群和追星的少女社群，给社群成员创造、提供的利益大相径庭。社群利益（价值）的具体形式很多，常见的有会员积分、会员优惠、会员联谊和学习、会员旅游等。

(5) 社群结构

这里的结构不是指社群成员的分类，而是指社群内的圈层结构。

圈层通俗地说，就是不同层次的圈子，社会上存在多种圈层，较大规模的社群同样存在圈层。多层级圈层是社群内部的连接、传播机制，也是一种影响力和权力机制。任何一个社群都有一些核心成员，他们是社群得以维系的关键。以他们为中心，分别形成了多个圈层，它们是社群中的亚组织。社群内的信息和利益往往是从核心成员圈层向外部依次传递和实现的。而核心成员的变化及其所属圈层的变化，是部分社群内部自组织运行的主要图景。如果社群的形态是分布式，那么就会存在多个彼此关联、交叉的同一层次圈层。这样的结构状态及机制是社群内部传播和社群成员发展的重要依托和途径。较大的社群为防止从核心圈层和次级圈层信息衰减和影响力减弱，可以将社群分解为若干个部分（子群），在统一的平台上分别运行和管理。

（6）社群纽带

联络社群组织者（运营者）与社群成员之间、社群成员与社群成员之间的纽带有两个层次：一是深层次的利益纽带和信任纽带，这是一种心理契约。而信任来源于长时间内利益承诺的兑现以及重复交往。二是操作层面保持、提升社群黏度和温度的话题（内容）以及公共事件和活动（这里的公共相对于社群而言）。其中，主题性的事件和活动更为重要。因为它们既是内容，也是媒介（见图16-1）。也就是说，社群内的各种事件和活动既为社群成员提供了体验和分享的内容，也为社群成员提供了参与的途径。

内容	媒介
事件	活动
话题	互联网

图16-1　社群内部沟通、参与机制

撇开话题和事件（活动）本身具有的利益（价值）属性不论，它们的创意和形式应具有魅力和吸引力，为社群成员所喜闻乐见。目前已有人专门研究社群内的引爆话题和事件（活动）。技巧其实并不十分重要，关键在于对社群成员需求、动机、情感、态度等心理因素的精准体察，对人性洞幽烛微的理解，以及对社群成员认知方式和认知能力的准确把握。

（7）社群运行

主要指社群成员（顾客）价值链（价值流）中各项业务流程（顾客加入或退出、信息搜寻、意见分享、活动参与、利益获取、交易结算、物流配送等）以及支撑顾客价值链（价值流）的各项管理流程。流程及作业模式的细化和优化，可以使顾客得到更高、更好的体验价值（快捷、方便、安全、贴心关怀等）。

（8）社群文化

社群经过长时间的外部适应和内部互动，会积累形成自身独特的文化。它是社群成员的行为习惯以及行为背后共同默认的价值观、思维方式和行为准则，是社群赖以存续的基本规则，也是社群的整体氛围和风格个性，以及社会成员之间沟通交往的密码。社群文化内化于社群成员之心，少数内容外显于社群成员之行为以及社群一些特有的文化程式（一些具有文化意味的活动等）和语言形态（不被外部理解的沟通、表达方式）。合乎企业（品牌）和社群成员共同期望的社群文化，是社群凝聚力和生命力的源泉；面向社群成员进行理念、价值观营销，是社群营销的最高境界。这和我们以往听说过的愿景营销、使命营销、承诺营销、社会责任营销等是本质相通、一脉相承的。

（9）社群数据

社群运行过程中会生成、流动、积累许多数据，它们是社群的宝贵财富，是社群未来智能化运行的养分。对于这些数据，不仅要记录和保存，而且要进行挖掘、整理、分析和利用。这样，既可以帮助我们从轮廓和微小颗粒度两端理解、把握社群成员的特征，也为我们根据数据分析以迭代方式改进社群服务和运作提供了支持；同时，为我们通过智能商业系统预测社群成员的行为创造了条件。

（10）社群生态

当社群达到一定规模并稳定运行时，围绕顾客资源提供多维价值的商业模式就可能出现。而某一个企业（品牌）很难为顾客提供所有的产品和服务，因此，将自身变为平台，开放经营边界，吸纳其他主体共同为顾客创造价值，几乎成为必然选择。以社群为基础和核心的多边市场结构以及社群生态也就形成了（见图 16－2）。

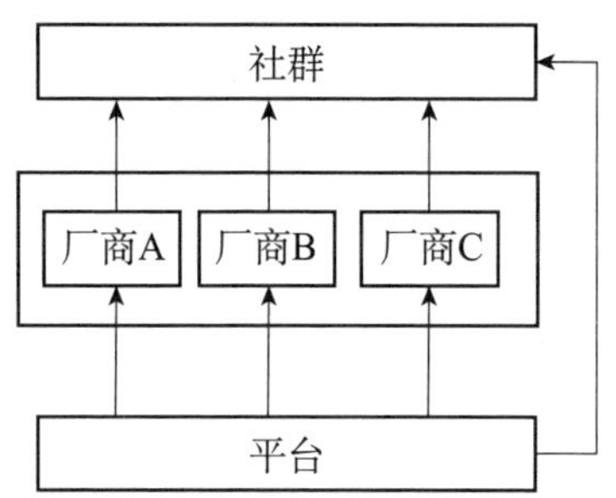

图 16－2　多边市场和社群

图 16－2 中，中间框中各个厂商（A，B，C……）是从外部引入的不同价值的提供者；它们和社群共同构成了平台服务者（社群的组织者和运营者）的顾客，即多边市场。随着顾客群不断扩大，外部引入的厂商将越来越多，平台服务者的服务支持亦会随之延伸。从理论上说，企业（品牌）的经营范围、体量将不再存在边界。这真是一幅动人的图景。

第十七章

CONNECTING

Marketing Strategy Based on Customer Value in Internet Age

零售的革命

零售革命的背景

近年来，我国流通领域尤其是零售领域正在发生深刻的变化。互联网及移动互联网电子商务一路高歌猛进，传统零售业态节节退守，总体上处于艰难的转型之中。近期，电子商务的优胜者亚马逊和阿里巴巴又分别将智能超市和新零售的概念渗透进传统零售行业。尤其是阿里巴巴显现出打通线上线下零售的宏大战略意图。从全社会角度看，各种零售业态正经受重新洗牌的整合过程。新兴业态将会出现，而不适应市场环境变化的旧业态将会退出；零售模式正在展开新一轮革新。

在分析零售革命图景之前，我们先来看看这场革命的原因和契机。

第一，新生代消费者走上市场前台。他们以 80 后、90 后以及 00 后为代表。与年长于他们的消费者相比，新生代消费者属于高认知型顾客：自主性更强，需求更加个性化，对生活品质要求更高，对生活的体验更加丰富、细腻，更加注重审美和精神价值，对商品价值的理解更深入，对产品性价比有更加清晰的判断，决策的理性程度和自主购买的行为比率更高，更加注重听取评论和参与分享，权利意识更强。同时，在渠道的选择上，他们更注重便利性，更习惯于通过互联网购物。市场营销的 4C 理论在他们身上得到验证（参见本书第一章）。

第二，传统零售形态（主要指百货业态）流通成本居高不下。除了极少数连锁零售寡头，多数传统百货的流通成本超过电商，面临电商凌厉、频繁的价格战，基本上无招架之力。

第三，在整个商品价值链上，上游制造商和零售商之间的利益分配不合理。一些连锁零售企业凭借规模优势和市场地位优势，将成本压力转移给上游，切分上游厂家的利益，表现为高租金、高进场费以及高商品进销加价率和扣点等。这种利益格局产生了多方面的效应：首先，迫使厂家自己发展垂直可控的渠道体系，如专卖店。其次，劣币驱逐良币，迫使优秀品牌离场。最终导致部分零售商场中出现商品品种结构不合理的现象：销售的产品要么是有话语权、市场占有率高的国际大品牌，要么是顾客效用低、采购成本低的低质产品。以药店为例，传统的优质药很难见到，而小药厂生产的品种大量占据货架；同时，药品越来越少，保健品越来越多。再以服装产品为例，顾客价值高的品牌很难承担百货商场的高加价率，于是被迫退出，而一些所谓的国外品牌（俗称“假洋鬼子”）依靠品牌溢价，还能在百货商场里生存下去。最后，一些优质的具有独特价值的新品牌以及新品类、新品种，被高昂的零售费用挡在连锁商超门外。显然，这几种效应对零售业本身也是一种损害。

第四，绝大多数传统零售业态经营模式陈旧，顾客体验长期没有显著进步，专业化、精细化程度较低。从店面的展示样式、空间节奏、美学风格，到服务细节、店面激活、店员状态，再到信息平台、数据分析、社群运作（会员管理），大部分传统零售店乏善可陈，基本上以促销为主。

第五，各地纷纷兴建商业中心（mall），体量巨大，但同质化严重。同质化表现在品类、品牌、经营形态等各方面，这必然导致过度竞争。由于缺乏创新，过度竞争未必能给顾客带来好处——喧嚣声巨大，每天用各种方式促销、打折或返利，但并没有给顾客带来全新的体验。由于零售不景气，目前不少商业中心已转型为以餐饮、娱乐服务为主。

零售革命地图

零售革命处于现行时态，具有以下标志、趋势及端倪：

第一，电子商务尤其是移动电子商务继续开疆拓土，在全社会商品零售总量中的比重越来越大。从品类看，以图书、电子产品、服装鞋帽、生活用品、生鲜食品等为主。从参与者结构看，一方面寡头（平台型或自营型）地位愈发牢固，另一方面针对特定人群、特定品类的垂直细分购物网站（APP）还会继续增加。从经营模式看，电商社区化、社区电商化，以及媒体（包括各类网红）电商化、电商媒体化这样的双向融合和跨界不断发生；同时，社区（社群）、传媒（内容）、商务在网上正在实现一体化。比如，母婴产品电商网站既是提供母婴产品的商店，也是年轻妈妈们交流的平台，还是育儿等知识的培训学校。从新进入者看，物流企业、金融（支付）服务企业、互联网社交平台以及内容服务企业等，都在介入电子商务，试图从巨大的经营流量中分得一杯羹。此外，大量个体创业者纷纷开办微小电子商务网站（APP）。

第二，社群型直销模式方兴未艾。以往有一种直销模式是基于顾客数据库的会员式（俱乐部式）销售。到了互联网时代，出现以微信为连接纽带、以社群为组织形态的直销。这种模式可以归入广义的微商，销售方是社群的组织者和运作者，购买方是社群里的群友、粉丝，直销的产品通常是细分领域的特色产品，销售的基础是销售方和购买方彼此的信任。这种模式和互联网（移动互联网）电商有一定的交叉。总体来说，每个直销社群的规模不是很大（也有规模较大的，但属于个别现象），但集合起来就成了蚂蚁雄兵，不断蚕食传统渠道的领地。据我调查，在南京、深圳的一些住宅小区，微商的水果、蔬菜、鲜肉等生鲜产品的销售量已占 1/3 左右。需要特别指出的是，有些规模较大的微商，实际上是多层次经销网络；有些还涉嫌传销。这和我们所说的微信直销有明显的差异。

第三，零售业态将会继续细分。随着顾客人群细分和零售竞争加剧，零售业态会变得更加复杂和多元。首先，从高端到低端业态层次增加，少数百货和专业商店业态更加高端化，而超市则会向下分化，将来会出现面向低收入人群的价格更便宜的超市。其次，从百货、会员商超、零售商超到便利店、专卖店等，由于横向跨界以及各业态定位的差异更加细微，未来业态的边界会更加模糊，业态图谱更像一条连续曲线（彼此交叉、融合）；业态的范围进一步拓宽，种类相应增多：超市型百货（或百货型超市）、大型小型各种仓储超市、更接近商超的便利店、更接近快餐服务的便利店、更像书店的咖啡厅、品种范围较广的专卖店或专业商店（比如集成运动产品的迪卡侬）、品种范围更窄的专卖店或专业商店（比如雷朋太阳镜专卖店）……

第四，零售体验在新技术的驱动下将会出现较大变化。实体零售店越来越像是一个舞台，带给顾客的是主题（情节）体验——现场经常举办各类主题活动；是时尚、审美体验——现场由产品、促销品及装饰品、背景装潢、人员等多个因素共同营造的整体美学风格、色彩环境、空间节奏等更具魅力和特色；是具有代入感的场景化体验——不仅展示逼真、还原度高，而且通过增强现实、虚拟现实技术使顾客体验空间扩大（虚拟、真实两个空间内的场景更加丰富）、交互性增强、感受更加强烈；是具有娱乐属性的参与式体验——现场就像是一个游戏乐园，吸引顾客参与并获得轻松、愉悦的感受；是提供解决方案的一站式体验——现场服务的设计和知识含量增加，端对端集成交付式的服务不断完善和延展。

第五，电子商务和实体零售以外的隐形通路将有所增加。隐形通路通常是能够直接接触终端消费者的机构及人，比如装修公司及设计师、燃气服务机构及抄表员等。通过这些中介，可以将产品（服务）信息直接传递给顾客，从而实现销售。目前，一些产品（服务）供应者为避开电子商务及实体零售寡头的限制和门槛，正在努力开发相对可控的隐形通路，而一些具有顾客网络资源的机构试图成为通路平台，双方一拍即合，使隐形通路模式迅速发展。

电子商务“帝国主义”

本节标题中的“帝国主义”是指电子商务的扩张性。近 10 年来，电子商务覆盖的范围越来越宽阔，几乎涉及人们消费的所有方面（参见本书第十九章）。原来人们认为不适合电子商务的生鲜产品品类，随着物流（尤其是冷链物流）体系的发展完善，以及微型移动电子商务（包括微商、APP 等）——这种模式可以更加直接地整合上游供应链、更加敏捷地对市场变化作出反应——的兴起，线上销售的比重在增加。有的读者朋友可能会问：电子商务和线下零售的边界在哪里？线下零售还有多大的生存空间？

从顾客体验角度看，电子商务和线下零售各有特色。两者的边界由各自不可替代的独特体验决定。有些产品，只有通过实体终端的展示及氛围，才能使顾客真切认知、体会并获得其价值，那么它们的销售方式必然以线下零售为主。比如大屏幕高清晰度电视机、发烧级的音响设备、飞速轰鸣的跑车、宽大舒适的沙发、气氛热烈的现场演唱会、品质及规格非标准化的生鲜产品等。除此之外，从消费和购买情境（场景）角度看，因消费者对时效、便利、速度的要求，有些产品更适合在邻近顾客的便利店等实体终端销售。比如现场加工的快餐食品、即买即用的小电池、当场消费的饮料及香烟等。

总的来说，大部分产品既可以在线上销售，也可以在线下销售。但是，有些产品更适合线上（或更适合线下）交易。这里，我概括出适合线上销售的产品的若干主要特征。它们多为电子商务的充分条件。

第一种特征：产品为信息形态。文字、符号、图形、影像、声音……这些表现为信息形态，可以用数字信号进行存储、流转的产品，天然地和互联网融合在一起。可以这样说，信息的传播、流动是互联网的基本功能，出售信息、提供信息服务则成了互联网上最基本、最常见的商业模式。

第二种特征：产品的内部品种极为丰富。有些产品如图书、音像制品、时尚服装等，内部品种繁多，从动态角度看品种切换速度较快，传统的商业形态无法全部罗列或展示穷尽，也难以零成本、零时滞、高效率更换。例如，国内数百家出版社一年出版新书几十万种，有哪一个传统书店可以全部上架？书店是有经济意义上的空间边界的。由于大部分图书品种购买者寥寥，因此面积过大，空间效率必低——目前特大规模的购书中心多为公益事业。再以音乐唱片为例，若有一个古典音乐发烧友喜欢“贝九”的特殊版本——李德伦指挥的中央乐团首场复排演出。这张唱片你从哪家音像商店可以买到？而互联网则几乎提供了信息展示和转换的无限可能，兼有搜索、查询的极高效率。

第三种特征：产品的需求者为小众群体，且分布分散。有些产品在一定的区域范围内，只有零星的少数消费者；由于有效需求量稀少，传统的商业形态除了特定的专卖店，通常是不会出售它们的。比如，用于大海深处钓鱼的海杆，没有多少人有条件消费；再如，游子们酷爱的家乡风味，在异国他乡常常苦苦寻觅而不得。互联网将分散在各地的零散消费者聚合起来，形成有一定规模的消费群落，向他们提供传统商场不多见的另类、边缘、补缺、差异化产品。

第四种特征：产品线下传统销售方式成本较高。一说起珠宝钻石、时装名表，人们首先想到是昂贵。其实，这些产品之所以价格高企，很大程度上是由于传统零售业态销售成本高、效率低。气派华贵的专卖店或专区、专柜，美轮美奂的装修布置，漂亮典雅的销售人员，无不推高销售的费用，但销售的产出却有限。销售效率低反过来又抬高了产品的价格；大量的销售成本摊到了少数购买者头上。网上销售消解了有形的卖场，大幅降低了消费成本，从而可以让利于消费者（也刺激了需求），与传统零售业态相比有了一定的竞争优势。这正是一些珠宝网站生成、发展的背景和原因。

第五种特征：产品消费发生在特殊的场景之中。这些场景在空间上是受到限制的，在时间上是“碎片化”的，而电子商务比线下销售更加适合这些场景。比如年轻小白领在封闭的写字楼里、上班间歇的短暂时间内想吃点休闲食品，在外出不便的情况下，只能通过线上交易、线下配送满足这种需求。

第六种特征：产品的个性化需求明显，属于定制化形态。对于这类产品（如家庭装修、定制服装等），通过线下直接接触和沟通收集顾客个性化需求信息、与顾客反复沟通提供解决方案，效率较低，能够覆盖的地域、人群范围较窄。通过线上的交流互动以及人工智能服务，在一定程度上可以解决个性化沟通和大范围、规模化服务之间的矛盾。

第七种特征：产品的物理形态适合于物流配送。众所周知，物流配送是电子商务的支撑，而 B2C 对物流配送的要求更高（定点定时，送货上门；有时还需订购者本人签收）。产品的形状、体积、结构、质地、规格以及包装等，对物流配送的难易程度、费用高低发生作用，从而影响它们与电子商务的契合。

微商直销的未来

随着微信成为全社会的基础性连接工具，一度有所沉寂的直销借助微信似乎又获得新的生命。大大小小的微商异常活跃，已成为低门槛创业的主要途径之一。在微商的标签之下，构成复杂，良莠莫辨。有的微商是“挂羊头卖狗肉”的非法传销，应坚决予以取缔；有的微商则是多层次的分销体系。我们这里将以微信群及朋友圈为依托的直销型微商作为零售的一种形态进行分析。

在不少人的心目中，微商和女性化妆品以及保健品有密切的关联。实际上，适合微商直销的产品领域非常宽阔。从一般意义上说，它们具有以下主要特征：

第一，产品含有丰富的或特殊的知识，需要与消费者进行深入的沟通和互动，才能使之为消费者所认知和理解。实体零售在这方面不及时刻都可以分享讨论的微信直销。

第二，产品适用的顾客群边界比较清晰，也就是说，作为一个特定的目标市场，他们是谁、他们在哪里、他们有何特征，产品提供者是了解的，信息也可能得到，因此组建、运作微信群是可行的。

第三，产品的价值组合中包含主观性、审美性、情感性的价值。这些特征既为微信群内顾客感情的培养提供了条件和契机，也要求以反复接触、深入沟通的方式更好、更充分地实现产品价值。

第四，产品的附加值空间较大，这是微商运营者获取较高报酬的必要条件。换句话说，只有较大的产品附加值空间，才使微商直销这种效率较低但可以培育顾客资源、深化顾客关系的流通模式有存在的可能。

第五，产品的物质形态安全、稳定，体积较小，便于携带和配送。

由此我们可以拉出一个适合直销的产品清单，如体现生活品质和格调的雪茄、咖啡、红酒等食品，来自故乡或偏远地区的特产及生鲜产品，珠宝玉石等装饰品，具有丰富知识内涵的软件、艺术品、保健品等。即使家电、家具、时装等传统行业，亦有引入微商直销进行营销创新的可能。

微商直销属于社群型流通模式，以社群成员对社群运营者的（产品及服务的销售者）信任为前提和基础。可以说，社群运营者的信任半径决定了社群的边界以及与之相对应的规模。信任到哪儿，社群就到哪儿；信任有多远，社群范围就有多大。

信任的必要条件是微商直销的产品（服务）的品质、性价比以及差异化价值。没有长期、稳定的优质产品和服务供给，就不可能建立和保持信任。因此，对微商经营者来说，构建长期合作、来源独特的微供应链殊为重要。之所以称其微，是因为绝大多数微商的销售规模及供应链体量相对较小。微供应链的生产与销售之间距离短、运行速度快、反应敏捷。它们以蚂蚁雄兵的态势对传统的生产及流通体系逐步进行蚕食，与寡头化（阿里巴巴、京东等体量越来越大）的商业生态形成鲜明的对比；在一定程度上对寡头也是一种抑制。

社群信任的充分条件是社群内部持续的互动和交流（参见本书第十六章）。对微商经营者来说，根据社群成员的特征和愿望，设计吸引社群成员参与、分享的话题和事件，成为社群营销的关键动作。很多微商朋友经常感到社群冷清，缺少话题和事件的创意——在此背景下，社群沟通技巧成了一门热销课程。其实，只要和社群成员长期反复接触和交往，真正用心去关爱他们、理解他们，只要具有顾客导向理念并掌握基本的营销方法，创意就有可能源源不断。

微商直销本质上属于信用营销，即社群运营者经营的是自己的信用。传统直销业长期以来积淀了一些不良习惯，如产品价值虚浮、价格浮高、热衷于话术和洗脑，这些都会损害社群内部的长期信任关系。

新零售的内涵

近来，新零售引发普遍关注。这一概念的出现有三个背景：一是2016年年底，亚马逊公布了一段在美国西雅图试运行的无人商店（Amazon Go）的视频；虽然信息很不充分，但还是引起人们对于零售领域新技术运用的遐想。二是马云2016年10月在杭州云栖大会上的演讲中提出，新零售时代已经到来。从他所讲的一些内容来看，强调的是线上、线下以及物流的结合和一体化。过去，我国电子商务和线下通路之间是没有打通的，各自的顾客体验是割裂的。对绝大多数企业或品牌而言，数据流未能实现线上线下共享。马云的新零售概念与这一状况有关。三是近年来传统零售业在电子商务的冲击下，举步维艰、节节败退，整体上出现衰落；而新零售的概念使传统零售业为之一振，似乎出现一条新的道路。

未来新零售的特征和内涵究竟是什么？由于目前只有少数无人店，我们难以全面、细致地描绘和分析，但若干要点和轮廓是清晰和明确的。

（1）线下零售的信息化、数据化和物联网化

线下零售和线上电子商务相比，在信息、数据的获取、应用方面不如线上。对顾客而言，在产品及价格信息的搜寻、评价、分享和比较上，每个零售店都是孤岛。而电子商务的运作从一开始就是基于信息流和数据流的。因为看不见活生生的真实顾客，只能根据顾客在网上的搜寻、浏览、点击等动作，以及实际发生的销售数据等，来判断顾客的行为；在数据流和信息流的基础上，产生了精准广告投放、推荐销售以及交叉销售等新运作方式。

而在新零售背景下，线下的零售店会把自身变成一个巨大的信息流和数据流的集合：

- 零售店内所有的货架、货物、购物篮、收款设备等构成一个通过传感器等来相互联系的物联网。形成物联网之后，信息、数据就可以流转、采录和聚集。比如，顾客在货架上每拿一件货物，后台的信息系统都可以同步显示相关数据，这样就解决了传统零售店的货物盘点、统计问题，为快速补货创造条件。
- 零售店无死角地布置图像（声音）采集系统。摄像头等设备对信息全程进行记录之后，可以和人脸（语音）识别技术结合在一起。在此基础上，将衍生出自助付费、机器人自动服务、顾客资料（信息）自动积累、顾客互动策略自动生成等多种应用。
- 电子标签在零售店内广泛应用。所有的货物和商品上都有一个二维码；扫一扫二维码，商品的所有信息（包括功能信息、品质信息、

原料信息、价格信息、可溯源的产地信息等）都可以在手机或其他载体（屏幕）上显示出来。库存的盘点、货物的补充、价格的调整、顾客的结算等都可以借助电子标签完成。

未来，传感信息系统、电子标签信息系统和摄像（声音）系统三者之间，既会交互，也会共享，还会彼此补充，共同形成零售店海量、动态信息的集合。这样一来，线上线下就可以实现信息和数据的互通和共享。从某种意义上说，线下商店的信息流和数据流比线上更有价值和优势，因为对顾客的行为（包括行为背后的动机）有更加真切的把握。

（2）虚拟世界和真实世界的一体化体验

在现实的物理空间中，顾客的体验是受环境限制的，人们只能看到真实世界。而互联网虚拟世界里会有一些在真实世界中不能体会到的情境。一些零售企业正尝试把一些线上体验放到线下来。随着虚拟现实、增强现实技术的发展，线下顾客体验方式将会出现重大突破。

基于虚拟现实技术的新体验估计将首先在游戏网吧里出现。游戏网吧是一种线下零售的特殊场所——目前阿里巴巴把新零售扩展成线下一切物理空间里的体验，包括游戏网吧、餐饮、咖啡厅、书店等。虚拟现实就是每个人戴上头盔之后，所见到的非真实世界——或许是另外意义上的真实。我们可能穿越时空进入古代或未来并置身其中。这种体验将使线上游戏进入新的境界。零售店将会出现怎样的情形？顾客进去之后，戴上一个头盔，然后通过商店里附在商品或其他载体上的信息入口（二维码），进入另外一个世界。它在形态上是立体的，在内容上有无限可能。这样就突破了零售店本身的限制。比如，顾客要选购一辆日本生产的汽车，可以通过头盔看到这辆汽车在日本生产线的生产过程，以及一些更加宽阔或更加纵深的内容。顾客选购一个瑞士生产的产品时，可以把自己放到日内瓦湖、阿尔卑斯山的背景下，欣赏瑞士的湖光山色。

虚拟现实技术对于零售创新会有帮助，但它可能并不是最重要的体验手段。未来真正为顾客创造新的体验价值的可能是增强现实技术，虽然它的应用或许更困难。所谓增强现实，通俗地说就是在真实的环境中突然出现虚拟的景象。假如顾客去家具卖场准备购买顾家皮床，想要看一看在床边上摆把椅子是什么样子。椅子在现实中是不存在的，但顾客戴上特殊的眼镜（或头盔）之后，椅子就会在床旁边出现。顾客可以通过电脑或手机操作，改变椅子的颜色、形态、材质乃至数量等。总之，椅子是虚拟的，虚拟现实将技术与真实情境进行匹配。

（3）商业智能在零售中的应用

商业智能是个含义丰富的概念，简要地说，就是人工智能在商业中的运用。商业智能目前主要的应用领域和场景之一是零售业。

人工智能的基本要素之一是大数据。大数据是人工智能及机器深度学习的原料和营养，是人工智能生成和演进的必要条件。显然，线下零售店拥有流动着的巨量数据（以前这些数据可能流失掉了），包括顾客购买行为数据（行动路线、来店频率、逗留时间、决策速度、动作特征等）以及行为结果数据（购买品种、购买金额等）。基于这样一些数据，人工智能通过另外一个基本要素（算法）产生零售经营者所需要的分析结果。零售经营者需要给人工智能系统设定一个运算逻辑。具体地说，要设定输入什么、输出什么以及中间的转换（解题）方法和步骤。（从这个意义上说，人工智能目前仍属于人的智能。将来人工智能能否超越人类而具有独立的智慧，我们还不得而知。）

零售企业获取大数据并利用人工智能系统计算之后，会针对顾客作出哪些智能化的反应？一个类型和方向是针对顾客个体的，即对每个顾客进行一对一的精准营销。另一个类型和方向是针对顾客群体的，即根据各个顾客群体的不同特征进行差别营销。

商业智能和个体顾客的交互

零售商店的商业智能和个体顾客的交互目前主要有四种情形：

第一种情形是基于人像识别及顾客数据库的顾客互动。某个顾客多次光临商店，其头像等信息被记录下来。以后再去的时候，无论是服务员还是服务机器人，都会热情地和顾客打招呼："欢迎您第××次光临，您是我们的老顾客！"这是一种最初级的人工智能运用。顾客头像只是一个标签，背后还有他的一些历史数据（数据库），从而可以使服务员准确、精妙地跟顾客互动。比如，牛排店里服务员经常会问顾客：您吃几分熟？有人说五分，有人说七分，人工智能系统就记住了。顾客再次光临，服务员就可以说："您喜欢吃五分熟的，现在有一种牛肉，三分熟更好吃，要不要尝试一下？"

第二种情形是会员优惠券设计。优惠券包括电子形态的、手机APP里的优惠券。这些优惠券是根据顾客的购买数据动态、自动生成的。比如顾客结账的时候，优惠券和购物小票一起就打印出来了。优惠券种类很复杂，结构很精巧，可以根据顾客分品种购买额设计，通常都有时间和品种限定。比如要在一周内用完，或只能购买某些特定的品种（这和推荐商品有点类似）。

优惠券还有一些超出我们想象的应用。比如，发现一位顾客从来没有买过牛奶，但也给他牛奶优惠券，用于测试他是不是在其他的商店购买。如果他用了优惠券，那就证明这位顾客原先很可能在其他商店购买牛奶。这个结果出来之后，就可以给他更多的牛奶优惠券，这样就可以对竞争对手形成一定的影响。

基于会员制、积分制以及购买记录的优惠券系统，是目前商业智能的主要形态。优惠券越来越丰富，也越来越有意思。优惠券系统在欧美发达国家是很成熟的系统，可惜我国大部分零售企业用得比较粗放和简单。

第三种情形是商品的推荐和交叉销售。如果某顾客购买某种（或某几种）商品的时候，通常还会买其他某种（或某几种）商品，这就构成了一个事实关联。根据这种关联，可以将相关的商品一并向这位顾客推荐。还有一种关联称作逻辑关联，它是根据某些事实作出的延伸性的合乎逻辑的判断。例如一位男顾客买了纸尿布，他很可能是孩子的爸爸，于是向他推荐奶粉。

以往将商品整合起来的推荐，其逻辑都比较僵化和直接——比如一位朋友跟我说，他为家里的老人看过墓地，结果连续一个月都有商家向他推荐骨灰盒。随着人工智能技术的发展，未来商品推荐将会更加多维和准确。例如，根据顾客的购买行为推断他可能对哪些商品感兴趣，进行横向的相关产品推荐和纵向的上下游产品推荐。顾客买了电吹风，解决了头发的问题，再推荐一个剃须刀解决胡子的烦恼，这是横向的推荐；顾客买了榨汁机，同时推荐用于榨汁的水果，这是纵向的推荐。未来可能还有更加智能的——跳跃式的、非单一线性逻辑的推荐。比如，某人经常买些高档次的古典交响乐唱片，人工智能系统推断出这个人可能属于文化层次、收入水平比较高，行为做派比较西化的，那是不是可以给他推荐一款暗花怀旧型领带？这个行动跨度比较大，但真正具有智能推荐的意味。

第四种情形是根据现在的购买行为推测未来的购买行为。这在技术上比较困难，但却是未来人工智能的重点。其模型之一是顾客的消费生命周期；方法是基于顾客消费生命周期现阶段的行为特征推测出下一阶段的行为特征。例如，一对小夫妻刚刚结婚，现阶段主要购买家庭生活用品；通常情况下他们下一阶段的消费主题就是母婴产品了（当然，先要判断他们有无怀孕计划）。商家在顾客下一个消费主题出现之前或尚在萌芽状态时，就可以未雨绸缪，提前与顾客互动、引导顾客消费。

推测顾客未来行为的第二种模型，是根据顾客目前的行为刻画顾客的生活态度、生活方式和消费心理；在此基础上推断出顾客将来可能出现的购买行为。例如，某一顾客的购买记录证明他是年轻的、追求时尚的、喜欢运动的、有活力的，那么他将来可能喜爱及购买哪些风格、调性、功能的产品和服务，就会有一个较为清晰的轮廓、指向和范围。这是零售商店与顾客一对一地精准、高效交互以及进行前瞻性的愿景营销的依据。

商业智能和细分顾客群体的交互

零售商店的商业智能和不同类别细分顾客群的交互，有以下若干作用方式和功能：

第一，对顾客进行分类。商业智能出现之前，商场里的顾客群画像的维度有限，依据不足（常常是假说）。而到了人工智能时代，就可以增加很多维度以及维度内部的区隔颗粒度，从而形成繁复的顾客结构。比如，过去没有顾客的头像数据，就无法对顾客按肤色进行分类；

更无法按肤色的细微差别，将女性顾客区隔为众多细分类别。而这与化妆品销售有密切的关联。

第二，分析顾客群的特点。这是差异化营销的前提和基础。例如，前来商店购买商品的顾客分为单身、两口之家、三口之家等形态；它们的购物金额、购买品种、喜爱的审美风格等，都有一些比较鲜明的差异。知晓、理解了这些差异，商品的引进、推广乃至货架上的摆放都可以变得更有针对性：牛奶产品系列中，大容量的包装主要是针对三口之家的；稍小一点的包装比较适合两口之家；而针对单身者的包装更加时尚和精巧。除此之外，适用于不同顾客群体的牛奶产品，在口感、开启方式等方面都会有不同的特色。再如，如果商场数据表明：中产阶层群体水果购买总量中，进口水果的比例持续提高，那么商店通过优化针对中产阶层的进口水果品种以及现场体验，则能提高顾客价值以及自身的经营效益。

第三，分析顾客为什么流失。哪些群体流失得最快？流失的原因是什么？根据顾客群体行为特征，可以设定背后的影响因素；通过大数据分析以及实验的方法，基本上能够判定顾客流失的原因和背景。

第四，找出顾客行为中出现次数较多以及分布较广的典型行为并分析背后的原因。例如某一种新产品，大多数人都是拿起来看了看，并没有购买。原因是什么？是价格问题、产品价值诉求问题，还是包装问题？这些假说可以通过大数据和人工智能来进行验证。

第五，收集顾客注意力资源在店内的分布。简单地说，就是了解顾客更喜欢聚焦在什么地方，在哪些产品、货架、场景以及媒体上投注了更多的目光。这是零售店中顾客动线设计、产品展示及顾客体验安排的依据之一。同时，也为店内媒体资源的充分利用提供了条件。零售商可以精准地将广告位置和形态推荐给处于竞争状态的广告投放者（通常是上游品牌）。而哪些地方有更多的流量，顾客会停留多长时间，什么地方更能吸引到特定的顾客人群等，都与广告价格相关联。

第十八章

CONNECTING

Marketing Strategy Based on Customer Value in Internet Age

深度营销和决胜终端

从 OPPO 和 vivo 谈起

近年来，OPPO 和 vivo 非常引人注目。首先是因为这对“双子星”品牌取得了骄人的业绩。2016 年，OPPO 和 vivo 在中国智能手机市场上的份额分别名列第 2 和第 3。第 1 名是华为。但是，这两个品牌的份额加起来是第一。为什么可以加起来呢？因为它们的历史渊源可以共同追溯至步步高（段永平创办的著名消费类电子品牌）。它们是步步高这棵树根上长出的两棵既独立又关联的大树。

OPPO 和 vivo 引人注目的第二个原因在于它们的竞争对手是一些行业巨头。华为已经是世界级企业，苹果、三星就更不用说了。在一个寡头竞争的领域，它们能脱颖而出，并且持续快速增长，是令人惊叹的。

这两个品牌引人注目的第三个原因，是它们的营销模式似乎与这几年人们热议的互联网模式、社交网络模式关系不大（当然不能说一点关系也没有）。这和小米手机形成了很大的差别。小米手机在比较短的时间内实现了品牌跃升，采用的是比较典型的互联网打法：某些软件多次以开放方式实现迭代；构建社群，和具有专业能力的粉丝互动；通过网络直销等。OPPO 和 vivo 的营销模式属于深度分销。这种模式在中国市场上由来已久，一度是消费品品牌的主流营销模式。这几年在互联网革命的喧嚣中，它似乎被冷落和遗忘了，但是 OPPO 和 vivo

等品牌的实践和业绩，又使它重新受到关注。

深度营销——由于“分销”一词容易引起歧义，现在我们称之为深度营销——是以渠道和终端为中心的，主要面向三四级市场（地级城市和县级城市）的系统的、整体性的营销策略组合和做法。它是我国特殊市场环境的产物，是中国企业对世界营销的重要贡献。这几年，这一模式已走出国门，在东南亚和非洲市场大放异彩。

中国立体市场的特征

中国消费品市场最主要的特点是什么？一言以蔽之，即多层次的立体市场。从北上广深等一线城市、省会城市、地级城市，到县城、乡镇以及村庄，不同市场层次之间的差异较大。

我们先来看看顾客的差异。同样的产品，各个层次市场的顾客特征是不同的。大城市的顾客知识比较丰富，和供给方及品牌的知识不对称较少，自主性比较强；而越到下面层级（次级）的市场，消费者自主决策的能力就越弱，越容易受广告信息及渠道（零售商）的影响。这涉及相关知识从大城市向县城、乡村的传递，也涉及消费者一些特殊的诉求。比如，越是低层级的市场，消费者对于渠道（零售商）的服务就越依赖。以手机为例，如果出现了故障，只能去找渠道（零售商）——消费者的信念是：谁卖的找谁；不像大城市有很多服务商可以选择。与此相关联，大城市消费者在品牌选择上倾向于大品牌以及国际品牌——这与收入水平、文化程度等有关；而次级市场顾客的品牌选择更加随意，倾向性更不明显。

从零售渠道角度看，越到次级市场，渠道的分散度就越高；其中传统业态的比重越大。大城市里的零售寡头向次级市场的延伸、渗透，因管理能力、资源、地缘等因素的限制，不是没有限度和边界的。而电子商务近年来在农村市场虽有长足进展，但仍不是主要的流通形态（家电等产品品类的比重在 1/3 左右）。还是以手机为例，在北上广深很少见到的传统业态（店态），如独立手机卖场或者小型连锁手机卖场，在一些不太发达的地级城市和县城，虽然经过多年的行业整合，至今仍是渠道体系中的主力。

次级市场（三四五级市场）还有一个特点：传播效率相对而言比一二级市场要高。运作一个品牌，如果在北京、上海投入广告，通常需要天文数字。因为城市太大了，媒体高度分散。像北京的公共交通线路那么多，做一两路的公交车身广告，不能引起广泛的注意。而县城以及一些比较小的地级市，街道不多，人流集中于少数的广场和商业中心。只要在传播上抓住一些制高点和关键资源，就可以较快营造出一种密集、立体的信息环境。在促销方面，三四五级市场也更方便一些。例如在卖场门口搞一个充气拱门，做一些活动，敲锣打鼓，放放音乐……这在北上广深肯定是不可行的。

深度营销的关键：掌控终端

OPPO 和 vivo 将目标市场主要定位于三四级市场的年轻消费者，一方面避开了一二级市场寡头渠道（包括寡头电商）的障碍以及消费者的认知障碍（一些都市小白领不太认同第二阵营的国产品牌），另一方面找到了开发三四级市场、汲取顾客资源的途径和方法。抓住渠道（包括分销商和零售商）这一核心，将分散的渠道组织起来，形成一条可控的垂直流通链。而地级市、县城及乡镇大量在和全国性渠道寡头竞争中处于弱势的传统商家——哪怕是个较小区域范围的寡头——急需在纵向价值链上获得支持，希望与上游制造品牌携起手来。这就是次级市场品牌专卖店、店中店、专柜、专区大量出现的背景。

上游制造企业控制流通价值链的核心在于掌控零售终端。将管理的触角延伸至渠道的末端，在零售层面和消费者对接，是营销具有深度的主要标志。如何掌控零售终端？主要有以下几个环节和动作：

第一，精细化终端布局。具体行动要点包括：通过扫街整理出全面的零售网点信息；确定零售商以及终端组合方案——分层次，分重点，考虑各零售商的战略定位；对零售商及终端进行分类管理（重点、次重点和非重点）；关注零售业态及趋势，平衡不同业态之间的关系；合理确定零售商宽度（铺货率），避免掉入陷阱（确定宽度时要考虑零售业格局、价格稳定性、零售商边际毛利率及满足度、自身的任务和支持等）；保持零售终端结构的合理性和协同性，将零售商及零售终端组合与区域市场营销攻、防结合起来考量等。

第二，终端建设。包括硬件建设和软件建设。硬件包括店头、店招、柜台、吊旗、灯箱、背板、海报、堆箱、地贴、拱门、气球等。硬件建设的目的在于抢占零售终端的宣传资源和媒体资源。软件建设就是促销员队伍建设。上游制造企业通常会选派大量强劲有力的促销员进入终端（同时训练合作零售商的促销员），像卫士一样守住渠道的最后一个闸口——通过它，水流向消费者。守住这个闸口，也就意味着别的品牌的水流被堵住了。这就是零售壁垒策略。目前，OPPO 和 vivo 这两个品牌在终端拦截、现场顾客沟通等方面几乎做到了极致。在同一个卖场里，其他品牌没有采取类似的做法，或者做的力度、强度较弱，份额就会一点一点被蚕食掉。

第三，终端激活和拦截，即终端活性化。始终保持终端的灼热温度，天天有推广促销活动：3 天一小搞，7 天一大搞……卖场就像一个舞台，经常上演不同主题的节目，吸引消费者参加，增加卖场的新鲜度。对于已经来到终端的顾客，通过有冲击力的话术引发他们购买。

第四，终端激励。深度营销是基于渠道推力（而非品牌拉力）的营销模式，零售商的销售意愿和动力是其成功的关键因素。因此，必须安排和保护零售商的利润空间。一方面，基于动态销售数据，设计精细化的奖励政策，例如按品种奖励、按时段奖励、按任务阶梯奖励、回溯通补奖励（对以往已经完成的销售量再次予以奖励）等；另一方面，使零售商的毛利空间具有竞争优势并切实维护价格体系和市场秩序（严防并消除窜货）。需要特别指出的是，面向零售商的供货渠道必须单一，不能形成多头供货的局面。否则，水位高低不同的出水口竞相奔涌，会使零售价格如波涛汹涌，片刻不得稳定，很容易把零售体系冲垮。这样一个简单的道理，很多品牌（包括外国品牌）似乎都不明白和认同。其实都是短期销售目标压力下的利令智昏所致。

第五，快速动销。深度营销的运行方式是顾客拉动式，即零售体系根据顾客需求（订单）短周期向上游订货或补货。其特点是销售周转快、零售库存少、销售效率高。这与传统的向零售商灌水、压货形成了鲜明的对比。快速动销对于上游制造商和零售商的计划管理、信息管理、物流管理都提出了较高的要求。这是深度营销推行的一个难点；换个角度看，它也是超越竞争品牌流通价值链的门槛。

第六，零售商赋能。三四五级市场上的零售商规模大小不等，素质参差不齐。对上游制造商来说，一方面需要选择优秀的零售合作伙伴，另一方面需要持续不断地对零售商进行系统培训，并向零售商输出管理乃至直接输送管理人才。

第七，店外主动营销。突破零售终端地理位置和空间的限制，以零售终端为根据地和阵地，走出去，到小区，到广场……到消费者所在的多个场景里去。通过店外营销事件和活动，以主动营销的姿态挖掘潜在顾客，使其潜在需求变为现实需求。对其他反应迟缓、主动性不强的品牌来说，这就是釜底抽薪了。

人是深度营销的关键

通过上面的说明可以看出，深度营销是一个结构化、整体性的模式，具有两个基本特点：第一，严格、细致的市场管理；第二，销售人员众多的密集型市场运作。这两个特点是相互关联的，后者是前者的必要条件。从事深度营销的业务人员、团队尤其是各层级区域市场的管理人员，不仅要有较高的专业市场管理能力及营销能力，而且要有与深度营销相契合和匹配的价值观。他们要像农民那样，有长周期耕种的理念和目标，不急功近利；在日常耕作中，细致、认真、务实，不辞辛劳，敬业勤勉，充满激情。这样的精神、态度和价值观，是深度营销得以实施的必要条件。从具体角色角度看，他们是策略师——制定区域市场和零售终端的营销解决方案；他们是指战员——以终端为阵地组织、指挥各种竞争战役；他们是裁判员——严格执法，维护市场规则；他们是培训师——传播企业文化，充当客户顾问；他们是救火员——处理市场上的突发情况，解决零售商及终端的疑难问题。

深度营销模式最终的竞争力和保证在于销售团队的建设和管理，在于价值观型团队领导者（有使命、有情怀、有追求）的培养和使用。这也是这个模式不容易被他人学习和模仿的地方。因为构建、管理这样的团队非常困难，利益上要广泛共享，文化上要有高度的一致性，素质上也有较高的要求等。像OPPO和vivo这样的创新型企业，员工持股的范围较为广泛，销售人员收入水平较高；更重要的是，选用优秀大学生，将他们培养成骁勇善战的营销尖兵。

有的读者朋友也许会问：难道深度营销的责任主要压在一线人员的身上？当然不是。实际上，企业运作深度营销，要有准备阶段，实施起来需要协调管理的环节很多，总部的策略制定、计划调控、检查监督、支持服务等职能和作用是很重要的。没有坚实的平台支持，一线的战斗力会受到限制；一线呼唤炮火，后方要有火力才行。前方的业务人员都是装备精良、训练有素的特种兵，因此后方的投送和后勤保障能力至关重要。

需要指出的是，深度营销虽然具有业务人员密集的特点（从财务报表看销售费用以及人员费用较高），但它是一种区域性压强攻击战法，能有效地管控市场价格、保护产品附加值，能为企业带来利润和份额的同步增长。从某种意义上说，深度营销的人员投入不是费用消耗而是资本积累，它能增加企业的品牌权益（资产）和营销模式权益（资产）。反观一些未实施深度营销的品牌和企业，表面上看销售费用较低，实际上由于对零售层面缺乏管理，产品价格得不到保护，产品附加值流失严重。这种粗放的、陷于价格战而无法自拔的模式是不可持续的。

深度营销不能盲目扁平化

掌控终端离不开上游对零售商的辅导、支持和服务。这个上游要么是上游制造商自建的区域销售组织和团队，要么是与上游制造商合作的区域经销/代理商。深度营销刚刚发轫、兴起的时候，由于区域经销/代理商达不到上游制造商的要求——要么是未改制、缺乏活力的国有企业或集体企业，要么是规模较小、素质较低的小型流通企业及个体户，因此许多企业和品牌自建区域销售机构，例如 TCL、海尔等。随着区域经销/代理商的成长，目前大多数上游制造商采取与区域经销/代理商合作的模式。这样既能充分利用社会资源，又能解决人员较多、管理复杂的难题，防范经营风险。因此，根据中国国情，不能盲目地说要扁平化、要去中介……这些都是教条主义的说法。中国市场那么大，县、乡镇、村庄那么多，零售终端数量庞大，怎么去中介化？为了做深做细，把区域经销/代理商辐射、覆盖的区域范围划小一些，倒是有必要的。但也不是越小越好。区域经销/代理商如果没有发展空间和一定的经营体量，就没有能力和资源配合制造商精耕细作。

上游制造商与区域经销/代理商的合作模式，可以用一句话来概括：市场化交易、一体化管理。只有市场化交易，才能确定各自的责任边界，才能形成理性的交易行为。比如，制造商想无限制地压货，作为独立经营主体的经销/代理商就会因自身的利益而顶住。这样就不会像厂家自己办的区域销售公司那样，库存成为不可承受之重。

所谓一体化管理，是指制造商和区域经销/代理商在文化、组织、流程、信息、运作模式上是一体化的；彼此之间在产权上可以双向参股，构建长期利益一体化机制。通过市场化交易、一体化管理，使得区域经销商/代理商既是制造商的，又不是制造商的。这就有点互联网模式的意味了。在一体化管理的基础上，制造商和区域经销/代理商协同运作，共同开发和管理市场。区域经销/代理商执行制造商的意图、策略，按照制造商的要求建设、服务终端，开展促销推广活动，管理市场秩序。

深度营销要注意份额的魔咒

深度营销模式有没有限制，有没有内在的矛盾？根据我的观察和分析，它的内在限制和矛盾表现为：当市场份额达到一定程度的时候，会出现边界。我把它称作份额的魔咒。市场份额一旦抵达边界，就会止步不前；如果试图超越这一边界，就会被无形的墙撞回来，甚至引发市场份额的急剧下降。

份额的魔咒的机理是什么？通过决胜终端、密集开发、主动营销等方式，市场份额可以比较快地提高；但到了一定的边界之后，若要进一步提升，就需扩大渠道的宽度——原来一个县城四个网点卖货，现在变成八个网点。宽度增加了，零售商之间的竞争必然加剧，零售终端的利润空间就会受到挤压，销售意愿也会随之下降。通常情况下，竞争对手会乘虚而入，用高额回报吸引零售商易帜。

如果制造商非常强烈地要求份额和销量，还有可能导致批发渠道行为的失控。区域经销/代理商销量达不到厂家的考核要求，就会用各种方式出货，比如甩给批发市场，或者供给大零售商。有些大零售商明明卖不了这么多货，也会低价吸纳进来再去批发。对大零售商来说，这样做一举两得：一方面增加自己的销售额，获取一定的边际收益，同时又打击了小零售商。何乐而不为呢？大零售商包括线上的寡头们，对制造商送过来的炮弹欣然接受。一些制造商品牌就是这样毁在自己手里的。

一定程度上说，都是考核惹的祸。面对强硬的短期销售压力，经销商/代理商、区域营销团队的行动都会扭曲。这样的教训，希望各个企业记取。OPPO 和 vivo 用深度营销模式做到现在，也要防范这样的苗头。

总的来说，深度营销模式是一种挑战者模式，适用于处于市场追随和挑战地位的品牌。它们在产品上模仿领导者，节奏上跟着领导者走，不必去引领市场；聚焦于领导者无绝对优势的三四级市场，以压强和突袭的方式获取胜利。但要成为领导者，用这种模式恐怕还不能奏效。必须找到适应大城市的模式，进入一个新的营销境界，比如真正的产品竞争力和供应链管理能力，更加强大的品牌影响力，以及对大渠道的控制力。届时所需要的资源和营销技术，跟三四级市场又不一样了。

第四篇

回顾

第十九章

CONNECTING

Marketing Strategy Based on Customer Value in Internet Age

中国企业的营销经验

我国市场营销进程的若干个阶段

20 世纪 70 年代末至今短短几十年时间，我国社会经济发生了巨大变化。以市场化为主导的经济体制及经济运行方式变革，以工业化、城市化、国际化为内涵的经济增长，将几次错失历史机遇的中国经济强劲地推上了起飞的航线。与之伴生的则是物质化、大众化消费时代的到来。而世纪之交开始涌动的互联网大潮，使中国市场结构更加复杂、色彩更加斑斓。在这样的大背景下，营销和竞争像一棵小树在这片丰饶神奇的土地上迅速长大，现在已经生根、开花、结果，蔚为壮观。

20 余年来，我主要从事管理咨询工作，前前后后做了数十个营销方面的项目。因此有机会从一个侧面和角度，较近距离地观察我国一些企业市场营销的实践。现在，让时光倒流，坐上我国改革开放之初始发的营销列车，看看不断向前延伸的轨道，看看窗外有哪些夺人眼目、令人感慨和回味的风景。

改革开放以来的新时期，市场营销的进程大体上可分为四个阶段：

20 世纪 80 年代，营销理念和思想开始导入。本土企业的营销意识刚刚萌生；本土品牌尚处于孕育期，而外资品牌开始试探性地进入中国市场。此时的营销具有初级特征：广告是营销的主要形式，推销是营销的主要内容。

20 世纪 90 年代，一大批本土品牌雨后春笋般崛起，营销较以往更加丰富：以品牌运作为中心，产品、渠道、价格、促销多环节整体协同运作，营销风格灵活、多变、快捷、锐利。在国内市场需求急剧放大、消费结构快速转换、市场空白点众多，以及传统计划经济型企业因体制、机制、观念等原因萎缩不振的时代背景下，一批学得快、学得早、创新意识强的本土企业及品牌——它们大多诞生于 1990 年前后，如娃哈哈饮料、TCL 彩电、格力空调、招商银行等——一路攻城略地、高歌猛进。其成功很大程度上依赖于市场营销理念和方法的率先导入以及结合中国市场特性的创造性转化。当许多国内企业不知营销为何物而外资品牌尚未真正本土化时，它们打开了市场的机会之窗，凭借营销优势拉动了企业高速成长的曲线。在此阶段，一些外资品牌显得水土不服，在竞争中反而处于下风。

21 世纪前 10 年，中国经济进一步融入全球经济，中国已成为世界瞩目的全球最大新兴市场，外资品牌开始将其作为战略性市场来定位和布局：一方面加大资源投入，另一方面加快本土化进程。这一阶段流通领域的新型连锁业态蓬勃发展，为外资品牌解决渠道难题、提高渠道效率创造了条件。在此期间，外资品牌步步为营的系统营销以及高举高打的强力营销取得明显成效，一些国产品牌则由于资源薄弱、专业及管理能力欠缺而后继乏力，在竞争中步步后移。目前，在许多领域两大阵营处于胶着之中。在这一阶段，尽管外资品牌步步紧逼，但由于市场优势形成较早、基础较为扎实，一些著名国内品牌抵抗冲击的能力较强，依然占据着市场上的主导地位或领先地位。

2010 年至今，发轫已久的互联网营销突破了从量变到质变的边界，成为市场主流。任何企业都需将互联网嵌入自身价值创造过程和营销模式当中。互联网对营销的影响主要发生在三个方面：一是线上通路和线下通路相比，成长速度更快，不断蚕食后者的份额；二是基于互联网的分布式传播、推广、互动方式，严重地冲击了传统的集中型、广播型传媒的地位；三是伴随着互联网成长起来的新型消费主体对传统营销模式相当隔膜。在此背景下，加之社会经济结构更加复杂、消费场景更加多样，除极少数互联网企业如腾讯、京东、阿里巴巴等，在资本力量的支撑下高歌猛进、攻城略地，很多传统企业面对需求集合细分化、线上线下通路主体化、媒体结构多样化的局面，都感到困惑和茫然，甚至应对失据、行动变形。不过，在适应了一段时间后，部分传统企业已找到驾驭、利用互联网的方法，在线上线下一体化的营销模式运筹和构建上，有了良好的开端，如顾家家居、影儿时装等。总的来说，在以往 30 多年的营销演变、发展过程中，中国企业处于模仿、借鉴、学习的状态。它们中的佼佼者基于中国国情，进行了卓有成效的营销创新。探究其崛起的奥秘，总结其成长过程中的营销经验，理清其积淀下来的营销资产，无疑是大有裨益的。

经验之一：需求回应和顾客价值创新

在中国市场上获得成功的企业或品牌的基本经验之一是洞悉和把握国内市场需求以及中国消费者的特性，从而对本土需求作出准确的回应。一方面提炼、概括出国内消费者独特的需求模型，另一方面使产品（服务）的价值定位以及差异化安排与之对应。

20 世纪 80 年代初，个人电脑非常昂贵且较为罕见，而顾客的需求又往往限于简单的打字层面，四通打字机截取个人电脑中的文字处理功能，结合传统打字机的特点，在市场上一飞冲天。娃哈哈等饮料企业将国外主要用于直饮的纯净水装入瓶中，适应了消费者用较低的代价获得较先进消费模式的特殊国情。这种需求回应方式可以称为简化模式。

在许多对国外产品进行替代的领域，我国企业缺乏核心技术和关键技术，这给价值创新造成了很大的限制。也就是说，在产品的一些核心价值方面鲜有创新的可能。缺少差异化背后的支撑资源，但市场竞争要求标歧立异，解决这一矛盾的方法是在一些辅助性、附加性乃至边缘性功能创新方面寻求突破，找到一些为国内消费者所重视的独特价值。联想电脑的家用功能（迎合了中国家庭重视子女教育的需求特点），海尔冰箱的服务定位（贴合国内消费者重视安全、可靠，渴望得到尊重和权益保障，希望进行情感交流的心理），TCL 彩电的超强接收技术（适合于农村及边远地区电视信号较弱的使用情境）等，都是这种价值创新——姑且称之为辅助模式——的范例。这样的创新传统直到今天仍有强大的生命力。例如，近年来市场表现良好的 vivo 和 OPPO 手机，就强调拍照、音乐、快速充电等差异化功能和价值。

应该坦率地承认，在大多数领域，我国企业作为后来者，产品价值以模仿和借鉴为主。但也有少数领域，本土的需求迥异于国外的需求，因此价值创新也就有了独一无二的性质。百度的中文搜索离不开母语的背景，阿里巴巴的信息集合离不开国内中小企业众多的产业环境。似乎新经济范畴内的产品（包括服务）如网络服务、新兴媒体等，更能体现某些顾客价值的独创性。大家看看中国式网红，就会有所体会。此外应看到，一些中华民族长期形成的消费习惯和传统，也给这种独创的模式提供了空间。

经验之二：价格竞争和进口替代

30 多年前国门打开，许多国内消费者从未见过甚至从未听过的新型（在国外并不新）消费品涌了进来。例如 20 世纪 80 年代，国内家电、电脑等领域的主导者是进口品牌，价格昂贵，潜在需求未曾有效激发。而在这些领域，我国计划经济时代并没有什么积累，产业基础薄弱甚至为零。巨大的消费需求和市场资源给了本土新兴企业巨大的机会。它们从模仿入手，对产品的功能进行调整和局部创新，利用国内供应链及生产要素的成本优势，使产品的整体性价比超越进口产品，通过低价切入市场，实现对进口产品的替代，将部分洋品牌挤出主流市场，使其只能在狭窄的高端市场中生存。它们打开了国内消费瓶颈，为自己开辟出一片广阔的市场疆域。直到今天，在许多产业及消费领域这种替代仍在继续（例如汽车）。而在工业品领域，这种故事是一些企业迅速成长的主线，例如华为通信交换机产品对日本、欧洲、美国等进口产品的替代。

从动态看，在一些存在规模经济特征的产业领域，国内企业通过价格—规模机制，迅速扩大市场份额，占据市场主导地位。一些国产品牌频繁发动价格战，同时扩大生产规模、降低成本，使市场份额与制造规模循环互动。这样一方面可以凭借生产及销售规模积累资源，建立防护屏障，奠定未来发展的基础；另一方面可以使缺少规模及成本优势的竞争对手无法生存。但这种竞争模式如果不加节制地持续下去，必定会出现边际收益递减、市场容量无法容纳供给能力等问题。但在市场需求总量快速增长、产品处于生命周期中成长阶段的特定时期，它是行之有效甚至立竿见影的。

经验之三：压强性和整合性传播

长期以来，我国市场的传播环境有两个基本特征：一是消费者较为感性，容易受传播信息的影响；二是主流媒体具有一定程度的垄断性，传播信息的集中度较高、强度较大。国内一些企业和品牌利用这两个特征，同时借鉴国外的整合营销传播理论和定位理论，形成了具有鲜明中国特色、浓缩品牌成长过程、使品牌迅速增值的传播模式。

所谓整合性，简要地说，一是内容的整合，即选择并传播国内消费者较感兴趣，能够认知、理解，情感上易形成共鸣的内容和概念，并尽可能使之焦点突出、不同凡响、奇特锋利。例如，一些汽车、电脑品牌的传播主题常常选取与人类、世界相关联的宏大话语，暗含我国消费者的群体主义和大国心态；一些生活用品品牌的亲情渲染，与我国消费者重视家庭和亲情的心理是相通和契合的。农夫山泉的天然水概念在本土市场上标新立异，其功能性卖点切中消费者的核心需求（借用农夫山泉的广告语就是“我们只是大自然的搬运工”）。二是传播形式上的整合，即调动多种传播手段，利用多种传播途径，进行立体推广，营造复合传播效应。在多种传播方式中，本土企业的事件营销和终端战丰富多彩、生动有趣，最具中国特色（甚至有国外著名品牌将其借鉴、运用至本国市场）。

所谓压强性，是指在品牌成长过程中资源投入巨大，传播信息密集，短时间内迅速占领消费者的心智空间。尤其当产品从导入期向成长期过渡时，集中资源选择主流媒体进行密集式传播，从而迅速树立品牌形象，并拉动销售渠道网络的建设。几乎每年我们都能看到一些新锐企业脱颖而出，其传播手法有一定的相似性。

经验之四：深度分销

众所周知，国内市场幅员辽阔，纵向层级较多，企业铺设既有广度、又有深度的通路网络（包括分销网络和零售网络），在资源、管理等方面存在诸多困难。同时，长期以来，国内三四五级市场（地级市场、县级市场以及乡镇市场）上，分销及零售企业规模小、数量多、形态落后、经营素质普遍较低，使制造商难以顺畅地进行内外价值链的衔接。这种状况既是难题也是机会——因为外国品牌更难适应、更缺破解之道。一些国内品牌则充分发挥地缘优势、下游客户沟通优势以及销售团队管理优势，将国内复杂的通路环境作为构筑营销优势的契机，实施扁平型（直面或渗透零售终端）、细分型（将通路网络布局及管理的空间单元划小、注重小区域内的精耕细作）、活力型（不断驱动分销和零售两个层面的渠道伙伴）深度分销策略，将营销的重心放在渠道尤其是零售终端推力上，将通路的力量发挥到极致，同时实现三个目标：一是影响、驱动消费者；二是掌握零售终端这一营销战略资源；三是对竞争者形成通路壁垒。

深度分销模式在我国家电、手机、快销品、农资等产品领域取得了巨大成功。可以说，没有深度分销，就不会有至今仍占据市场领先地位的众多著名品牌。比如南孚电池、立白洗衣粉、洁柔纸巾、伊利牛奶、vivo 和 OPPO 手机等。它也是中国企业以及营销学者对全球营销创新的最重要贡献。

深度分销有效实施和运作的关键在于驾驭庞大、复杂的销售组织和团队，这恰恰是一些本土化程度较低的外资企业的弱项。近年来，国内一些深度分销的践行者，随着企业生命周期的推移，由于组织活力下降、劳动力成本和内部管理成本增加，以及企业文化的整合效能衰退，因此对深度分销感到力不从心，开始减少对流通环节的渗透。而一些外资品牌随着本土化程度的提高，反而扩充组织、招兵买马，沿着深度的方向不断递进，并取得了良好的效果。近来，由于新兴连锁业态的不断壮大，网上电子商务的份额越来越高，深度分销赖以生存的环境开始发生变化；但在未来相当长的时期内，它仍是我国市场上最基本、最有效的营销模式，对企业销售业绩提升仍会产生积极的作用。

经验之五：区域市场密集开发

显然，区域市场密集开发的营销模式有深度分销的影子，同时包含聚焦的策略含义。从理论上说，聚焦是美国管理学家迈克尔·波特提出的三种基本竞争方式之一。中国的企业自觉不自觉地将其运用到营销实践中，结出了丰硕的成果。对许多企业来说，资源、能力有限，占领全国市场有一定困难；而其所在的区域市场有足够大的需求容量，自身又有一定的地缘优势，因此选择距离企业较近的区域作为重点市场，集中优势兵力将区域市场做深做透，成为一种操作上可行、见效较快的营销模式。江西双胞胎饲料、深圳怡宝饮料、广东顺丰快递等企业在成长的初级阶段是这种营销策略的最佳实践者。

需要指出的是，区域聚焦比较适合于产品同质化程度较高的行业。

这是因为产品差异化程度较高的行业，区域性的优势屏障较易被差异化价值击破；而在产品同质化的情况下，竞争优势主要来自营销运作及营销组织。所谓的密集开发，从营销运作和营销组织角度看，主要有以下几个特点：

第一，在区域市场上，企业细密安排自有市场管理组织（团队），人员众多；以此为基础，市场运作和管理的触角伸向每个细分及基层的市场空间。

第二，由于市场管理组织（团队）细密分布，因此贴近顾客及通路伙伴，有利于直接、敏锐、准确地了解、把握他们的要求、愿望及其变化，有利于快速作出回应。在顾客及通路服务方面容易形成竞争优势和竞争对手不易进入、攻破的门槛。

第三，密集开发。从空间上看，意味着几乎渗透每一个市场角落；从时间上看，意味着在一定区域内长期驻扎、循序渐进、日积月累。其结果必然是市场基础极为扎实，竞争对手很难模仿，销售份额和顾客心理份额持续且大幅领先。

经验之六：平衡型营销

目前，国内市场正在发生结构性变化，一些本土企业的营销模式处于转型之中：从线下渠道为主转向线上、线下立体渠道；从传统媒体的大众传播转向全媒体的精准传播，从单一环节突破转向整体竞争，从以渠道推力为中心转向以产品（价值）为中心……由于转型尚未完成，许多企业的营销处于中间状态：新旧因素相互交织，过去未来相互牵连。在这种背景下，不少优秀企业采取了平衡型营销模式。

就指导思想和思维方式而言，平衡首先是中庸，即注重对立中的统一，不偏不倚，恰到好处；其次是合适，即根据环境灵活处理，不拘一格，动态调整。就具体的营销策略而言，平衡体现在以下几个方面：

第一，在销售目标上，规模（量）和盈利目标相平衡，并适时调整平衡点。基于国内市场的竞争特点，一些优秀企业将市场份额作为基础性目标（否则很容易失去生存空间）；在此前提下通过多种营销手段保证并提升盈利能力。

第二，在营销组合上，产品、品牌和价格、渠道、促销相平衡。对大部分本土企业来说，前两个要素是短板。近年来，随着市场竞争的加剧，在互联网思维的冲击下，不少企业开始重视产品（价值）和品牌这两个基础性营销要素。华为手机就是其中的典范。

第三，在竞争策略上，奇和正相平衡。奇和正这两个概念是《孙子兵法》中的重要范畴，就营销策略而言，前者旨在出奇制胜，具体内容包括新奇的产品卖点，有效激发消费者购买愿望的独特销售主张，富有想象力的传播，出其不意的价格战，火爆的促销等。后者旨在奠定基础，构建竞争屏障，具体内容包括产品品质、性能提升和性价比改善，品牌内在价值（美誉度）的提高，通路网络建设与通路资源积累等。一些企业基于投机主义理念往往过于求奇，损害了长期成长的依据和根基。这种状况在很长时间内都不可能绝迹，但的确有不少企业开始注重奇正相依、奇胜正合、奇在正中（如家电行业的方太、美的等）。

第四，在品牌运作和市场推广上，事前性、非连续、注重一次性信息输入的广告、公关等沟通传播方式，与事后性、连续、注重长期信息渗透的消费者关系管理等沟通传播方式相平衡；利用主流媒体的强力推广（俗称空袭）和与消费者直接接触、精准互动（俗称地面战）相平衡；传统媒体传播和互联网传播相平衡。

第五，在渠道规划和管理上（专指制造商），利用社会资源和亲力亲为相平衡；市场管理和运作的深度与投入、能力相平衡；代理商规模大、区域广（大分销）与代理商规模小、区域窄（小分销）相平衡；零售体系多种业态结构及布局相平衡；线上销售和线下销售相平衡；制造商、分销商、零售商之间的利益分布相平衡等。

经验之七：既分工又融合的厂商合作模式

国内市场一直存在两种极端的厂商衔接方式：一是厂家（制造商）向流通领域延伸：要么取代分销（经销/代理）机构，直接面向零售终端；要么让分销（经销/代理）商做配角，仅仅承担物流回款等服务职能，自己做市场运作的主角。这就是人们熟知的深度分销。二是厂家将全国市场交给为数不多的几个大型分销（经销/代理）商，自己退居后台，除了操持一些全局性的品牌运作、宣传公关事务，对区域市场的开拓和管理不直接介入。前者为许多国内主流企业所青睐，而外资企业则多采纳后者。

在市场运作和管理的实践中，这两种方式都面临一些难题。就前者而言，由于厂家强调自主掌控市场，因此必然造成人员众多，组织庞大，内部管理复杂度高而销售效率低；有些企业的销售人员规模几乎超出了其管理能力的边界。就后者而言，由于国内市场层级多、不规范，流通企业经营能力弱，流通行业集中度低等原因，厂家无法牢牢把握市场的基础，无力将销售规模撑大，无法有效开发中心城市以外的次级市场。

在此背景下，目前出现了从极端双向趋中的迹象：一方面，过去渠道中心较高的外资企业借鉴中国企业深度分销及管理终端的经验，按照渗透终端、扁平通路的理念，划小市场运作区域，转变分销商职能（以服务为主），增加区域市场业务人员，希望把市场做得更深更细；另一方面，一些国内企业则在考虑内部一体化和外部市场化哪种方式交易成本更低，并适度回归，控制业务人员的数量，发挥渠道伙伴的作用，以此控制经营风险、提高销售效率。

两种殊途同归的变化，反映出厂商分工的必然趋势和合理位置。对每个厂商来说，都需要在深度开发市场和经营效率（风险）之间，在利用社会资源和有效掌控市场之间找到平衡点和结合点。作为这一原则的具体体现，市场化交易、一体化管理将会成为厂商合作的一种新形态。

市场化交易是指厂家和分销（经销/代理）商之间有清晰的交易主体边界，双方用市场化的方式合作，彼此的责任、义务、权利、利益很明确。一体化管理意味着厂家把渠道合作伙伴纳入统一管理的范畴，对其施加影响，提供培训，使其经营模式、运作方式符合厂家的愿望和要求，使其管理水平和人力资源素质适应市场竞争的需要。在此基础上，双方协同运作，共同开发和管理市场。在这种新的厂商合作形态下，厂家既不是一味地向下游渗透，也不是冒失地退出流通，而是恰到好处地将市场运作、管理的有关职能在自身与下游合作伙伴之间精准、合理地配置。

厂商合作模式的变化很大程度上取决于流通企业的成长状况。近年来，一批在残酷的环境中经过严峻考验的优质分销（经理/代理）商已经或正在崛起。它们的出现和壮大将会使国内市场上的厂商关系呈现出均衡、分工、协同的新态势，全社会的流通效率将会大幅提高。

经验之八：快速、多变、灵活的市场运作

一些国内企业在市场运作过程中，节奏快，变化多，战术灵活，既引领了市场潮流，也取得了竞争优势。一方面符合速度经济时代的一般竞争法则——不光是本土企业，几乎全球所有企业都需要遵循。另一方面适合本土企业的特殊竞争需要：作为挑战者、追随者以及市场后进入者，希望以速度冲击规模，凭借变化蚕食领先者的市场空间；而作为市场份额和产生（销售）规模的领先者，则希望快速创新，进行产品差异化价值的动态转换，抑制由于规模扩大而造成的边际收益递减趋势，保持甚至提高盈利能力。

首先，由于许多本土企业和国外著名企业相比，规模更小，决策机制更灵活，运行流程更简单，因此新产品的推出速度往往更快，新老产品的更替更加频繁，产品的平均生命周期也更短。同时，由于许多本土企业缺乏核心技术，只能在产品附加功能、辅助价值方面做文章，而这些领域比起核心技术和功能往往想象的空间更大，创新维度和创新点更多。本土企业为了吸引消费者注意，以及保持产品价值的时间差优势，不断推出与核心技术无关的新功能、新样式以及作为其外在表达的新概念。这种类型的速度竞争，在某些行业里本土企业可能已胜出一筹。

其次，依托淡旺季变化的时间规律和重要节假日的时间分布，有节奏地安排市场推广、渠道促销活动，以激发市场消费，撬动渠道销售。对许多中国企业来说，通过动态连贯的销售政策始终保持渠道张

力，以及持续不断、变化多端的事件营销和终端秀，已成为营销的核心竞争力。

最后，价格依据市场需求变化和竞争对手策略及举措变化动态调整，始终保持竞争优势。价格竞争时，无论是主动发起还是被动跟进，都快速、有力。一些实力较小的公司常常会发起价格突袭；面对大公司的价格压力时，敢于放手一搏。而行业领先企业则常常把价格战作为行业整合、清理门户最直接的手段。

快速、多变、灵动的市场运作方式，追溯其理念源头，从近处看与游击战的军事思想、战略有关，从远处看与中国文化传统中的重视变化、弹性、权变的思维方式有关，具有一定的本土文化特色。

经验之九：电商的崛起

1999 年，意欲快速扩大全球业务的 eBay 进入中国；同年，阿里巴巴在杭州成立，本土电商以速度冲击规模的逆袭战自此拉开了序幕。2003 年，eBay 收购易趣，在本土化经营路上迈出关键一步。也正是在这一年——“非典”出现的特殊时刻，刘强东推出了京东商城，而马云则推出了淘宝网与 eBay 分庭抗礼。此后，差不多用了三年时间，阿里巴巴在国际资本的补给下，通过线下推广地面战迅速击倒了曾经的王者 eBay。坚持自营模式、注重物流配送的京东则加速追赶亚马逊等老牌电商。2009 年，在获得今日资本等企业的输血后，京东又开启了 3C 数据与图书的价格之战，且一战便是三年，抢夺国美、苏宁等线下巨头的份额。与此同时，京东利用亚马逊、当当等战略转型的迟缓，较为顺利地从单品类过渡到多品类经营。2012 年年初，阿里巴巴将原先的淘宝商城更名为天猫，开始了经营形态的升级。在如火如荼的竞争中，天猫创立了“双 11”购物节；而京东以“6 · 18”购物节与之抗衡。

在商品交易的基础上，阿里巴巴为人们提供了支付宝这一便捷、安全的第三方支付平台和工具。而京东则锲而不舍地发展线下物流配送体系。基于商流的叠加服务成为电商企业竞争的关键。到了 2015 年前后，阿里巴巴、京东——分别代表平台模式和自营模式——双寡头格局基本形成，它们又分别展开了合纵连横的战略布局：京东和腾讯结盟、收购 1 号店、牵手沃尔玛；阿里巴巴入股苏宁……由于微信的兴起和介入，支付战争进入新阶段。

除了阿里巴巴、京东双雄，一些定位独特、精准的电商企业也在竞争中成长。唯品会以品牌折扣品类、女性品类为主打，满足了二三线城市用户及特定人群的名牌需求，不仅销售规模增长较快，而且在上市之后持续盈利。韩都衣舍、茵曼、林氏木业等消费品垂直电商品牌，以多款少量、快速变化的模式迅速崛起。近几年来，繁星般的微商兴起，蚂蚁雄兵式地蚕食传统电商的领地（有人估计，目前微商行业的人数超过 2 000 万，年交易金额逾 5 000 亿元）。去中心化的思潮开始冲击传统电商。

电子商务在中国市场高歌猛进——其影响力甚至超过美国，是多重因素共同作用的结果。千千万万高度分散的中小型制造商，分布广泛、规模巨量、纵深较长、细分丰富的消费群体，是电子商务（尤其是平台型电子商务）存在和发展的坚实基础。年轻消费者的超高价格敏感度、参与激情和从众心理，是电商营销风景的文化环境。资本市场源源不断的输血，是部分电商用价格战、资源战攻城略地、整合行业、挤逼上游的战略依托。而物流配送所需人力资源的充分供给，是电子商务渗透至千家万户的必要条件。

电子商务为我国众多原本无法构建渠道网络的中小制造商搭建了通往广大消费者的渠道；也为消费者提供了方便、快捷、高速率、低成本（就大部分产品而言）的购物体验。但是，电子商务领域的价格战、资源战（表现为广告战等）将上游厂家裹挟进来，对一些制造企业及其行业造成了不同程度的损害。如何真正实现产业链共赢、生态圈共生，对电商企业来说是一个新课题。

近 20 年来，电商企业的竞争从价格战、品类战，到体验战、O2O 战、服务战，现在已经进入科技战、智能战的层面。从商务电子化到商务智能化，电商企业之间的竞争将进入一个新阶段。通过商业智能，降低引流及运营成本、叠加金融服务、真正实现精准营销和顾客关系深化，是未来电子商务企业战略变革的主题。

第二十章

本土企业的营销失误

营销失误的原因

改革开放以来本土企业和中国品牌的营销实践和营销探索，并不总是一帆风顺。许多令人扼腕的失误、波折和坎坷，从另一个角度反映了我国市场营销从稚嫩走向成熟的过程，并为今天及未来的营销树立了借鉴和反思的路标。

本章下面论及的种种营销失误、非理性的营销模式，都可以从立场、观点、方法三个层面找到内在和深层的原因。从立场范畴说，未真正立于顾客利益本位，未真正平等地尊重顾客；从观点范畴说，投机主义盛行，感性思维方式占上风，同时战略视野不够宽远，战略思考缺少深度和系统性；从方法范畴说，营销专业能力欠缺，营销的技术含量较低，不注重细节，不能对颗粒度较小的关键环节进行有效控制。需要特别指出的是，利用与顾客的信息不对称、知识不对称进行营销运作，几乎成了我国某些行业的营销主流，这不仅使产品和品牌缺乏持久的生命力，也使营销蒙上了一层道德的阴影。

品牌资源的流失

30 多年前，当市场经济初现端倪的时候，我国许多产业已积累了一批影响广泛、基础深厚的品牌，如红灯牌收音机、飞鸽牌自行车、北京牌电视机、上海牌手表等。在物质匮乏的年代，它们带给当时的消费者许多快乐和满足，至今仍然留在许多中年人和老年人的记忆中，这些品牌大部分成长于计划经济时代，有的甚至源于更为久远的年代。但可惜的是，它们在改革开放之后反而趋于式微，有的已退出历史舞台。究其原因，首先是观念上对品牌资源不重视、不珍惜，在实践中表现为财务上不计算品牌的无形资产；与国外资本合作时过于天真，缺少品牌保护意识（一些外国企业和拥有国内品牌的本土企业合资后，即把中国品牌雪藏起来，或削弱其影响、抑制其发展）。其次是传统计划经济企业体制、机制以及营销策略、营销运作未能顺应市场经济的发展而改变，品牌的生命力、竞争力在新锐品牌面前相形见绌。品牌资源的流失往往意味着一些具有历史价值、值得传承的商业文化的流失。这种损失更加无形，也更加令人痛惜。

近年来，海鸥（手表）、百雀羚（护肤品）等品牌在国内市场上出现恢复性增长，虽然尚不能与当年的盛况相媲美，但已经显现出良好的发展态势。这也证明，基于庞大的怀旧人群并扩展至其他目标人群，激活一些尘封已久的品牌，是大有可为的。

先驱者和后发者的悲剧

在中国企业和品牌的营销进程中，从来不乏锐意进取和创新者。他们敏锐地发现并捕捉市场机会，以“第一个吃螃蟹”的勇气和智慧，开发新产品，表达新诉求，为顾客提供新价值。比较典型的是茶饮料、VCD 等行业的故事。但是，一些先驱者由于自身管理、资源、体制、文化等诸多方面的原因，未能笑到最后，将率先破局打开的新市场拱手让给了跟进者和追随者，上演了“螳螂捕蝉，黄雀在后”的悲剧。“先驱”成了“先烈”，最终的获胜者往往是那些综合实力和管理能力较强、策略清晰准确、介入时机恰到好处的品牌。

由于起点较低、基础较弱，一些国产品牌（后发模仿者）的价值创新多属缺少技术保证和创意源泉的表层应用型或局部边缘型，有的甚至是花拳绣腿式的泡沫，在深层、关键的核心价值方面无法与外资领导品牌抗衡。而越是没有差异化的依托和根基，就越是频繁地变化卖点，令人目不暇接。这样既浪费了资源，也容易使企业产生投机心理和路径依赖；长期下去竞争力没有切实提高，市场也会厌倦。许多国产品牌的市场优势是悬浮性的，经不起长期考验和高强度的竞争冲击。

部分国产品牌由于产品力、品牌力薄弱，销售主要依赖渠道推力，隐含三方面的危机：一是随着消费者文化程度、理性程度的提高，渠道的影响力会逐渐下降，推力的意义将减弱。二是渠道集中度呈上升趋势，寡头型的渠道话语权不断提高，厂家对下游渠道的强制力量和制约力量越来越弱。三是开发、管理既有广度、又有深度的通路体系，需要自建一支庞大的销售团队；当人数多到一定程度、团队“年龄”超过一定时限时，企业内部的管理成本、难度及复杂性倍增，有时甚至超出了管理能力、资源条件以及企业文化所能适应、容纳和辐射的范围。

在产品无差异的情况下，有些企业以价格战为主要手段，以销售规模及市场份额为市场运作指向，以至于出现了经营极限——价格战使产品价格贴近成本底线，产品的盈利空间极其狭窄（甚至无利可言），企业失去了存在的依托。一些在行业中位置靠后的后发者，也盲目地参与价格战，甚至天真地希望通过价格战把领导者拉下马、改变行业格局。这基本上是自寻死路的做法。

传播的陷阱

20 世纪 90 年代初是中国营销的一个分水岭。经过 10 年的酝酿、准备，一些新兴品牌在这个时点前后相继诞生并发展。一个重要的背景是中央电视台等权威媒体介入到市场经济中。当时，很少受到商业信息刺激的广大中国受众对广告的反应极其强烈，因此，简单、资源型的传播可以使品牌迅速占领消费者的心智空间。许多品牌借助大众传播一举成名。但是，也有一些品牌在广告及传播方面单兵突进，未形成从产品、品牌到渠道的整体营销体系以及坚实的竞争力，因此昙花一现，很快退出市场竞争的舞台。就传播本身而言，一些品牌没有清晰、系统的策略，对投入产出关系的考量也缺少理性，依靠巨大的资源投入赢得了“标王”的一时荣耀，却使自身陷入困境，有的甚至由此而陨落。非理性、泡沫式的传播是 20 世纪 90 年代营销的鲜明印记。

进入 21 世纪后，整合营销传播和定位逐渐成为主流传播模式。国内一些行业领导品牌，其传播的方向性、整体性大大增强。但是，基于大众传媒的传统传播模式仍然是主流。

疾风暴雨式的压强传播，“我打你通”、灌输型的愚民策略，以及花样繁多的各种激活终端的促销活动，短期内有利于销量增长和品牌资产增值，但也产生了三方面的不利后果：首先，销量严重依赖于传播投入，营销操作具有粗放型、资源型特色；从长期看，传播投入的边际产出呈下降趋势，销量增长难以为继。其次，由于传播的重心在于销售促进，加之进入市场的时间较短，品牌属性、价值及个性在消费者的认知结构及心智空间中积淀不深、积累不厚、位置不牢；许多信息尚未真正转化为接收者的长期记忆，一些与品牌相关的概念仍处于较为虚浮的状态。最后，部分品牌的社会美誉度较低，不仅未能体现社会营销和社会责任观念，反而在一定程度上鼓励、诱发社会公众普遍不认可的不良消费行为，从长远看不会有什么前途。

狂飙式营销的兴衰

保健品营销是我国市场营销的独特风景，非常具有中国特色。不同凡响甚至耸人听闻的产品概念、密集的传播、频繁的促销、细化的通路结构、庞大的销售队伍、复杂的营销组织、军事化的运作方式是这种营销模式的基本特征。它以消费者及受众知识程度较低、消费心理不成熟，以及营销劳动力丰富、报酬低，社会就业竞争异常激烈为前提和背景，以组织动力、组织能量为依托，以利用强力营销挖掘市场潜力为逻辑，以短期销量及利润最大化为目标，在国内市场尤其农村市场掀起阵阵狂澜。它来得快，去得也快，潮起潮退，令人炫目。这种营销模式对保健品以外的其他许多行业产生了广泛而深远的影响，直至今日仍不时能看到其身影。但总的来说，它所赖以生存的社会环境、市场环境（包括消费者结构、消费者心理等）正在发生重大变化，它自身的内在缺陷——价值的虚妄、概念的浮夸，注定了其未来的命运。不过，尽管它的生命力已开始衰减，但仍会存活较长时间——君不见，在互联网思维和微商的外表下，这种模式又有死灰复燃的迹象。

渠道体系的坍塌

21 世纪初，国产手机冲破外资强大品牌的重重封锁，迅速崛起，几乎占据了整个市场容量的半壁江山，TCL、波导等品牌的市场份额跃居前列。国产手机成功的原因很多，除产品的一些局部创新契合国内消费者的需求，以及产品性价比具有一定优势，一个关键因素是渠道资源的开发和利用。外资手机品牌由于指导思想、销售模式以及管理能力等诸多原因，不重视渠道利益，这给了国产手机可乘之机。国产手机通过给予渠道较大的利润空间，激发渠道的销售意愿，从而使销量在较短时间内突飞猛进。但“成也萧何，败也萧何”，部分国产手机品牌由于销售目标过于激进，急于求成，在产品和品牌的市场拉力不足时，向渠道大量灌水（以后患无穷的价格保护政策为支持），一旦渠道不能承受其重，商品的低价抛售以及窜货乱流必然出现。加上管理不善、控制不力，最终的结果是渠道利益遭受重大损失，渠道体系彻底坍塌，自身也陷入滞（发展停滞）胀（库存难以消化）和巨额亏损的困境，有的甚至退出市场。

渠道体系的坍塌，不仅发生在一些中国品牌身上，外资品牌也有类似的遭遇。曾经在中国市场独占鳌头的诺基亚手机，几乎一夜之间销声匿迹，除了智能手机产品滞后，一个重要的原因是渠道体系出了问题。诺基亚手机采取多头分销、密集零售、饱和压货的渠道模式和政策，极大地提高了渠道的张力；但这也导致货出多门、价格紊乱，整个市场波浪汹涌、无法平息。许多渠道，不仅是中小渠道，若舢板颠簸于风浪之上，无法控制利益格局，也无法形成稳定的预期，常常得不到合理的回报，甚至出现亏损。即使没有产品方面的原因，渠道体系的矛盾也会爆发，只不过可能向后推延。因为在流通价值链的棋局上，博弈规则不合理，不能保证利益相关者共赢。

之所以如此，与诺基亚激进的销售规模及份额目标有关，与其对中国市场过高的期望有关，也与其关注差异化竞争不够、过于偏重规模竞争的策略有关。这对于我国一些至今仍走在规模导向道路上的消费品企业来说，无疑是个重要的警示。规模是必要的，份额是重要的，但份额赶超却很可能是有害的。在市场份额达到边界之前，必须创新产品价值，调整产品结构，变革渠道模式，改变竞争规则。

第二十一章

影响我国企业营销实践的重要营销思想

企业的目的和目标

改革开放以来，大量国外管理学家及他们的思想进入我们的视野。绝大多数中国企业以好学生的态度认真学习，从中汲取营养。在众多的管理大师中，彼得·德鲁克是影响力最大的一位。这大概是因为他总能切中企业的关键问题，以及经验主义研究方法和通俗易懂的表达。

德鲁克在一篇经典文章《企业的目的与目标》中，对企业的目的、存在理由以及基本职能等问题作了具有说服力的解答。[①] 同时，他也对营销作出自己的定义，开启了营销理论和实践的先河。德鲁克指出："当我们考虑如何对企业的目标和企业的使命进行阐述时，只能发现一个思考的焦点和起点，那就是：顾客。""满足顾客的愿望正是每家企业的目标和使命。"此文给我们的重要启发是：

第一，企业的目的和存在理由不能从内部进行自我定义，必须由外部的顾客市场来定义。企业目的和价值必须放到与消费者相互关联的背景中来认识和理解。目前，一些管理学者更多地把视线投向企业内部要素，在封闭体系内研究能力、效率、营运等问题，与企业真正需要解决的根本性问题相差甚远。

第二，企业的目的在于创造消费者，需求导向和需求创造之间存

---

① 彼得·德鲁克．组织的管理．上海：上海财经大学出版社，2003.

在相互依存和相互影响的关系。既然是创造，必然意味着创新，由此合乎逻辑的结论是：企业只有两种职能，营销和革新。企业一切活动和过程，都需要以市场为起点和归宿点，以不断创新为特征。只关注营运效率（这固然重要），不注重顾客价值创新的企业能长治久安吗？戴尔电脑的业绩下滑是不是又一次证明了德鲁克理论的力量？

第三，德鲁克并不认同经济学上利益最大化的理性人假设。在他看来，企业的内部参与者，无论是股东、领导者，还是管理者及员工，他们的动机并不构成企业的目标，两者不能混同。饶有意味的是，尽管大多数西方经济学家都信奉自由主义，但其理性人假设恰恰为政府过多干预和各种社会力量妨碍自由竞争创造了机会。德鲁克关于企业目的、存在理由的认定，为市场经济提供了伦理及事实上的基础和依据。

市场营销近视症

与菲利普·科特勒、唐·舒尔茨等著名市场营销学者相比，西奥多·莱维特在中国的境遇显得较为寥落。但他却是引领市场营销潮流的大师级人物，甚至可以称作市场营销学的创始人之一。从提出顾客导向的理念，到呼吁关注市场全球化，再到倡导交易完成后的关系营销，莱维特用具有前瞻性的、穿透力的商业思想，清晰有力地推动着市场营销的进程。

莱维特的《市场营销近视症》[①] 是市场营销学中的著名论文，自

① 恩尼斯，等．营销学经典——权威论文集．大连：东北财经大学出版社，2000.

从1960年在《哈佛商业评论》发表后，被多次重印和反复引用，至今不衰。这篇文章承续德鲁克创造顾客的理念，对一些企业无视市场环境变化、无视顾客需求、无视替代品大量涌现的现象提出批评，提出了一些至今仍有较强针对性（尤其对于中国市场和企业）的观点：

不能对行业有不切合实际的自欺欺人的认识，应意识到行业是动态变化的，会不断受到替代品的影响和威胁，不存在什么成长型行业。因此，行业中的企业不能迷信行业增长，不能狭隘地盯着自己特定的产品，必须从顾客需求出发，对行业和产品进行重新定义，创造和利用成长机会，改变行业状况，拓展自身的生存空间。

“一个行业是满足顾客需求的过程，而不是生产产品的过程。”无论是制造环节，还是研发环节，均需以顾客为导向，不能本末倒置地将市场营销作为附带、次要的事情。大规模生产后再推销（生产导向），或是无视顾客对纯粹技术型研发过度重视，都会把企业引入歧途。

莱维特对行业以及行业之于企业成长作用的观点，与后来出现的核心竞争力理论在某些方面有些相似，但在时间上差不多相距30年。人们常说，理论是灰色的，生命之树常青。但就莱维特的这篇文章而言，恰恰是理论之树常青，而一些企业至今仍在歧路。

基于顾客价值的营销体系

美国西北大学教授菲利普·科特勒是我国改革开放以来来自外部的市场营销启蒙者，他那部集营销知识、理论、方法之大成，且通过不断推出新版吸纳最新内容的著名教科书《营销管理》，对我国企业的营销实践产生了巨大的影响，大量的营销人员一边读着它一边在实战中进行摸索；可以这样说，这部著作至今仍是我国企业营销运作的主要知识背景和源泉（营销学界当然超越了教科书的水平），也是营销专业能力持续提升的基础和门户。

在我看来，《营销管理》最为显著的特点在于：

第一，以顾客价值为全书的核心概念和逻辑起点。营销学界一直存在顾客导向和竞争导向两种观点之争，科特勒的思想对于顾客导向成为我国企业主流营销倾向起了有力的推动作用。

第二，以实用为导向形成内容体系，基本结构为产品（product）、价格（price）、促销（promotion）、渠道（place），即营销 4P。尽管 4P 产生之后不断有人声称它已过时了，但它至今仍是最具操作性的知识框架。科特勒的教科书在某种程度上强化了 4P 在中国企业营销实践中的应用。

第三，内容与时俱进，始终引领营销趋势。《营销管理》每出新版，内容上均有所变化。例如，科特勒以新经济为背景，用较大篇幅分析经营方式和营销方式如何与互联网相适应。对中国读者来说，接受的不仅有已经沉淀下来的既有知识，而且有具有前瞻性的动态知识。

近年来，科特勒多次访问中国，在多种场合谈经论道，并与中国企业及营销人员接触。或许今后对教科书再作修订时，他会就以中国为代表的新兴市场的营销问题进行专门的论述（他曾经出过一部书，专论亚洲地区营销，但不是分析亚洲市场上如何营销，而是研究如何营销亚洲地区）。到了 20 世纪 90 年代，随着网络时代的到来，科特勒与时俱进地提出了营销革命 3.0。营销革命 1.0 以产品为中心，营销革命 2.0 以顾客为中心，营销革命 3.0 则以价值观和社会责任为中心。科特勒强调情感营销、人文营销和道义营销，企业应该“按照和消费者相似的精神需求水平来指导营销活动”；企业可以把“人类的精神动力融入自己的使命、愿景和价值观中”。[①]

整合营销传播

整合营销传播（integrated marketing communications，IMC）理论由美国西北大学教授唐·舒尔茨等首创。[②] 其自 20 世纪 90 年代传入中国后，激起强烈反响，在我国企业营销实践中得到一定程度的应用。舒尔茨本人也多次到中国访问、讲学，扩大了这一营销理论的影响。

从定义上说，整合营销传播既是一种传播与沟通模式，也是一种营销理念。作为前者，它强调传播运作时，要关注受众的认知特点和心理机制，以信息累积而非替代方式实现与受众的有效沟通。作为后者，它宣告大众营销的时代已经过去，分众营销成为主导未来的趋势；传统的 4P 理论属明日黄花，取而代之的则是 4C 结构。其实 4P 和 4C 是对同一事物不同角度的分析和概括：从企业自我角度是 4P，从消费者或顾客角度则是 4C。但是，这种视角的转换导致营销理论与实践的革命性变化，正如舒尔茨所言——“消费者请注意”已经被“请注意消费者”取代。

整合营销传播为国内大部分营销人员所熟悉，但将其与国内市场

① 菲利普·科特勒．营销革命 3.0：从产品到顾客，再到人文精神．北京：机械工业出版社，2011.

② 舒尔茨，田纳本，劳特朋．整合营销传播．呼和浩特：内蒙古人民出版社，1997.

特点真正融合并有所创新的成功案例并不多见。一方面，不重视消费者研究或不善于用理性、精细方式分析消费者，是国内企业市场营销实践中的顽症，不断变换传播热点或信奉愚民政策的投机主义理念盛行；另一方面，从客观角度看，由于相当多的企业缺乏资源支撑和核心专长保证，无法形成稳定、坚实的品牌及产品属性基础，传播时难以持续聚焦。至于整合营销传播所倡导的以顾客数据库为基础的精细营销，在我国市场粗放式的资源战蔚然成风的当下，虽有企业尝试但还没有显山露水。

需要指出的是，整合营销传播有时被人们不恰当地简称为整合营销，这和科特勒在《营销管理》中所论及的整合营销不是一回事。后者指的是“公司所有的部门都能为顾客利益服务”。

定位：占据顾客的心智空间

30 多年前，两个年轻的美国营销专家艾·里斯（Al Ries）和杰克·特劳特（Jack Trout）在《广告时代》等杂志上发表了题为“定位时代”的系列文章，首创定位（positioning）概念以及基于定位的传播方法。自此，定位风靡美国和全世界广告及营销界。2001 年，定位被美国营销学会评选为有史以来对美国营销影响最大的观念。①

定位之所以激起长久、广泛的回响，至今仍在启发、影响、指导企业的营销思维和实战，主要原因在于它的简明、锐利、操作性强，既给了市场领导者持续保持优势的有力武器，也给了市场挑战者、追

① 艾·里斯，杰克·特劳特．定位．北京：中国财政经济出版社，2002.

随者以及新进入者实现品牌价值跃升的可行捷径。今天的国内市场上，无论是西门子冰箱这样的贵族，还是今麦郎方便面这样的新锐，品牌运作和营销传播中均有定位的清晰身影。

定位理论强调：解决传播难题，要从局外，即顾客角度思考解决之道；不能从自身的产品出发，认为真理在握，而是要关注顾客已有的认知基础（已经形成的看法）；不要尝试创造出“人们头脑中尚且没有的东西”，而是要调动顾客“头脑中已经存在的东西”，使之重新连接，从而使顾客对新的品牌及产品属性产生认知。

从操作角度，定位理论的建议是：选择清晰、简化的信息及概念，进行聚焦式传播，最好是“一词占领头脑”。例如沃尔沃——安全，宝马——驾驶乐趣，联邦快递——使命必达，高露洁——没有蛀牙。同时，传播时需以竞争品牌为参照，找出差异化的概念或与竞争品牌进行对比，将顾客对竞争品牌的认知转移或延伸过来；通过第一说法、第一事件、第一位置的传播技巧，迅速与竞争者形成明显的区隔或超越竞争对手。

定位理论指出，传播的目的在于使品牌在顾客头脑中占据一个独特的位置。这个位置不是孤悬的，而是以竞争品牌为背景，进入顾客头脑中的品牌阶梯；这个位置不是模糊和漂浮的，而是清晰、持久地植根于顾客的心中。

在定位理论的基础上，两位作者在《22 条商规》[①] 中又提出了“成为第一胜过做得更好”的领先法则。

---

① 艾·里斯，杰克·特劳特.22 条商规.北京：机械工业出版社，2013.

与众不同的紫牛

紫牛（purple cow）概念源于赛斯·高汀（Seth Godin）——美国营销专家、前雅虎营销副总裁——的一次法国之旅。若干年前，他和家人驱车穿越法国时，沿途看到了连绵数十里的奶牛群。一开始感到很新鲜，但时间一长就习以为常，出现了视觉疲劳和审美疲劳。高汀突发奇想，如果奶牛群中出现一头与众不同的紫牛，那该是何等有趣的风景！

高汀把紫牛概念引入市场营销领域，甚至认为它是继产品（product）、价格（price）、促销（promotion）若干个 P 之后的又一个新 P。紫牛超越了平庸，是真正的创新之物。紫牛的创造既简单又艰难，突破极限，语不惊人死不休。①

高汀认为，旧的营销规则是“创造一个安全、普通的产品，然后不遗余力地去做广告”，而新的规则是“创造一个与众不同、独一无二的产品，寻找到正确的目标群体”。他批评了不在产品上下工夫而是一味依赖电视等大众传媒向所有人发起强势营销攻势的做法，提出：后电视工业时代营销传播的主要对象应是喷嚏者——他们是新事物的早期接受者，是时尚的引领者，而且乐于向芸芸众生推荐和传播（就像打喷嚏传播病毒那样）。

紫牛理论清新、生动、易懂、锐利而有趣，对中国企业的营销实践有较强的针对性和现实意义。长期以来，相当多的国内企业的营销

---

① 赛斯·高汀．紫牛：从默默无闻到与众不同．北京：中信出版社，2009.

策略组合以渠道和推广为中心，而产品的价值内涵及创意含量严重缺乏，大量平庸、乏味的普通奶牛充斥于市；即便推广，也是走高举高打、撒大网捕鱼的老路子。不过，国内企业偶尔也会出现紫牛如奇瑞QQ汽车等（赛斯·高汀认为，美国的紫牛有星巴克咖啡、苹果电脑等）。

作家王小波写过一本著名的书《一只特立独行的猪》，在此呼吁国内企业养一头或几头特立独行的牛。

管理品牌资产

品牌资产又称品牌权益，是现代营销的重要概念。通过它，将品牌传播运作的投入产出关系用会计学的方式表达出来，不仅有利于企业的经营核算，同时可以有力地证明品牌投入的意义和价值。目前，各种品牌价值评估实际上主要是对品牌资产的量化评价。

美国加利福尼亚大学伯克利分校哈斯商学院营销战略学教授，被媒体誉为品牌管理大师、品牌资产的鼻祖的戴维·阿克在其品牌三部曲之一的《管理品牌资产》（另两部分别为《品牌领导》和《创建强势品牌》）中，系统阐述了品牌资产的含义、构成要素以及估值方法。这些理论是品牌评估的基础，也是企业营销管理的指南。

在学习《管理品牌资产》[1] 的基础上，这里谈两点对品牌资产的延伸性认识。

---

① 戴维·阿克．管理品牌资产．北京：机械工业出版社，2006.

第一，品牌之所以被定义成一种具有财务含义的资产，是因为它符合投资产生收益的基本原理。这种资产的价值是企业无形资产的组成部分，可以通过财务方法计算出来。这样，一方面将品牌管理和财务管理有机结合起来，使企业对品牌的投入有了依据；另一方面计算、评估企业价值时更加全面，企业资产的交易和流动有了更加准确、合理的价格，也使得品牌资产在企业产权交易过程中得到保护和延续。我国一些地方国企改制时，往往以所谓的净资产为交易价格，既造成了国有资产的流失（无视经数代人奋斗并包含外部顾客关怀及情感的品牌价值），也导致品牌资产的消解和蚀夭。

第二，品牌是一种不同于其他资产的特殊资产。它与外部顾客的认知有关，因此有着不确定性和动态性。土地、设备、技术专利等资产的收益常常是稳定的，并且可以在较长时期内产生效应。品牌资产则不然，其收益很大程度上依赖持续不断的投入、维护和管理，依赖某种与之相关的商业模式的正常运行。品牌资产的价值有时具有突变性质，兴衰转换常常发生在瞬间；顾客的认知变化往往从一极转至另一极。因此，对这种敏感性资产的管理，应更加细心、耐心、认真、慎重和理性，避免短期行为和投机主义，打破保守僵化和自大自恋的心态。

交易完成后

在营销学理论体系中，大部分内容是关于交易前营销的。企业营销实践的重心往往放在开拓新市场、发展新顾客上。20 世纪 80 年代初，西奥多·莱维特发表论文《交易完成后》[①]，把人们的视线转向交易完成后的长期性顾客关系维护，并引导和推动了客户关系管理。

关系营销作为一种现代营销理念，强调培养顾客忠诚，注重顾客终身价值，着眼于与顾客的长期合作。莱维特运用比喻，生动、准确地指出：销售仅仅是恋爱的终结，而漫长的婚姻由此而始。企业营销时，必须考虑时间因素——与顾客的互动、交往是一个长期的、持续的过程。

莱维特认为，顾客的购买决定不仅涉及产品本身，而且涉及契约化的关系。企业销售的是一个长期的体系，它是产品价值的延伸和拓展（莱维特称作增广），包括交易协议、程序、服务等众多狭义产品以外的软件。顾客购买的往往不是物品，而是对未来的预期。若干年前我读到这些观点时，真是有醍醐灌顶的感觉。

莱维特从操作角度提出企业要管理好影响双方关系的行为——它们应该是积极的，而不是消极的；要通过信息机制和沟通纽带建立起相互依赖的关系；要通过管理使企业整体面向顾客而非专注于内部事务；产品的价格不应过低，否则无法为顾客提供持久的保障。

关系营销思想在国内已有广泛运用。招商银行信用卡呼叫系统的高水准服务、樱花灶具数年如一日向老顾客寄赠实用物品、健康行业基于顾客档案的长期沟通，都是关系营销的范例。互联网及现代通信的发展为关系营销的操作提供了方便、快捷、廉价的技术条件。但对大多数国内企业而言，关系营销尚未起步或做得不细、不精、不规范，

---

① 阿德里安·佩恩，等．关系营销——形成和保持竞争优势．北京：中信出版社，2002.

主要原因是理念不到位、资源欠保证、管理跟不上。

激进营销

激进营销（radical marketing）又叫异类营销（我国台湾、香港地区的译法），按菲利普·科特勒的评价，“在服务于市场方面遵循了一套不同的规则……真正价值在于向传统营销者提供指导。如果他们不向激进营销者学习，就会失去在市场上的立足之地”。也就是说，激进营销是一种不同于并优于传统营销的新模式。

按激进营销首创者萨姆·希尔（Sam Hill）和格伦·里夫金（Glenn Rifkin）的说法，传统营销（代表者有宝洁、可口可乐等）有五大特征：庞大、复杂、针对群体市场、同消费者分离以及制定公式（如4P等）。而Radical则有极端的、根本的等含义。[①] 激进营销究竟极端在何处，有哪些根本不同呢？按照我的理解，激进营销有三个主要特点：

第一，融入消费者，深切理解消费者。不是从外在角度二元分析消费者，而是作为消费者的一员，不仅在理智上，更在情感上与消费者相融合。由于真切把握了消费者，因此激进营销提供给消费者的产品是真正经得起长期考验的。

第二，在资源和费用有限的条件下，用直接有效的方式与消费者建立起长久的合作关系。不滥用资源高举高打，而是直面个体（非群

---

① 萨姆·希尔，格伦·里夫金．激进营销．北京：华夏出版社，2003.

体）消费者，逐渐渗透。

第三，坚持长期行为，不急功近利。意志力和执行力是成功的关键。对于消费者、渠道以及相关主体，一次次地拜访，一遍遍地展示，以水滴石穿之力打开市场。

激进营销对中国企业尤其是资源匮乏的中小企业及创业者有极大的借鉴意义。一些企业采取传统营销模式，在短期的轰动和热闹之后迅速呈现颓势。在央视的广告中，我们可以看到大量拼耗资源但前景并不乐观的品牌。当然，国内也有激进营销成功的案例。当年刀郎第一张火爆全国的唱片，既未大搞虚张声势的打榜、排名（这是唱片营销的套路），也无铺天盖地的软文和广告，而是主要通过产品本身以及众多零售终端的反复播放，来赢得消费者的口碑。

破坏性创新

克莱顿·克里斯坦森和迈克尔·雷纳，一位是哈佛商学院的教授，一位是德勤会计师事务所研究院的研究人员，他们长期研究领先的企业为什么好景不长以及新生企业如何取而代之等企业战略问题。作为思考的结果，他们提出了维持（sustaining）和破坏（disruptive）两个有关创新的概念。[①] 维持性创新意味着企业在现有市场领域内通过维持性的技术进步，提供更好的产品，面向具有吸引力的高端顾客。

① 克莱顿·M. 克里斯坦森，迈克尔·E. 雷纳．困境与出路：企业如何制定破坏性增长战略．北京：中信出版社，2004.

而破坏性创新则是指通过创新使产品更简单、更便捷或者更加低价，要么在现有的市场边界（顾客范围）不变的情况下，从低端顾客群开始，逐步争夺、挤占领导地位和市场份额；要么在原有的市场边界之外即在非消费者领域，破开需求之冰，发现和挖掘新市场。

后一种破坏性创新形态即打开新市场，与市场细分发生联系。争夺非消费者，必然要求对其进行分类，从中找到一群具有相同或类似需要的顾客。两位作者提出了一种新的消费者分类方法：顾客将产品作为一个帮手、一个雇佣对象，他们会在什么环境下使用产品——也就是说，把产品的使用环境（更准确地说应该是使用的情境）作为顾客分类的标志。我在此举个例子，原先在野外旅游时不带热水瓶（易碎、不方便携带）的消费者希望在山地水泽、旷野沙漠喝上热水。基于这种需求可以创新出不用玻璃内胆（改用真空工艺）的不锈钢水瓶，由此，一个新市场形成了。

“商业思想改变商业世界”。无论是破坏性创新，还是以环境为标志的消费者分类方法，都是经营者智慧的提炼和结晶，是具有一定适用性的理论模型。它们启发我们如何解决企业求增长而不得的难题，引导我们多角度思考市场的内在结构，为我们提供在充分竞争时代寻找新机会的锐利武器。

购物学的诞生

人们对科学通常怀有敬畏之情。概念体系、命题假设、逻辑结构——这些作为一门科学必不可少的要素，让一般人亲近不得。当我读到《顾客为什么购买》一书时，几乎大吃一惊：作者帕科·昂德希尔（Paco Underhill）声称购物是一门科学，而且是人类学中的一个分支。[①] 把购物这样一种寻常的行为当作科学，这也未免太形而上了吧！

按照昂德希尔的说法，购物学研究零售环境下购买者的行为及心理特征，使得“商店和商品更加适应购物者的需要”。研究的方法是实地观察：混杂在人群中，通过跟踪、记录、比较、分析，看看哪些因素对购物者的行为产生影响以及购物者的反应模式。作者的结论是朴素、简单的，例如“把商品放在目标买主够得到的地方”“欲知怎样卖，先知顾客怎样走”等，但都十分重要。

且不论购物学算不算一门科学，作者的态度和方法给了我们很大的启发。我国部分企业管理者由于受到生产文化的影响，思维方式和经营理念有浓郁的感性色彩，决策时依赖感觉，随意性较大；对经营中的问题不善于进行深入、细致、定量、准确的分析研究。市场营销过程中，丰富的感性固然重要，但也不能忽视理性的力量：对因果关系多角度假设并小心细致地求证，尽可能地罗列相关变量并清晰揭示相互关系。正如昂德希尔所言：“除了计算每次购物中客户的每一个关键行动，跟踪者也必须精确地实地记录客户的每个细小行动，并根据他们的观察得出科学的推论。”如此操作，商业运作的成功概率能不提高吗？

目前，零售业已进入商业智能的发展阶段，购物学显然有了新的更重要的意义。

① 帕科·昂德希尔．顾客为什么购买．北京：中信出版社，2004.

谁说人是理性的

经济学中有一个著名的理性人假设。它是亚当·斯密经济人假设的延续，其意是指经济生活中的主体（如消费者）在配置资源、进行选择时是理性的——追求效用和利益最大化，对收益和成本有精确的计算和判断；行为是有目的、有意识的，而不是盲目、感性和随机的。这也意味着经济主体决策所需的信息是充分的，对自己所追求的目标（价值/意义）以及实现目标的途径和影响因素有客观、清醒的认识。理性人假说是西方经济学理论的逻辑起点之一。

丹·艾瑞里是美国杜克大学的经济学教授，主要研究行为经济学。18 岁时，这个以色列小伙子遭遇一次重大不幸：在一次意外爆炸中，全身皮肤 70%被烧伤，住在病房里达 3 年之久。在漫长、无聊、痛苦之中，他开始了对人类行为的思考和冥想。成为一名学者后，他通过实验方法发现：人并不总是理性的。有着特殊认知结构、情感方式的活生生的人，常常是“我有迷魂招不得”的：冲动、盲从、理性被遮蔽……可能这才是真实的人性。

行为经济学的研究结果对主流经济学并没有构成真正的冲击。理论经济学本来就是抽象的逻辑结构，将人假设为追求最大功利的理性人，从大数定理所揭示的结果大体看是符合实际的；何况我们还可以对功利作出宽泛的解释。真正对丹·艾瑞里行为经济学研究成果感兴趣的，是那些试图洞察人性的隐性特征和消费隐性动力的营销专家。营销理论本来就对抽象的结构不感兴趣，而是更关注具体情境下的具体人，以及他们的心理机制和行为特征。丹·艾瑞里告诉我们：人们在评判某一事物时，总是将它们与其他事物联系在一起进行相对评价；人们对商品价格的认可往往与供需没有什么关系，而是与最初对这种商品的价格定位［行为经济学里称之为锚定点（anchor）］有关；消费者的天性是害怕损失和贪小便宜，因此对免费趋之若鹜，但未必真正获取了利益；价格对消费者有巨大的暗示作用；消费者选择品牌时，结果与品牌认知而非产品属性相关联……①

行为经济学解释的人的种种非理性特征和行为，不少早就为企业家和营销人所发现和认识。但是，用科学实验方法揭示出来就更有说服力和理论依据了。丹·艾瑞里的研究为我们理解复杂的消费者心理和行为，打开了一扇窗，指出了一条路。

人和人之间的“湿”连接

克莱·舍基（Clay Shirky）是一名记者，也是互联网革命的观察者和思想家。他的名著《人人时代：无组织的组织力量》② 是时下流行的社群营销和社群经济的理论基础和源头。

舍基认为，“我们已经被戏剧性地联系在一起。我们显露出的自身信息，不论是通过照片还是电子邮件，都极大地增加了社会的可见度，使我们更容易找到彼此，也更容易被公众审视。”“媒体旧有的限制被

---

① 丹·艾瑞里．怪诞行为学：可预测的非理性．北京：中信出版社，2008.
② 克莱·舍基．人人时代：无组织的组织力量．杭州：浙江人民出版社，2015.

极大地削减了，权力一点点向原本的受众汇聚，一则新闻可以由一个地方扩散至全球，而一个群体也可以轻易迅速地因合宜的事业而被动员起来。”在互联网背景下，“个人与群体的集合关系、群体内部个人的集合关系，以及群体间的集合关系，共同形成了一个极为复杂的网络。”

正是由于人与人在社交网络中被连接起来，舍基认为，一个沟通、合作的工作空间得以形成。而松散的群体能够比机构更有效地完成特定的任务。通过自组织化的共享协同，产生了集体行动，克服了传统组织管理成本过高的困境。同时，在互联网生态下，每一个体既是信息的生产者，也是信息的消费者，从而使互联网具有海量的受众规模和表达能力。

舍基指出，由于有了社会化的沟通工具，“我们的能力在大幅增加，这种能力包括分享的能力、与他人相互合作的能力、采取集体行动的能力。它们都来自传统机构和组织的框架之外。”他对互联网背景下人与人的连接和合作似乎过于乐观。有了微信这样的社交平台，个体之间的联系的确更加紧密了。但是，由于人们在交互中显现出不同的价值观和生活方式，部分连接可能更加湿润了，而另外的连接可能更加干枯和冰冷。这是我们进行社群营销时需要注意的。

体验是一场正在上演的戏剧

毕业于斯隆管理学院的 B. 约瑟夫·派恩二世（B. Joseph Pine，Ⅱ）是一个资深的管理顾问。1999 年他与詹姆斯·H. 吉尔摩（James

H. Gilmore）合著了《体验经济》[1]。在这本书中，两位作者将体验营销的概念拓展至体验经济，认为它是继农业经济、工业经济、服务经济之后又一新的经济形态。这几种经济形态的演变，反映了价值的变化与创新——从提取产品，到制造产品，再到交付服务，最终到营造体验。

两位作者认为，体验之所以重要，一方面是因为缺乏差异的初级产品价格越来越便宜，利润微不足道；企业需超越产品和服务，从体验角度挖掘新的价值源泉。另一方面是因为消费者“开始节省花在服务上的时间和金钱去寻找值得回忆、更具价值的新目标——体验”。所谓体验，是消费者在特定的场景（如零售终端现场）和活动（事件）中获得新奇、丰富感受，引发内心共鸣的过程。两位作者巧妙地将体验比作一场戏剧，其中包括演给谁看、演什么内容、谁来演、舞台在哪里、道具是什么等相互关联的要素和环节。在体验的戏剧中，顾客和企业接触顾客的人员都是主角，人与人、人与物、人与环境的互动构成了体验的生动图景。从剧本的内容和情节看，消费者体验可以分为娱乐体验、教育体验、逃避体验和审美体验四种类型。从操作角度看，体验这场戏，以服务为舞台（背景/环境/氛围），以产品为道具，设置特定的主题，安排生动有趣的情节，给予顾客立体的、多层次的感官刺激，赋予消费者参与的机会，吸引消费者的注意力，最终改变消费者的行为。两位作者通过迪士尼动画片和主题公园的案例，向我们描绘了多种体验形态和场景。

在以新生代消费者为主体的时代，消费者需求进入个性化和自我

---

① B. 约瑟夫·派恩，詹姆斯·H. 吉尔摩. 体验经济. 北京：机械工业出版社，2012.

价值实现的新境界。消费者不仅重视消费的最终结果，也重视消费的过程；消费者不仅重视获取产品，也重视消费的环境、场景和途径。在这样的市场背景和时代趋势下，营销就是体验；或者反过来说：非体验不营销!

后 记

1997年对我来说是个重要的年份。这一年的冬天，我几乎同时进入山东六和集团和TCL销售公司，为它们提供营销咨询服务，从此开启了营销探索之旅。转眼20年过去了，真是白驹过隙。从那时起，我做了几十个营销咨询项目，涉及家电、手机、饲料、医药、快销品等多个领域。近年来，虽然主要的研究领域是企业战略转型，但其中的主要内容之一是营销创新。互联网时代，营销受人关注的程度似乎有所下降，人们似乎更津津乐道于“平台”“生态”等话题，但营销作为企业价值系统中的基础和关键部分，其意义无论如何都是不可低估的。无论什么样的商业模式变革以及颠覆式创新，对绝大多数企业来说，把产品（服务）卖出去才是硬道理。

本书的写作用了10余年时间。10年前，我基本上完成了一部营销书稿。但随着互联网时代的到来，我自己对营销领域的新事物需要有一个适应和学习的过程，因此，就把一面世就可能过时的书稿搁下了。

当喧嚣逐渐退去，市场的轮廓、竞争的态势、未来的趋势更清晰地呈现出来时，我想，应该水落石出了。2016年10月，我又重新开始写作。对比初稿，大部分的内容是新的，是我对互联网背景下“新顾客价值时代”企业营销战略问题的最新思考的结晶。

感谢合作客户为我提供了学习成长的机会。这么多年来我一直在一线从事咨询培训工作，重要的原因之一在于能够不断接触优秀的企业领导者和新的知识领域。感谢20余位上市公司董事长、总裁以及其他企业家对本书的联合推荐。他们大多是我多年合作的朋友。感谢美的集团方洪波董事长为本书作推荐语。在我的职业生涯中，美的集团（主要是空调事业部）有特殊的地位：服务时间最长（前后加起来有近10年的时间），倾注了诸多情感，融入了其营销变革和快速成长的进程，自己也获得了长足进步。感谢六和集团创始人张效成先生、黄炳亮先生。六和集团是我的营销咨询“初恋”，和他们20多年的友谊令人感怀。以他们为核心的“和之源”企业家群体，对我而言就是一个养分充足的生态。

从21世纪开始，陈春花教授、彭剑锋教授和我陆陆续续进行了若干场对话，被冠以“中国管理三人行”。这是我学习新知、磨砺思维的良好契机。在和他们二位的交往中，我学到了很多前瞻性的、富有洞察力的管理理念和思想。感谢陈春花教授为本书作序，她对顾客价值导向的战略思想做了系统阐述。感谢彭剑锋教授为本书作序，他对本书过誉了，我将其视为一种期待和要求。我们是老同学和事业伙伴。他把我引入管理咨询的轨道，使我在年轻面临选择时找到适合自己能力，同时又感兴趣的职业路径。这是我终生感念的。

感谢罗文杲、王晨、张斌、高冬梅、范超伟、丁丁、陈思廷、刘鹏等曾经在或依然在《销售与市场（渠道版）》杂志编辑部工作的朋友，他们既真诚又专业，在我成为“专家”的道路上给了很大的帮助。感谢调戏电商的冯华魁，他为我提供了有关中国电商发展的资料，为我打开了理解电子商务的窗口。

感谢张锦志、王亚红、李宁为本书付出的劳动。

感谢我的硕士研究生导师孙光德教授和博士研究生导师陈荣秋教授。你们对学生的期望是我不断前行的动力。

感谢太太和儿子。太太是第一个通读全书的读者，因为她做了初稿校对的工作。

感谢父亲母亲。父亲是我的高中语文老师和班主任，我在写作过程中遇到用词、标点符号等方面的问题时，仍向他请教。

连同本书在内，我已出版了3本管理方面的专著（前两本分别为《企业战略思维——竞争中的取胜之道》和《重生——中国企业的战略转型》）。马上要开始写第4本了。通过写书，和读者朋友结缘，和读者朋友交流，共同履行时代赋予的使命。

感谢读者朋友的阅读。希望能得到你们的批评和反馈。